U0135336

章太炎传

汤志钧 著

南开大学出版社

天津

天津市版权局著作权合同登记号:图字 02-2023-041

图书在版编目(CIP)数据

章太炎传 / 汤志钧著. —天津:南开大学出版社,
2023.7
　　ISBN 978-7-310-06439-7

　　Ⅰ.①章… Ⅱ.①汤… Ⅲ.①章太炎(1869－1936)
－传记 Ⅳ.①B259.25

中国国家版本馆 CIP 数据核字(2023)第 081293 号

版权所有　侵权必究

章太炎传
ZHANG TAIYAN ZHUAN

南开大学出版社出版发行
出版人:陈　敬
地址:天津市南开区卫津路 94 号　　邮政编码:300071
营销部电话:(022)23508339　营销部传真:(022)23508542
https://nkup.nankai.edu.cn

天津创先河普业印刷有限公司印刷　全国各地新华书店经销
2023 年 7 月第 1 版　　2023 年 7 月第 1 次印刷
240×170 毫米　16 开本　26.5 印张　2 插页　285 千字
定价:88.00 元

如遇图书印装质量问题,请与本社营销部联系调换,电话:(022)23508339

引 言
Introduction

章太炎是中国近代有影响的人物，也是一位有争议的人物。

章太炎早年赞助政治改革，后来投身反清革命；出狱东渡，主编《民报》，和同盟会发生矛盾；民国建立，由附袁（世凯）到反袁，由追随孙中山到反对改组后的国民党。由于他本身的复杂性，形成后人对他评价的差异。

我认为评价历史人物，特别是像章太炎这样的思想家，似应弄清他各该文章的写作时间，弄清他是在什么时代背景下写的。因为近代历史发展迅速，一个人的思想也随着社会的发展而有所变化，章太炎早年撰写的《訄书》和后来改定的《检论》，从编目到内容都有极大不同，他的增删、改易，反映了他在动荡的时代里的思想变化。如果把他后来的撰著，说成是他早年的思想，那就不可能得出正确的结论。同时，评价历史人物，也不能绝对化，而应全面考虑。例如章太炎在 20 世纪初力倡"排满"，是事实，但在辛亥前夕却有了改变；又如他晚年反对白话文，也是事实，但他早年也写过白话文；他崇奉《说文》，反对甲骨文，后来也有了改变。正确评价历史人物，就要按照一定的时间、条件，具体分析。

近代人物，离今较近，有时也会牵涉亲友、尊卑、乡里、师友等关系，评价时自不能阿其所好，也不能抓住一点，不及其余。

本书准备按照上述意愿，对章太炎的一生做一探索。

目 录 | Contents

第一章

诵六籍，通训诂

一　仓前世家

同治七年戊辰十一月三十日（1869 年 1 月 12 日），章太炎生于浙江余杭仓前小镇的一个书香世家。

余杭在杭州市西郊，仓前镇在余杭县（现余杭区）中南，东距杭州市十八公里，西离余杭镇六公里，过去以舟船代步，如今铁路、公路畅通，交通方便。

仓前镇是南宋的粮仓，据嘉庆《余杭县志》："临安便民仓在县东十里，今名其地曰仓前。"离现在仓前粮站以西三百米是一片民房，仓前人至今还称它为"临安仓"。

章太炎故乡——仓前镇

章氏故居在仓前镇街市中段,坐北朝南,略偏西南。前三厅是一百多年前的建筑,后一幢楼房则为七十多年前建造。四进房子,"一进比一进高,后楼比前厅高 1 米多。整座房子全是木质结构,下铺地板,上衬木质望板,内室四壁不露粉墙,在柱脚之间隔着木板。墙脚条石砌础,约 1 公尺[米]以下的墙身用的是开砖,其上是泥墙,厚度约 42 公分。第一厅是平房,三间二边房一过道,面积 146.3 平方米。第二厅是平房,三间一厨房一边弄,面积 172.7 平方米。第三厅是二层楼房,三间一书房一过道,面积 236 平方米。太炎先生卧室在这一厅靠近书房的东边间。第四厅是二层新楼,三间一边房一过道,面积 217.9 平方米。整座故居进深 41.5 米,占地 688 平方米,建筑面积 811.5 平方米,除去过道、天井面积,实际使用面积 725 平方米。除后楼使用保管较好外,一、二、三厅已破陋不堪"①,1986 年曾加修理。

章太炎故居——扶雅堂

仓前可称是鱼米之乡。据 1985 年统计,"全年亩产 1766 斤,总产粮食 3608 万斤。全年淡水鱼起水量 6075 担,蚕茧 2414 担,竹笋 11489 担,油菜籽 1228000 斤,饲养生猪 23305 头,毛兔 2000

只，家禽 79419 只，产蛋 1835 担"②。章太炎自幼就生长在这交通便利、物产丰富的余杭仓前。

章太炎名炳麟，字枚叔（一作梅叔），初名学乘，因仰慕顾炎武之为人，改名绛，别号太炎。曾用名和笔名有章燐、章缁、绛叔、西狩、日本西狩祝予、末底、戴角、菿汉阁主、支那章炳麟、台湾旅客、知拙夫、亡是公、支猎胡、支拉夫、支那夫、陆沉居士、刘子政私淑弟子、刘子骏之绍述者。又有毛一、萧海琳，但未获旁证，也未见手迹。

章太炎曾祖名均，字安圃（一作安溥），"自署治斋，生清乾隆中"，"家素给，承累世业绪，废居田畜，赀产至百万。入县学为增广生，援例得训导，教于海盐儒学"，"出万余缗起苕南书院，又置田千亩，为章氏义庄。右为家塾，教族人读书。时宗族三百余人，贫者多就家塾习业"，"年六十四，清道光十二年卒"。③

章太炎祖父名鉴，字聿昭，自署晓湖，"稍长，入县学为附学生，援例得国子监生"，"蓄宋、元、明旧椠本至五千卷，日督子弟讲诵"，"中岁好医术，自周、秦及唐、宋、明、清诸方书悉谙诵上口。以家富不受人饷糈，时时为贫者治疗，处方不过五六味，诸难病率旬日起"，"年六十二，清同治二年卒"。④

又据《光绪余杭县志稿·人物列传》称，章鉴"少习举业，以妻病误于医，遍购古今医家书，研究三十年。初仅为亲族治病，辄效"，太平天国起军后，"行医为活，尝治时疫之脉绝气脱者，一剂即起，立方参变不泥古。治危症，药不过三四味，曰少则力专，多则牵制也"。章太炎受其祖父影响，也擅医学。

章太炎父亲名濬，字轮香，"家多藏书，得恣诵习"。太平天国起军后，对江南地主经济进行扫荡，章氏"家无余财，独田一顷在耳"⑤，"尝客清杭州府知府谭钟麟所"。"晚岁里居"，课章太炎及兄箴读，"时举藏书目录及平生师友学行以忌，诸子由是发愤为学。年六十六，清光绪十六年卒"。"子男四人，长殇，次篯嗣，清光绪戊子浙江乡试举人，嘉兴儒学训导，次箴，清光绪壬寅浙江乡试举人，次炳麟"，次炳芹，女，适同邑张荫椿，清光绪癸卯进士，篯分度支部福建司主事。

又据《光绪余杭县志稿·人物列传》，章濬，"字楞香，廪生，屡试优等，道光己酉拔萃科，将入选时，家素封，以忌者訾言，遂归不应试。乡闱七荐不售，泊如也"。同治初，左宗棠"督师至闲林镇，濬献地图，并陈善后策，颇见用。先是，濬祖均捐田千亩建义庄，燹后券册尽毁，濬悉心钩稽，得七百余亩复之，家谱、宗祀以次修辑，凡勘荒修塘，均实事求是，晚年犹与耆老规划东乡水利无稍倦。生平长于医，为人治病辄效，暇则以诗自娱"。⑥

章濬立有《家训》，其中说："妄自卑贱，足恭谄笑，为人类中最庸下者。吾自受业亲教师外，未尝拜谒他人门墙。汝曹当知之。""精研经训，博通史书，学有成就，乃称名士。徒工词章，尚不足数，况书画之末乎？然果专心一艺，亦足自立，若脱易为之，以眩俗子，斯即谓斗方名士，慎勿堕入。""曲园设教诂经精舍，吾时充监院，相处数岁，今闻其茹蔬念佛，贤士晚节，往往至此。"又言自己"中年颇好禅学"，以及"吾家世授医术，然吾未能工也"。⑦那么，章太炎在章濬死后到诂经精舍就读，系秉其"遗训"，他深究医术，也与家学有关。

二　诂经精舍

章太炎的幼年、少年时代，除受到家学的熏陶外，对他影响最大的有二：一是受朱有虔（左卿）的影响，明"夷夏之防"；二是在杭州诂经精舍，跟随俞樾接受传统的古文经学治学方法。

章太炎在十一二岁时，从外祖父朱有虔读经，偶然看到蒋良骐《东华录》所载"曾静案"等"文字狱"，朱有虔说"夷夏之防，同于君臣之义"，并说过去王船山、顾炎武也曾"言之"。章太炎以为"明亡于清，反不如亡于李闯"，自称"余之革命思想伏根于此"。他说：

> 余十一二岁时，外祖朱左卿（名有虔，海盐人）授余读经，偶读蒋氏《东华录》曾静案，外祖谓"夷夏之防，同于君臣之义"。余问："前人有谈此语否？"外祖曰："王船山、顾亭林已言之，尤以王氏之言为甚，谓历代亡国，无足轻重，惟南宋之亡，则衣冠文物，亦与之俱亡。"余曰："明亡于清，反不如亡于李闯。"外祖曰："今不必作此论，若果李闯得明天下，闯虽不善，其子孙未必皆不善，惟今不必作此论耳。"余之革命思想伏根于此。依外祖之言观之，可见种族革命思想原在汉人心中，惟隐而不显耳。⑧

受朱有虔影响，章太炎较早就有"种族革命思想"，并曾多次述及，如说："鄙人自十四五岁时，览蒋氏《东华录》，已有逐满之志。"⑨"余年十三四，始读蒋氏《东华录》，见吕留良、曾静事，怅然不怡，辄言有清代明，宁与张、李也。"⑩在《东京留学生欢迎会演说辞》也说：

> 兄弟少小的时候，因读蒋氏《东华录》，其中有戴名世、曾静、查嗣庭诸人的案件，便就胸中发愤，觉得异种乱华，是我们心里第一恨事。后来读郑所南、王船山两先生的书，全是那些保卫汉种的话，民族思想渐渐发达。但两先生的话，却没有甚么学理。⑪

还说读了《东华录》和《明季稗史》，见到"扬州、嘉定、戴名世、曾静之事，仇满之念固已勃然在胸"⑫。

章太炎自称"幼诵六籍，训诂通而已"⑬。朱有虔的教育，《东华录》《明季稗史》的阅读，对章太炎较早孕育"民族"思想是有影响的；至于"种族革命"，则是在外患日迫、清政府腐朽日露的情况下逐渐发展的。

1890年，章太炎的父亲去世后，他到杭州诂经精舍跟随著名汉学家俞樾受业，埋头"稽古之学"，在学业上奠定了很好的基础。

俞樾，字荫甫，号曲园，浙江德清人，曾任翰林院编修。他是从顾炎武、戴震、王念孙、王引之等一脉相承下来的清代著名朴学大师，撰有《群经平议》《诸子平议》《古书疑义举例》诸书，校正群经、诸子句读，审定文义，并分析其特殊文法与修辞，治学方法严谨。在他主持下的诂经精舍，不趋尚专为应付科举应试的时文，"专理经义，即旁及词赋，亦多收古体，不涉时趣"⑭。
精舍中设有许郑祠，"特奉许、郑两先师栗主于精舍之堂，用示凯
式，使学者知为学之要在于研求经义，而不在乎明心见性之空谈、
月露风云之浮藻"⑮。可知他是尊崇东汉许慎、郑玄之学，即古文
经学的。

章太炎在诂经精舍，"事德清俞先生"，言"稽古之学"，"出
入八年，相得也"⑯，遇到"读书有不明白处，则问之"⑰。后来，
他曾谈到向俞樾"问学"和他对俞樾治学的评价，如说：

> 然治《春秋》颇右公羊氏，盖得之翔凤云。为学无常师，
> 左右采获，深疾守家法违实录者。说经好改字，末年自救为
> 《经说》十六卷，多与前异。章炳麟读《左氏·昭十七年传》：
> "其居火也久矣，其与不然乎？"证以《论衡·变动篇》云：
> "缘然之气见，宋、卫、陈、郑灾。"说曰："不然者，林然之
> 误，借林为缘。"先生曰："虽绚善，不可以训。"其审谛如此！⑱

又说：

> 二十岁，在余杭，谈论每过侪辈。忏路径近曲园先生，
> 乃入诂经精舍，陈说者再，先生率未许。后先生问，"《礼记·明
> 堂位》有虞氏官五十、夏后氏官百、殷二百、周三百、郑《注》
> 周三百六十官，此云三百者，记时《冬官》亡也。《冬官》亡
> 于汉初，周末尚存，何郑《注》谓《冬官》亡乎？"余谓：
> "《王制》三卿五大夫，据孔《疏》，诸侯不立冢宰、宗伯、司
> 寇之官，有小司徒、小司寇、小司空、小司马、小卿而无小

宗伯，故大夫之数为五而非六，依《周礼》，当减三百之数，
与《冬官》存否无涉也。"先生称善。又问："《孝经》有先王
有至德要道，先王谁耶？郑《注》谓先王为禹，何以孝道始
禹耶？"余谓："《经》云先王有至德要道以顺天下者，明政
治上之孝道异寻常人也。夏后世袭，方有政治上之孝道，故
孝道始禹。且《孝经》之制，本于夏后；五刑之属三千，语
符《吕刑》。三千之刑，周承夏旧，知先王确为禹也。"先生
亦以为然。余于同侪，知人所不知，颇自矜。⑲

章太炎对俞樾的"审谛"是深为钦佩的。他的治学方法，也
继承了古文经学的治学特点。

在诂经精舍时，章太炎又先后向黄以周、高学治、谭献请益。

黄以周，字元同，浙江定海人，"为学不拘牵汉、宋门户"，
曾主持江阴南菁书院多年，"江南诸高才皆出其门中"⑳。他采集
汉、唐至清关于礼制的解说，撰《礼书通故》一百卷，考释中国
古代礼制、学制、封国、职官、田赋、乐律、刑法、名物、占卜
等，以"三礼"为宗，详加考证，是清代学者研究"三礼"的重
要著作之一。章太炎对此极为推崇，说是"盖与杜氏《通典》比
隆，其校核异义过之，诸先儒不决之义，尽明之矣"㉑。他重视典
章制度和考究历代沿革，应该是受到黄以周的启发。

高学治，字宰平，"刻苦求朴学"，"亦好宋明儒书，以贡生选
乌程训导"。章太炎撰《高先生传》，谓："问经事，辄随口应，且
令读陈乔枞书。炳麟曰：'若不逮陈奂矣。'先生曰：'长洲陈君过
拘牵，不得骋。'炳麟问孙星衍，且及《逸书》。先生曰：'《逸书》

置之。'"章太炎举例以责，"先生称善，且曰：'若是，《逸书》则可说矣。虽然不见篇帙，从朽壁中得一二语已拉绝者，辄以施训，若得完书，当云何？'炳麟由是说经益谨。先生语炳麟，惠、戴以降，朴学之士，炳炳有行列矣。然行义无卓绝可称者，方以程、朱，侃也。视两汉诸经师，坚苦忍形，遁世而不闷者，终莫能逮。夫处陵夷之世，刻志典籍，而操行不衰，常为法式，斯所谓易直弼中，君子也，小子志之！炳麟拜受教。"㉒高学治"刻苦求朴学"，重"行义"，对章太炎有影响。

谭献，字仲修，浙江仁和人，同治举人。"治经必求西汉诸儒微言大义，不屑屑章句，读书日有程课，凡所论著，隐栝于所为日记。文导源汉、魏，诗优柔善入，恻然动人，又工词。"㉓后为张之洞延主湖北经心书院。章太炎治文，曾受谭献影响，他在后来写的《致谭献书》中说："少治经术，渐游文苑。既嗜味小学，亢思相如、子云，文多奇字，危侧趋诡，遂近伪体。吾师愍其懵暗，俯赐救疗，自审受药阳、扁，正音夔、旷，惭恨向作，悉畀游光。"㉔章太炎的文崇魏、晋，与谭献的启示有关联。

由上可知，诂经精舍"专课经义"，主持精舍的俞樾宗古文经学，章太炎曾诣问学的黄以周、高学治重朴学，使他熏染古文经学的治学方法；尽管谭献也治今文，但章太炎主要从他学文学，"初不及经义"。在这些老师、前辈中，对章太炎影响最深的还是俞樾，自称："余始治经，独求通训故、知典礼而已；及从俞先生游，转益精审，然终未窥大体。"㉕

章太炎在诂经精舍八年，埋头"稽古之学"，沿着古文经学治学途径，继承俞樾经、子研究的轨辙，在学业上奠定了良好的基础，写下了大量的读书札记。

章太炎在诂经精舍的读书札记，除部分刊入《诂经精舍课艺》外，尚有《膏兰室札记》，《春秋左传读》也写于此时。

《诂经精舍课艺》第七集收录章太炎《壮于頄解》等十七篇，是他在光绪十六年至十九年（1890—1893年）间的"课艺"；《诂经精舍课艺》第八集收录章太炎《西旅献獒解》等二十二篇，是他在光绪二十年至二十二年（1894—1896年）的"课艺"。这些札记，是对《易》《书》《诗》《礼》《春秋》《论语》《孟子》《尔雅》诸书文字、经义的诠释。他不拘泥旧注、旧本，每能提出己见，如《祖乙圯于耿解》中对郑玄所说的"祖乙又去相居耿，而国为水所毁，于是修德以御之，不复徙也"，章氏认为其"夸张而非事实，水毁城郭，切肤之灾，非如桑谷、雊雉之变，无害于民生者，可修德御之也"，并提出"圯乃圮之误字"，"圮于耿者，作桥于耿也。古人多实字虚用，如筑城即曰城，筑郭即曰郭也。故筑圮即曰圮矣""此圮于耿，与杜预事正同，谓浮桥也"。㉖《八十曰耋、九十曰耄解》谓陆德明《经典释文》据郑玄注本，以《礼记·曲礼》"八十、九十曰耄"中"曰耄"二字为"后人妄加"。章太炎则据《射义》"耆耋好礼，旄旗称道不乱"，以为"足见耋为八十，与九十曰旄分也"，并以《礼记·王制》《尚书·尧典》相互参证，说明"曰耋"二字不是"妄加"。㉗

在"课艺"中，章太炎对今文经学尚未排斥，有时还加以援用，认为"《左氏》而通于《公羊》"，他对何休《公羊解诂》提出批评，也没有径反《公羊》。如章太炎在《无酒酤我解》㉘中，对《毛诗》中的《小雅·伐木》"无酒酤我"进行考释，认为"《传》：

'酤，一宿酒也。'《笺》云：'酤，买也，王无酒酤买之。'""酤"，应以郑玄《毛诗笺》训"买"为是。"以酤为买，必出于三家，郑说非独创。"知章氏对今文三家《诗》说尚不偏废。又如《昭十年不书冬说》，章太炎谓何休《公羊解诂》"以为盖昭公取吴孟子之年，故贬之"，他以吴与鲁同姓姬，故贬之。章氏以为这是何休"臆说，非《公羊》师承之旧"。对"不书冬"也主褒贬。他还要以"《公羊》之大谊，箴何君之违阙"[29]。又如《鲁于是始尚羔解》，章太炎援引《白虎通·瑞贽》"卿大夫贽，古以麇、鹿，今以羔、雁"，以为"执麇者，殷制也。盖殷于三统，尚质于五，色尚白。《论语》云：'素衣麑裘'，谓裘与衣色，同是麇色，白也。鲁用殷礼，以从周则嫌僭上，从夏则嫌代周，故用殷礼，祭以白牡，其证也。则贽亦当从殷而用麇"。"鲁卿见晋卿之执羔，因恶麇鹿之质而改尚羔。《春秋》救文以质，方欲改羔为麇，而鲁反充麇用羔，是以素臣谨志之，盖以见三正之循环，非仅为区区器数录也。此《左氏》可通于《公羊》者也。"[30]

章太炎宗汉学，但对宋儒略有可取的也曾采用。如《蹑席解》谓："《礼记·玉藻》'登席不由前，为蹑席'，自来皆作两句读。谓'所以不由前者，为其蹑席也'。惟陈澔则作一句读。""澔固妄人，然一知半解，未必全无足录。"[31]

章太炎在诂经精舍从俞樾学习，俞樾的治学方法，是从王念孙、王引之一脉相承的。王引之的《经义述闻》，也是他们视为圭臬的作品，但章太炎并不迷恋骸骨，墨守师承，认为它也有"未经融贯"之处。如《毋出九门解》云："炳麟案：郑《注》以天子九门为路门、应门、雉门、库门、皋门、城门、近郊门、远郊门、关门。《经义述闻》则谓南方三门，东西北各二。《匠人》九阶注曰：南面三，三面各二，是其例也。说颇精确，惜其谓与《考工》之旁三门不同，犹未经融贯二经也。"章氏认为《匠人》"营国，方九里，此谓城也，旁三门，此谓郭也"。"故知十二门谓郭，而城止九门也。""九分其国，九卿治之，必为营治于九门明矣。""故知王城惟有九门，惟郭乃十二门耳，两经固不悖也。"㉑

章太炎在诂经精舍"精研故训，博考事实"，对我国古代文献曾潜心钻研。

其实，《诂经精舍课艺》中发表的，只是章太炎在诂经精舍肄业时的极少几篇札记，他从光绪十七年（1891 年）仲春起，将读书所得，随时札记，撰成《膏兰室札记》，生前未刊，仅有稿本，共四卷，今存三卷：卷一有二百三十一条，卷二有一百五十五条，卷三有八十八条，共四百七十四条，都是对儒家经籍、周秦诸子以及其他古籍的考释驳难之作。考释之书，有《尔雅》《说文解字》《广韵》《训纂》《易》《易纬辨终备》《论语》《管子》《墨子》《荀子》《庄子》《晏子春秋》《尸子》《列子》《文子》《商君书》《吕氏春秋》《淮南子》《扬子法言》《盐铁论》《申鉴》《白虎通义》《论衡》《书》《尚书中候》《尚书大传》《仪礼》《周礼》《大戴礼记》《礼记》《国语》《公羊传》《穀梁传》《山海经》《穆天子传》《吴越春秋》《新序》《说苑》《史记》《汉书》《后汉书》《晋书》《隋书》《宋书》《史通》《诗》《楚辞》《文心雕龙》等，皆逐条考释文句，间有驳论。

在这些札记中，很多是对上述古籍文字音韵的考释，对通假字等时有心得，如《令入而不至谓之瑕》，即对《管子·法法篇》

的"瑕"借为"固"提出新解，他说，"《管子·法法》：'令入而不出谓之蔽，令出而不入谓之雍，令出而不行谓之牵，令入而不至谓之瑕'。瑕犹蔽与雍也，字借为固。《春秋》宋共公名固，《十二诸侯年表》作瑕，是瑕与固通也。《说文》'固，四塞也'。引申则《说文》云'錮，铸塞也'。塞亦不至之谊也。《论语》'学则不固'。孔《注》：'固，蔽也。'""《周礼·掌固》注：'固，国所依阻者也'。惟有塞之蔽之阻之者，是以入而不至，故曰令入而不至谓之固。"㉝又如《幡校四时》，认为《列子》中"幡校四时"，"幡"即"幡""蕃"，"蕃"又可借为"变"。他说："幡犹幡也。《食货志》云'狱少幡者是也，亦犹蕃也'。《汉书·成帝纪》引《尧典》'于变时雍'，邑佳作于蕃时雍，是蕃得'借为变矣'。校读为交者，《小尔雅·广诂》'交，易也，更也'。然则幡校四时，谓变易四时也。"㉞

札记中对古注择善而从，对拘腐的旧注，也提出新解。如《混吾》谓："《管子·侈靡》'佶尧之时，混吾之美在下'。尹知章注'言二帝之时，比屋可封，美俱在下'，其说是也。而以混为同，则非也。《说文》'琨，石之美者'。《子虚赋》'琳緡琨珸'，然则混吾即琨珸，以石之美喻人之美也。"㉟又如《庚泥不可得泉》谓："《管子·地员》'青龙之所居，庚泥不可得泉'。《注》'庚续其处，既有青龙居，又沙泥相续，故不可得泉也'。此说太迂曲。按庚即唐，《说文》唐从庚声可证。上文云，黄唐无宜也。《注》云：唐，虚脆也，是也。盖虚脆之土谓之庚，亦谓之唐，其实皆借为场，古文唐作啺，从易声，故唐与场声通也。《释诂》'庚扬皆训续也'，是借扬为庚，故庚与场声亦通也。《方言》云'蚍蜉犁鼠之场谓之

坻，蟥场谓之坦'，坻与坦，亦皆土中之虚胞者也。"㉟

札记中也有对清儒考证提出批评的，如对臧庸的讲古籍用韵，在《论臧拜经言韵之谬》中说："乃臧拜经以为《三百篇》首尾中间无不可韵者，则支离破碎，厚诬古人，宜为陈恭甫所讪也。乃又谓《仪礼》叙事之文亦皆有韵。夫《诗》与《仪礼》祝醮等辞，及群经中应对议论之文，及引古语之文，此乃文章润色之法，设有不韵者，易以训诂相同之字而韵协矣，于理可也。至叙事则如人名、官名，有不容改易者，如谓协韵，则《春秋》亦节协韵乎？"㊲

札记中也有史学考证，如《晏子生卒》，章太炎认为以《晏子春秋·杂下篇》"晏子使吴"一事，与《外下篇》"晏子没十有七年，景公饮诸大夫酒"㊳相矛盾，对晏子生卒和《晏子春秋》提出异议。

由上可知，札记是继承乾嘉学派的治学方法，以文字学为基点，从校订经书扩大到史籍和诸子，从解释经义扩大到考究历史、地理、天文历法、音律、典章制度，他是深受俞樾影响的。

从今存《膏兰室札记》三卷来说，有下述三点值得注意。

第一，章太炎在诂经精舍除潜研古籍外，对西学也已涉猎。例如《历物疏证》"小引"："算术积世愈精，然欧几里生周末，《几何原本》遂为百世学者所宗，是算理固备于二千年前矣。"㊴提到希腊数学家欧几里得的《几何原本》。《问运至野者》引"英人雷侠儿《地学浅释》"㊵。《火燫炎而不灭》引"西人韦廉臣《格物探原》"㊶。《化物多者莫多于日月》，引"侯失勒《谈天》"和赫士译"《天文揭要》"㊷。可知章太炎这时已经接触西学。他自己虽说"自从甲午以后，略看东西各国的书籍，才有学理收拾进来"㊸，实际上在此以前已治西学了。查 1896 年章氏《致谭献书》云：

> 麟前论《管子》《淮南》诸篇，近引西书，旁傅诸子，未审大楚人士以伧父目之否？顷览严周《天下篇》，得惠施诸辩论，既题以历物之意，历实训算，傅以西学，正如闭门造车，不得合辙。分曹疏证，得十许条，较前说为简明确凿矣。㊹

章太炎引西学以释《管子》《淮南》诸条，如上揭《问运至野者》引《地学浅释》以释《管子·侈靡》，如上揭《化物多者莫多于日月》引《天文揭要》以释《管子·白心》，《火爝炎而不灭》引《格物探源》以释《淮南·览冥训》；又如释《淮南子·天文训》《淮南子·坠形训》诸条，也明显地采用西说。这些篇文，都存于《膏兰室札记》卷三，是癸巳年即 1893 年的作品，也就是说，他在 1893 年已治西学了。章太炎的老师俞樾在 1897 年写的《诂经精舍课艺》八集《序》中说："此三年中，时局一变，风会大开，人人争言西学矣，而余与精舍诸君子犹硁硁焉抱遗经而究终始，此叔孙通所谓鄙儒不通时变者也。虽然，当今之世，虽孟子复生，无他说焉。为当世计，不过曰盍亦反其本矣。为吾党计，不过曰守先王之道以待后之学者。"他也感到甲午至丙申三年间的"风会大开"，其实在此之前"硁硁焉抱遗经而究终始"的章太炎，却早已研读西学了。

第二，《膏兰室札记》是章太炎早年之作，他认为仅"十得其五"，故生前迄未刊行。查《膏兰室札记》，除几篇刊于《诂经精舍课艺》外，后来经过修润辑入《太炎文录初编》的，只有《夏用青说》（原名《或素或青夏造殷因》）、《大夫五祀三祀说》、《子思孟轲五行说》（原名《案往造旧说谓之五行》）、《孝经本夏法说》、《宾柴说》、《禽艾说》、《说束矢白矢》（原为《束矢》《白矢参连》两篇）、《诸布诸严诸逐说》、《说稽》等数篇而已，绝大部分都没有刊布。大约因是少年之作，不够成熟之故。后来，章太炎在《再与人论国学书》称："行箧中亦有札记数册，往者少年气盛，立说好异前人，由今观之，多穿凿失本意，大抵十可得五耳。假我数年，或可以无大过矣。"⑯似指《膏兰室札记》而言，故他生前迄未梓行，也可看出章太炎治学的严谨。

第三，章太炎自称"二十四岁，始分别古今文师说"⑯。二十四岁，当光绪十七年，即 1891 年，也就是在诂经精舍肄业之时。就上述《诂经精舍课艺》和《膏兰室札记》来看，他遵循古文经学的治学方法，但对今文尚未排斥，对宋学略有可取的也曾采用，而不墨守师承、迷恋骸骨。我认为章太炎的"分别古今文师说"，又是伴随着时代的推移、形势的发展而逐渐深入的。

如上所述，俞樾是古文经学家，但他又治《春秋》，"颇右公羊氏"，也好"两汉诸儒微言大义"。章太炎在诂经精舍时，一方面沿着古文经学治学的轨辙前进，一方面也对今文诸说加以研讨，这时还没有专排今文。

章太炎视今文经学为"诡诞"，是看到康有为的《新学伪经考》后所言。查章太炎"始分别古今文师说"是在光绪十七年（1891年），这年恰恰是《新学伪经考》初版刊行之年。这句话又载在光绪二十二年（1896年）的《年谱》中，下面还说："谭先生好称阳湖庄氏，余侍坐，但问文章，初不及经义。与穗卿交，穗卿时张《公羊》《齐诗》之说，余以为诡诞。专慕刘子骏，刻印自言私淑。"

谭先生，谭献；穗卿，夏曾佑，也主张今文学说。这年《年谱》
又记：

> 初，南海康祖诒长素著《新学伪经考》，言今世所谓汉学，
> 皆亡新王莽之遗；古文经传，悉是伪造。其说本刘逢禄、宋
> 翔凤诸家，然尤恣肆。又以太史（公）多据古文，亦谓刘歆
> 之所羼入。时人以其言奇谲，多称道之。祖诒尝过杭州，以
> 书示俞先生，先生笑谓余曰："尔自言私淑刘子骏，是子专与
> 刘氏为敌，正如冰炭矣。"

他对康有为的"专与刘氏为敌"是深为不满的。就在这一年，
章太炎作《春秋左传读》。

《春秋左传读》是章太炎驳难今文学者之作，有必要做简单的
介绍。

《春秋左传读》五卷，《自定年谱》虽说是光绪二十二年（1896
年）作，实际上起草较早，这时应为写成之年。⑥《章氏丛书》初
编仅收《叙录》。《叙录》云："《春秋左传读》者，章炳麟著也。
初名《杂记》，以所见辄录，不随经文编次，效臧氏《经义杂记》
而为之也。后更曰'读'。取发疑、正读为义也。盖籀书为读，绅
其大义曰读，绅其微言亦曰读。""绅微言，绅大义，故谓之《春
秋左传读》云。懿《左氏》《公羊》之衅，起于劭公，其作《膏肓》，
犹以发露短长为趣。及刘逢禄，本《左氏》不传《春秋》之说，
谓条例皆子骏所窜入，授受皆子骏所构造，著《左氏春秋考证》
及《箴膏肓评》自申其说。彼其摘发同异，盗憎主人，诸所驳难，
散在《读》中。"诸祖耿在《记本师章公自述治学之功夫及志向》

中记："余幼专治《左氏春秋》，谓章实斋六经皆史之语为有见……方余之为一知半解也，《公羊》之说，如日中天，学者煽其余焰，簧鼓一世，余故专明《左氏》以斥之。然清世《公羊》之学，初不过人一二之好奇，康有为倡改制，虽不经，犹无大害，其最谬者，在依据纬书，视《春秋经》如预言，则流弊非至掩史实、逞妄说不止。"⑱这里也提到了康有为。

章太炎在撰写《春秋左传读》时，曾与"好称阳湖庄氏"今文的谭献商榷。谭献《复堂日记续录》"光绪二十一年乙未九月二十三日"记："得汪子用祖孙书，又为余杭章生炳麟枚叔呈杂文三篇。章生劬书善病，尝作《春秋左传读》，有志治经，前年杨春圃以所作文字质。已略指正之矣。"章太炎光绪二十二年（1896 年）新正《致谭献书》也附寄《春秋左传读》，请"指其瘢垢"，谓："夫《左氏》神趣深博，言约谊隐，故览文如觇，寻理即畅，持其菆词，彪蔚叙事，瞻逸誉学，买椟遂失隋珠。尝掸喷于荀、贾，征文于迁、向，微言绝旨，迥出虑表，修举故训，成《左氏读》。志在纂疏，斯为属草，欲使庄、孔解戈，刘、宋弢镞，则鲰生之始愿已。"⑲可知《春秋左传读》主要是驳难庄存与、孔广森、刘逢禄、宋翔凤的今文之学的。

章太炎也将此稿请俞樾审读，俞樾"摇首曰：'虽新奇，未免穿凿，后必悔之'"，他也"由是锋芒乃敛"。⑳章氏《自述学术次第》也说：

> 余治经专尚古文，非独不主齐、鲁，虽景伯、康成亦不能阿好也。先师俞君，曩日谈论之暇，颇右《公羊》。余以为

经即古文，孔子即史家宗主，汉世齐学，杂以燕、齐方士怪迁之谈，乃阴阳家之变。鲁学犹近儒流，而成事不符已甚。康成所述，独《周礼》不能杂以今文，《毛诗笺》名为宗毛，实破毛耳。景伯谓《左氏》同《公羊》者什有七八，故条例多为元凯所驳。余初治《左氏》，偏重汉师，亦颇傍采《公羊》。以为元凯拘滞，不如刘、贾闳通。数年以来，知《释例》必依杜氏，古字古言，则汉师尚焉。其文外微言，当取二刘以上。元年之义，采诸吴起，专明政纪，非可比傅乾元也。讥世卿之说，取之张敞，所指则季氏、田氏、赵氏，非如《公羊》谰言崔、尹也。北平《历谱》、长沙《训故》之文，汉以后不遗只字，余独于《史记》得之。《十二诸侯年表》所载郑妾梦兰、卫鞭师曹、曹人弋雁诸事，《左氏》皆不志其年，而《年表》有之，斯必取诸《历谱》者矣。采用《传》文，时或改字，观《尚书》改字本于安国，则知《左氏》改字（本）于长沙矣。所次《左传读》，不欲遽以问世者，以滞义犹未更正也。⑤

说明自己"专尚古文"，《春秋左传读》之所以没有"问世"，是"以滞义犹未更正"之故。章太炎重赴日本主编《民报》时，仍"藏在箧中，未示学者"，只将《叙录》一篇抄送《国粹学报》，自感"申受（刘逢禄）见之，唯有匍匐却走耳"⑥。不久，在《再与人论国学书》中也说"《左氏》故言，近欲次录。昔时为此，亦几得五六岁，今仍有不惬意者，要当精心汰渐，始可以质君子"⑦，对《春秋左传读》仍有"不惬意者"。后来，章氏有些看法发生变化⊛，致此书在他生前迄未刊布。

上面谈到，章太炎自称"始分别古今文师说"在《新学伪经考》刊行那年，他把《新学伪经考》视为"恣肆"。康有为治今文，反刘歆，自然受到常州今文经学奠基人刘逢禄的影响。《春秋左传读》驳难刘逢禄，自与《新学伪经考》的刊行有关。此外，他还拟专门驳议《伪经考》，在《瑞安孙先生伤辞》中称："会南海康有为作《新学伪经考》，诋古文为刘歆伪书。炳麟素治《左氏春秋》，闻先生治《周官》，皆刘氏学，驳《伪经考》数十事，未就，请于先生。先生曰：'是当哗世三数年，荀卿有言："狂生者不胥时而落。"安用辩难，其以自熏劳也。'"⑤

那么，章太炎在诂经精舍肄业期间，崇奉左氏，驳难庄、刘，右《左传》，辟《公羊》，他和治今文的康有为是"论学殊"的。然而，《春秋左传读》"藏于箧中"，驳《新学伪经考》数事也"未就"，这是什么原因呢？除了学术上自感尚有"滞义"外，又有着时代的原因。

注 释：

① 俞金生：《仓前镇和太炎故居》，见余杭县政协文史资料委员会编：《余杭文史资料》第 2 辑，1986 年版，第 45—46 页。

② 同上书，第 46 页。

③ 章太炎：《先曾祖训导君先祖国子君先考知县君事略》，见《章太炎全集·太炎文录续编》卷四，上海人民出版社 2014 年版，第 211 页。

④ 同上书，第 211 页。

⑤ 同上书，第 211—212 页。又章太炎《与龚未生书》："珽籍遗产三十亩，聊供饘粥入学之资。"见拙编《章太炎政论选集》，中华书局 1977 年版，第 702 页。

⑥《两浙輶轩续录》，见《行述》。又见拙编《章太炎年谱长编》，中华书局 1979 年版，第 3 页。

⑦ 见《制言》第 43 期，章氏笔述，影行手迹。

⑧ 朱希祖：《本师章太炎先生口授少年事迹笔记》，见《制言》第 25 期"太炎先生纪念专号"。

⑨ 章太炎：《致陶亚魂柳亚庐书》，见《复报》第 5 号；又见《制言》第 61 期；又见拙编《章太炎政论选集》，第 191 页。

⑩ 章太炎：《光复军志序》，天津华新印刷厂 1918 年版，排印本。又见拙编《章太炎政论选集》，第 681 页。

⑪ 章太炎：《东京留学生欢迎会演说辞》，见《章太炎政论选集》，第 269 页。

⑫ 章太炎：《狱中答新闻报》，见《苏报》光绪二十九年闰五月十二日（1903 年 7 月 6 日）；又见《章太炎政论选集》，第 233 页。

⑬ 章太炎：《上李鸿章书》，手迹，上海图书馆藏；另见《章太炎政论选集》，第 53 页。

⑭ 俞樾：《诂经精舍课艺五集·序》。

⑮ 俞樾：《诂经精舍课艺四集·序》。

⑯ 章太炎：《谢本师》，见《民报》第 9 号；另见《章太炎全集·太炎文录补编》，上海人民出版社 2017 年版，第 230 页。

⑰《章太炎先生答问》，见《章太炎政论选集》，第 259 页。

⑱ 章太炎：《俞先生传》，见《章太炎全集·太炎文录初编》，第 217 页。

⑲ 诸祖耿：《记本师章公自述治学之功夫及志向》，见《制言》第 25 期。

⑳ 章太炎：《黄先生传》，见《章太炎全集·太炎文录初编》，第 220 页。

㉑ 同上。

㉒ 章太炎：《高先生传》，见《章太炎全集·太炎文录初编》，第 216 页。

㉓ 《清史稿》卷 491《文苑》2。

㉔ 章太炎：《致谭献书》，手迹，上海图书馆藏；另见《章太炎年谱长编》，第 12 页。

㉕ 《太炎先生自定年谱》"光绪二十二年丙申，二十九岁"，见《章太炎全集·太炎文录补编》，第 753 页。

㉖ 章太炎：《祖乙圮于耿解》，见《章太炎全集》第 1 册，上海人民出版社 1982 年版，第 315 页。

㉗ 章太炎：《八十曰耋九十曰耄解》，同上书，第 323—324 页。

㉘ 章太炎：《无酒酤我解》，同上书，第 316 页；又《膏兰室札记》亦有此文，文字有异。

㉙ 章太炎：《昭十年不书冬说》，同上书，第 325—326 页。

㉚ 章太炎：《鲁于是始尚羔解》，同上书，第 327—328 页。

㉛ 章太炎：《躐席解》，同上书，第 322 页。

㉜ 章太炎：《毋出九门解》，同上书，第 324—325 页。

㉝ 章太炎：《令入而不至谓之瑕》，同上书，第 38—39 页。

㉞ 章太炎：《幡校四时》，同上书，第 34 页。

㉟ 章太炎：《混吾》，同上书，第 117 页。

㊱ 章太炎：《庚泥不可得泉》，同上书，第 49 页。

㊲ 章太炎：《论臧拜经言韵之谬》，同上书，第 130 页。

㊳ 章太炎：《晏子生卒》，同上书，第 62 页。

㊳ 章太炎：《历物疏证》，同上书，第 243 页。

㊵ 同上书，第 259 页。雷侠儿（Charles Lyell），今译赖尔。

㊶ 同上书，第 256 页。韦廉臣（Alexander Williamson），美国传教士。

㊷ 同上书，第 260—261 页。侯失勒（J. F. W. Hershel），今译赫舍尔，英国天文学家。赫士（W. M. Hayes），美国传教士。

㊸ 章太炎：《东京留学生欢迎会演说辞》，见《章太炎政论选集》，第 269页。

㊹ 章太炎：《致谭献书》，见《章太炎年谱长编》，第 35 页。

㊺ 《国粹学报》丁未年（1907 年）第 12 号。

㊻ 《太炎先生自定年谱》"光绪二十二年丙申，二十九岁"，见《章太炎全集·太炎文录补编》，第 753 页。

㊼ 章太炎于光绪二十二年（1896 年）《致谭献书》已云附寄《春秋左传读》，此函写于是年"新正"，由此可知该书在光绪二十二年之前已经落稿。又据谭献：《复堂日记续录》，光绪二十一年（1895 年）九月，章氏即与谭献商榷此书，见后。

㊽ 见《制言》第 25 期；另见《章太炎年谱长编》，第 30 页。

㊾ 章太炎：《致谭献书》，见《章太炎年谱长编》，第 31 页。

㊿ 诸祖耿：《记本师章公自述治学之功夫及志向》，《制言》第 25 期。

51 章太炎：《自述学术次第》，见《章太炎全集·太炎文录补编》，第 496页。

52 章太炎：《与刘师培书三》，《国粹学报》丙午年（1906 年）第 12 号，光绪三十二年十一月二十日（1907 年 1 月 4 日）出版，《太炎文录初编》未收，见拙编《章太炎年谱长编》，第 31 页。

㉝《国粹学报》丁未年（1907 年）第 12 号，光绪三十三年十二月二十日（1908 年 1 月 23 日）出版，收入《太炎文录初编·别录》卷 2。

㉞ 钱玄同：《与顾起潜书》，见《制言》第 50 期。又章太炎《与徐哲东论春秋书》云："《春秋左传读》乃仆少作，其时滞于汉学之见，坚守刘、贾、许、颖旧义，以与杜氏立异，晚乃知其非。"

㉟ 章太炎：《瑞安孙先生伤辞》，见《章太炎全集·太炎文录初编》，第 230—231 页。

第二章

走出书斋

一　以革政挽革命

1894 年的中日战争，中国又一次惨败。次年 4 月 17 日（三月二十三日），清政府与日本签订丧权辱国的"马关条约"，瓜分危机近在眼前。康有为趁着入京应试的机会，聚合各省应试学子一千三百余人于 5 月 2 日联名上书请愿，发动"公车上书"，请求拒和、迁都、练兵、变法，提出"下诏鼓天下之气""迁都定天下之本""练兵强天下之势""变法成天下之治"等救国纲领，并在北京、上海办强学会和《万国公报》《中外纪闻》《时务报》。

在民族危机深重的刺激下，章太炎听到康有为设立上海强学会，曾"寄会费银十六圆入会"①；《时务报》创刊，章太炎与该报经理汪康年有旧②，"目击道存""怀欲著论"，致书汪康年：

> 大著宗旨，不欲臧否人物，题非教令，斯诚定、哀微辞，言者无罪。抑商榷法制，无过十端，数册以往，语欲屈竭，则绣其肇悦矣。刍荛之见，谓宜驰骋百家，挢摭子史，旁及西史，近在百年，引古鉴今，推见至隐。昔太冲《待访录·原

君》论学，议若诞谩，金版之验，乃在今日。斯固玮琦幼眇，

作世模式者乎？如鄙见可采，尚有数首，即当写奉。证今则

不为厄言，陈古则不触时忌，昔人以三百五篇谏者，其是谓

钦？③

他毅然走出书斋，于 1897 年 1 月（光绪二十二年十二月），

由杭赴沪，任职《时务报》，并在《经世报》《实学报》《译书公会

报》撰文，基本上赞成维新变法，指出中国应该"发愤图自强"，

"不能惟旧章之守"，主张以"革政挽革命"。

章太炎在《时务报》和康门弟子共事不久，发

表文章也不多，但他在这时的文章中，却有沾染

今文的迹象。

"今文""古文"，是儒家经籍的不同统绪，它

们虽都发端于汉代，但所尊的经典不同，对孔子

的看法不同，治学的方法也不相同。大体说来，古

文经学家认为"六经"是前代的史料，孔子是"述

而不作，信而好古"的圣人，他不过将前代的史料

加以整理、传授后人而已。也就是说，他们以为孔

子是一位史学家，将孔子看作古代文化的保存者。

今文经学家却反对这种说法，他们认为孔子决不

仅仅是一个古代文化的保存者，"五经"（"六经"

去《乐》）固然有前代的史料，但经过孔子整理，

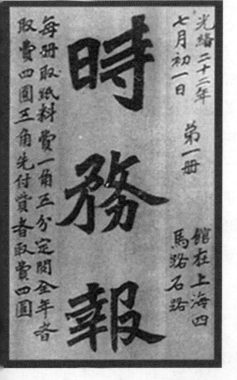

《时务报》

就有了新的含义，有的还是孔子所作，更具深意。前代的史料，

是孔子"托古改制"的手段，经过孔子的"制作"，经书就有了"微

言大义"。不能只重视其文与史，应该重视经书之"义"。因此，今文经学视孔子为政治家、哲学家。

古文经学家以"六经"为古代史料，以孔子为史学家，所以尊孔子为先师；今文经学家以孔子为政治家，所以尊孔子为"素王"。所谓"素王"，谓有"王"之德和才而无"王"之位。孔子虽有"德"和"才"，毕竟没有其"位"，只是"素王"。他们同样推崇孔子，但推崇的角度不同。

今文经学家以孔子为"素王"，以为经书中有孔子"笔削"之"义"，所以尊孔子，注目于发挥孔子"微言大义"的《春秋公羊传》；古文经学家虽也崇奉孔子，但又认为周公佐成王"摄政"，"有德有位"，还有"致太平之迹"的《周礼》，所以尊周公，注目于《周礼》。

今文经学家注目于经书之"义"，所以治经注意"微言大义"，和政治的关系也较密切；古文经学家在古文经书发现后即注意校勘脱简，所以注目于名物训诂，但它的发生、发展，又和社会经济有一定的关联。

章太炎在诂经精舍学习，俞樾是著名的古文经学大师，尽管章太炎在"课艺"中也有吸取今文经学的迹象，但他的治学方法还是遵循古文义理。他认真研讨的《左传》，也是古文经传，他还自署"刘子骏之绍述者"④，以"绍述"古文经学的创始人刘歆自居。但是，章太炎这时的论文，却有沾寻今文的迹象，如说：

　　是故整齐风俗，范围不过，若是曰大一统；益损政令，九变复贯，若是曰通三统。通三统者，虽殊方异俗，苟有长技则取之。虽然，凡所以取其长技，以为我爪牙干城之用者，将以卫吾一统之教也。

……

吾闻《齐诗》五际之说曰：午亥之际为革命，卯酉之际为革政，神在天门，出入候听。是其为言也，岂特如翼奉、郎颢所推，系一国一姓之兴亡而已。大地动榙，全球播覆，内暨中国，覃及鬼方，于是乎应之。……然则如之何而可？曰：以教卫民，以民卫国，使自为守而已。变郊号，柴社稷，谓之革命；礼秀民，聚俊才，谓之革政。今之亟务，曰：以革政挽革命。⑤

他在《实学报》所刊《异术》一文也说：

道生于五德，德生于色，色生于统。三统迭建，王各自为政。仲尼以春王正月莫络之，而损益备矣。⑥

"大一统""通三统"，是《春秋》公羊家之言；《齐诗》传者喜以阴阳五行推论时政，他们都属于今文经说。

今文学派的学说，并不排斥对其他学派的援用，但作为"严守家法"的古文学派来说，每每视若鸿沟。

和章太炎所学异途，并为他后来深诋的今文经学说，在维新变法时期被一度加以援用，原因何在？且看他是怎样阐释这些经说、旨在说明什么的。

章太炎以为"大一统"是"益损政令，九变复贯"，是吸收"殊方异俗"的"长技"，"以卫吾一统之教"。也就是说，凡是西方资本主义国家（"殊方异俗"）的"长技"，可资中国"借镜"的，可以作为改变成法（"益损政令"）的参考。例如，举办"有益于黄人"的学会，用以说明"修内政"、行"新制度"的必要；说明不能"惟旧章之守"，而须"发愤图自强"⑦。又就《齐诗》五际"革命""革政"之说加以推演，认为在当时的社会条件下，应该"礼秀民，聚俊才"，进行"革政"，亦即实现政治改革。那么，他援用《公羊》《齐诗》，旨在阐明变法的必要性。章太炎在维新变法时期，政治上同情资产阶级维新派，参加了他们的宣传刊物的编辑工作，并在自己的文章中运用了今文经学的观点。

章太炎之所以在政治上同情维新派，以致在自己的论著中渗附了某些今文经学说，这是因为甲午战后外侮频仍，国势浸衰，康有为等与封建顽固势力和洋务官僚进行斗争，提出救亡主张，代表当时中国社会发展的趋势，具有进步的意义。章太炎对康、梁的同情，主要是对这种政治主张的同情，从挽救民族危亡、进行变法图强来说，他们这时的政治主张基本上是一致的。

如上所述，章太炎说"今之亟务，曰：以革政挽革命"，以为"礼秀民，聚俊才"是"革政"，而"变郊号，柴社稷"则为"革命"。"礼秀民，聚俊才"，和康有为"公车上书"所提出的"求人才而擢不次""慎左右而广其选""通下情而合其力"相类似。至于"革命"，则要"变郊号，柴社稷"，亦即要"改朝换代"。当前的"亟务"，是为"以革政挽革命"。

"以革政挽革命"，表明章太炎这时认为"救亡图存"的办法是"革政"，亦即进行资产阶级的政治改革。

"以革政挽革命"，表明章太炎这时多少觉察到民族灾难、革命危机，对帝国主义的侵华、清朝政府的腐朽，还是深有感触的。

"以革政挽革命"，也表明甲午战后章太炎的政治主张与康、梁基本相同，从而参加强学会，编撰《时务报》，赞成维新变法。

二　办报刊，设学会

维新思潮发展成为群众性的政治运动，是在甲午中日战争之后，以康有为领导的"公车上书"为起点。康有为等维新志士呼吁救亡图存、变法维新，又是以组织学会、发行报刊作为推动维新的"急务"的。

章太炎在甲午战争之后走出书斋，除了在《时务报》撰文外，又编辑《经世报》《实学报》，还在武昌筹设《正学报》，在杭州筹组"兴浙会"。

《经世报》，旬刊，宋恕、章太炎、陈虬等任撰述，光绪二十三年七月（1897 年 8 月）上旬①创刊，至同年十二月（1898 年 1 月），共出十六册。

经世报馆设在杭州上扇子巷，上海分馆设在"新马路福海里谢寓"，北京、天津、山东、福建、安徽、江苏等地均设售报处，月出三期。

章太炎在《经世报》共发表三篇论文，即《变法箴言》（第一册）、《平等论》（第二册）、《读管子书后》（第三册）。在这些论文中，主要提出下列观点：

第一，对当时言变法的"华妙""猝暴"提出"箴言"。

《变法箴言》以为当时"瑰意琦行之士，则有二病焉，华妙云乎，猝暴云乎！""变法者，非口说也，必躬自行之，躬自行之而不可济，必赴汤火冒白刃以行之。古者改制度、定文章，必乘衅刘之后。"中国"有志之士，又稍稍娱乐于禅学以日销其骨鲠"，章太炎认为这些"遁匿于佛者"是"华妙"，应予规正，也有"见西法之效，以为驰骋上下，无曲折可以径行也，又取夫后王之政而暴施之于百年以前也"，这是"猝暴"。

章太炎认为，"学堂未建，不可以设议院；议院未设，不可以立民主。事势之决塞，必有先后，皆出于几。自有地球三十九期以来，石刀铜刀铁刀之变，非由政令发征，而民靡然从之，其几迫也。圣人者，因其几而导之入，故举无不起，废无不坠。今也，骏特傲党之士，丁时未至，盱衡历色，悍然而为之，志固不遂，且危其身矣。""病华妙者，吾惧其不以身殉也；病猝暴者，吾又惧其妄以身殉也。"

章太炎说，"民不知变，而欲其速化，必合中西之言以喻之"，应该鉴于何桂清、张佩纶"言谈最贤，亦时有中要领者，而祸败若是"。"鉴于是二子，变者千端而或有什一之成；不鉴于是二子，冒没轻儳，其势无疑止，虽有中寿，犹不获睹天下之治也。"⑨

第二，以为"平等之说，非拨乱之要"。

章太炎在《平等论》中说："虽然，吾尝有取矣，取夫君臣之权非平等，而其褒贬则可以平等也。昔者埃及之王称法老，死，大行至窀所，或颂其德，或指其邮，以得失相庚偿，过多则不得入墓；其王亦深自饬厉，惧罹罪辟，莫敢纵欲。是即中国称王以诔天王之义，是即《春秋》有罪不书葬之义。"⑩

第三，在《读管子书后》中谈到"工艺"，有发展资本主义工商业的思想倾向。

他说："是故侈靡者，工艺之所自出也。夫既有工艺矣，则一方或有余，而一方或不足，而求之者则固相等，于是商贾操之以征贵贱，则其势不得不生轻重。轻重者，亦势之无可遁者也。"他提到"工艺"，又谈到"贸易攻之而有余"，看到资本主义国家的商品输出。但他又以"管子之言"，"亦泰西商务所自出"，说明他曾依托往古。此文收入《訄书》初刻本，改题《喻侈靡》，除文字有损益外，末后并加附识："释氏《大集月藏经》云：譬如真金为无价宝，若无真金，银为无价；若无银者，鍮石为无价；若无鍮石，伪宝为无价；若无伪宝，赤白铜铁白镴铅锡为无价宝。是即侈靡无定，适其时尚之义也。"⑪其思想已有变化。

《訄书》初刻本

同年，章太炎又为《实学报》撰文。

《实学报》，旬刊，光绪二十三年八月初一日（1897年8月28日）在上海创刊，王仁俊（干臣）为总理，章太炎任总撰述。

《实学报》创刊，章太炎为之撰序文：

夫报章者，诚史官之支与余裔也。刘子骏有言："墨家者流，盖出于清庙之守"。其在周初曰史佚，其后曰史角。然则墨翟学于史氏。故其声、光、热、重之学，爽然为诸子最。今为《实学报》，其必念夫墨子而后二千余年，旁魄熔凝以有是篇，必爽然为纪事之书最。⑫

他这时对先秦诸子仔细探索，故《序》中提到"墨家者流"。他还有《儒道》《儒兵》《儒法》《儒墨》《儒学》诸文，先后在《实学报》发表。这些论文，后来收入《訄书》，但有修改。

章太炎在《实学报》第二期上，还发表《后圣》一文，称：

《訄书》初刻本手稿

自仲尼而后，孰为后圣？曰：水精既绝，制作不绍，浸寻二百年，以踵相接者，惟荀卿足以称是。非佟其传经也，其微言通鬼神，彰明于人事，键牵六经，谟及后世，千年而不能阐明者，曰《正名》《礼论》。《礼论》未作，人以为祝史之事；作矣，人以为辟公之事。孟氏未习，不能窥其意。其他揖让之礼虽从，而庚于行事者，遇之则若焦熬矣。……呜呼！斯其制作也，则迥乎三统，竟乎文祖地祇之毕。是故《礼论》以键六经，《正名》以键《春秋》之隐义。其他《王制》之法，《富》《强》之论，《议兵》之略，得其枝叶，犹足以比成、康。肖乎！非后圣孰能不见素王而受其帚翼铜瑁者乎！

而治孟学者蒜之，以论性恶为敌逑。呜呼！性恶者，非同人性于禽豸也，而异人性于圣王之制礼，有善不粹，斯谓之恶已。……呜呼，世俗之说者，以桀、纣有天下，汤、武纂而夺之。荀子以为伛巫跛匡之智，载在《正论》，驳辩几千言，孰谓其术之异于孟氏也。

夫治孟学以蒜荀氏者，始宋程、苏。苏与程相敌逑，其蒜荀氏则合从，彼苏氏尤昌狂妄言。……推其用意，且曰死而操金椎以葬，下见荀卿，将敲其头矣。利禄小生，不可与道古。其文学以程、苏为宝祐，从而和之，使后圣之学，终于闭锢伏匿；仲尼之志，自是不得见。悲夫！并世之儒者，诵说六艺，不能相统一。章炳麟订之曰：同乎荀卿者与孔子同，异乎荀卿者与孔子异。⑬

章太炎对荀卿极为尊崇，《菿汉微言》称："遭世衰微，不忘经国，寻求政术，历览前史，独于荀卿，韩非所说，谓不可易。"他在《上李鸿章书》中也说"一以荀子、太史公、刘子政为权度"⑭，这里更以荀子为"后圣"。他尊崇荀卿，不是单纯的"侈其传经"，而是因为他"微言通鬼神，彰明于人事"，"不循于旧名，有作于新名"，也就是因为荀子有"法后王思想"之故。这点，章太炎在1899年的《尊荀》中又有发挥。此外，康有为利用今文学说"托古改制"，他的门徒梁启超更谓"荀传小康，孟传大同"，夏曾佑且有"冥冥兰陵（荀卿）门，万鬼头如蚁"之诗，有似"排荀运动"⑮。谭嗣同在《仁学》又说："二千年来之政，秦政也，皆大盗也；二千年来之学，荀学也，皆乡愿也。"章太炎推崇荀卿，专为撰文，或亦与此有关，盖亦有感而发。

章氏又有《异术》一文，提到"三统迭建，王各自为政"，前文已经述及。文中还提到"所宣与起者，民之意而已"，并望"上"能"酌民言而酌其意"，说明章太炎有要求从上而下的维新变法思想。文中也提"三统""损益"，说明他也受康有为等的影响。

《经世报》《实学报》虽以介绍新知识为名，但文字古雅，不如《时务报》之"近俗"。《实学报》的编辑王仁俊且专门在"实学平议"栏上刊出《民主驳义》和《改制辟谬》⑩，对康、梁改制学说公开攻击，当时就引起一些人的议论，如张元济说：

《经世报》

> 近见《实学报》《经世报》，皆有显与《时务报》为敌之意，此皆例有之阻力，执事幸勿为所动也。《经世报》言多粗鲁，姑勿论。而《实学报》则最足以动守旧者之听，且足以夺貌新者之心，济料其声势必将日大。然一二十年后，民智大开，又必不辩而自屈，则又何必沾沾于目前之是非？其以天地日月例夫妇，仍不过八股之学。《华盛顿传后》极赞民主，与其"平议"宗旨，大相矛盾。如此之类，不胜枚举，又安能自成一家乎？非谓异我者，即在所必摈，泰西报馆岂无异趣。所恨者，以爝火之微，而亦欲与日月争明。使为守旧之徒，犹可言也；而伪

在世似新之辈。夫处今之世，即合此十百有志之士，通力合作，犹恐未必有得，况复显分畛域，同室操戈！济处局外，且深悲愤，而何论公与穰卿之身当其际者乎？虽然，出一言，行一事，而天下翕然则已为大同之世矣，而今尚非其时。济敬以两言相勖曰："勿与之相竞，勿因此自馁。"迟之既久，必能共明。且此之接踵而起者，何一非公与穰卿之私淑弟子乎？此亦公自知之也。[17]

《经世报》和《实学报》是维新运动时期涌现出来的刊物，章太炎在这两份刊物中均有文章发表。然而，这两份刊物的内容和形式都没有《时务报》那样清新，甚至还对当时的改良运动有攻击之词，特别是《实学报》。其实，这不能归罪于章太炎，章太炎的主张还是与报社的王仁俊等有别，如他赞助改革，希望光绪皇帝"酌民言而酌其意"，对日本明治维新也予注视。[18]尽管他和康、梁在学术思想上有所不同，他在文章中还引用了一些今文词句。《实学报》的王仁俊反对西学，章太炎则不然。他曾主张翻译西书，以为"互市以来，所传译泰西书"，只有四百种为太少；以为"泰西政艺，各往往取诸希腊、罗马，而文明远过其本"，值得注意。[19]正由于如此，他和《经世报》《实学报》的其他编者意见不合，共事不久，即行离去，也不

實學報 第一冊 光緒二十三年八月初一日

《实学报》

再为他们撰文。

维新运动期间，章太炎也主张组织学会，推动变法，也想借助张之洞的实力推动变法。他于 1897 年在杭州发起兴浙会，于 1898 年春前往武昌，助办《正学报》。

兴浙会是光绪二十三年五月（1897 年 6 月）由章太炎、董祖寿、连文澄等浙籍人士在杭州发起的。《兴浙会序》称：

> 浙江于东南为上腴，其民好学蹈礼，而被文弱之名，谓之非用武之国。然句践以甲楯五千，起于会稽，北覆大吴，臣仆齐、晋。……由是观之，浙人非懦，浙土非不可用。

> 往者中东之役，群儒上书，以钓名誉，而顽顿者以浙人不与为大诟。……方今浙江之俗，稍益选懦，而隐居求志者，盖时见于山樊。然或讼言时务，而不能深探其本；或以旧学为城堞，其学不足以经世。离群涣处，莫相切厉，卒迷阳而不返。悲夫！别于地球而为亚细亚，别于亚细亚而为震旦，别于震旦而为浙江，斯其在赤道、二极间，则犹毫末之于马体也。恒星未伏，白水不涸，太行、华、岱未崩弛，人发其愤，震旦犹可兴。抑不能兴震旦而言兴亚细亚，不能兴一部而兴震旦，则夸严之谈已。吾胎萌于浙，虑从其近，是以树兴浙会。有能从吾盍簪者，埻埶五公之言行，而洞通乎时事，庸讵知不湔文弱之名，而号之用武之国也。

> 乃者吴、楚、岭南，学会盖彬彬矣。如兴浙会者，其意趣大同，而名实或少异焉。嗟乎！有知吾之兴浙之志者，可无著言于竹帛矣。[20]

《兴浙会章程》第一条称：

> 学问之道，有教无类，刘、于、王、黄、张五公，文学勋业，风节行谊，于浙中为特著，而时代亦最近，故举之为职志。非谓学者当墨守诸公之藩篱，不必博览群书也。

第三条称：

> 《七略》著目，恢韬群籍，百家余裔，流别滋繁，学者各从性情所近，然必当知其要义。大抵经以《周礼》、两《戴记》为最要，由训诂通大义，足以致用。史以三史、《隋书》、《新唐书》为最要。所谓五世之庙，可以观怪。子以《管》《墨》为最要，至荀子则优入圣域，固仲尼后一人。持衡诸子，舍兰陵其谁哉？若凌杂米盐，博而寡要，则当思反约矣。
>
> ……
>
> 经世之学，曰"法后王"。虽当代掌故，稍远者亦刍狗也。格致诸艺，专门名家，声光电化，为用无限。而学者或苦于研精覃思，用心过躁，卒无所成。二敖八足，惟寄蛇穴，斯可惧矣。大抵精敏者宜学格致，驱迈者宜学政法。官制、兵学、公法、商务，三年有成，无待烨掌。且急则治标，斯为当务。若自揣资性与艺学相远，当争以政法学为趋向。㉑

《序》和《章程》，疑出于章太炎手笔。理由有以下几方面。第一，它表彰刘基、于谦、王守仁、黄宗羲、张煌言五位"浙人"，而这五人正是章太炎当时所称道的。第二，《章程》中提出"经世之学，曰法后王"，又说"至荀子则入圣域，因仲尼后一人，持衡诸子，舍兰陵其谁哉"，章太炎这时撰有《后圣》，说是"同乎荀卿者与孔子同，异乎荀卿者与孔子异"。旋撰《尊荀》，与章太炎当时思想一致。第三，文字风格与章太炎同。第四，《经世报》第三册有《兴浙会题名》，列"秀水董伯骙祖寿（廪生）、钱塘连孟清文澄（贡生）、余杭章枚叔炳麟（监生）"三人，章太炎为题名三人之一，他又是《经世报》撰述，《序》和《章程》即载是报，可见他是兴浙会最早的发起人之一，撰《序》当属可能。

可是，因为《序》文表彰的是明末"浙人"，文中有"狼弧之威，致届胡酋，使肉食之兽，窜身槚窟，华夏故鼎，反于历室"，以致"金华屠，嘉兴残，二郡之间，僵尸蔽野，流血顷亩。嗟我浙人，盖无罪于天，而王师一至，芟夷斩艾，如草木焉"等词句，自然引起一些忠于清朝封建统治者的震惊。这样，便有上虞许家惺《续拟兴浙学会章程》㉒，其中第二条称：

> 本会学术门类虽分政法、艺事、舆地、商务四纲，然其余细目，如天地、动植、兵战、医矿等类，亦当一律研求。苟能举浙中切要兴革之事，尤合本会兴革微意，如两浙物产土宜、民情俗尚、形势要隘、水道通塞、沙线明暗（舆地一门能兼图绘，尤为明晰），皆须切实详述。

与原订《章程》不同了。《续拟兴浙学会章程》不但将"兴浙会"改为"兴浙学会"，内容也显然和《兴浙会序》《兴浙会章程》不同。兴浙会之所以改名为兴浙学会，据《经世报》第六册《本馆告白》所称：

友人来信谓本报第二期所登《兴浙会序》及《章程》，"兴浙"下宜有"学"字，以避嫌疑。敬当尊致会中同人于刊布章程时添入。

说改名是为了"以避嫌疑"，避什么"嫌疑"呢？似乎增加了"学"字就是专门讨论学术的结会，而不是政治团体了。《兴浙会序》从浙人"文弱""用武"，谈到甲午战后的"公车上书""以浙人不与为大诟"㉓，认为"顽顿"。并举出刘基、于谦、王守仁、黄宗羲、张煌言五位浙人，这五人都在政治上有过影响。刘基曾反对元朝统治，翊赞朱元璋建立明朝，黄宗羲、张煌言又在明亡时有所为，由此，无怪乎兴浙会要改订会名了。改订会名后续订的《章程》，也主要是为"浙中切要兴革之事"，"如两浙物产土宜、民情俗尚、形势要隘、水道通塞、沙线明暗"等和时政触犯不大的"实事"了。

章太炎于光绪二十四年（1898 年）春前往武昌，《太炎先生自定年谱》称："初，余持《春秋左氏》及《周官》义，与言今文者不相会。清湖广总督南皮张之洞亦不憙《公羊》家，有以余语告者，之洞属余为书驳难。"章太炎《自述学术次第》也说："余昔在南皮张孝达所，张尝言'国学渊微，三百年发明已备，后生但当蒙业，不须更事高深'，张本好疏通，不暇精理。又见是时怪说流行，惧求深适以致妄，故有是语。时即答曰'经有古今文，自昔异路，近代诸贤，始则不别，继有专治今文者作，而古文未有专业，此亦其缺陷也'。"照此说来，章太炎赴鄂，是由于他"与言今文者不相会"，而张之洞"不憙《公羊》家"，看到当时"怪说流行"，从而邀章太炎"咨度"的。

据汪太冲《章太炎外纪》，章太炎赴鄂和钱恂（念劬）有关，他说："近询诸念劬，念老谓张南皮之识太炎，实先见太炎所为《左氏说》，谓有大才可治事，因属念老致此人。时念老在南皮府中，念老求诸四方，得太炎于上海，与往湖北，偕见南皮。时太炎稍有主张革命名，南皮不敢昼见，匿太炎于念老室中，午夜屏人，见太炎，谈达曙，大服之。"㊲说是张之洞"大服之"，不可信；而章之赴鄂，经过钱恂推荐，则是事实。

刘禺生《世载堂杂忆》也记章太炎赴鄂以及办报事，他说：

> 庚子事变后，康、梁公羊改制说盛行。张之洞本新派，惧事不成有累于己，乃故创学说，以别于康、梁。在纺纱局办《楚学报》，以梁鼎芬为总办，以王仁俊为坐办，主笔则余杭章太炎炳麟也。太炎为德清俞曲园高足弟子，著有《春秋左传读》一书。之洞以其尚《左氏》而抑公羊，故聘主笔政。予与江苏朱克柔、仁和邵仲威（伯纲之弟）、休宁程家柽，常问学于仁俊先生之门。仁俊先生曰："他日梁节庵与章太炎必至用武，梁未知章太炎与革命党，其主张奴视保皇党，岂能为官僚作文章乎？"
>
> 《楚学报》第一期出版，嘱太炎撰文，太炎乃为排满论凡六万言，文成，钞呈总办。梁阅之，大怒，口呼反叛反叛、杀头杀头者凡百数十次。急乘轿上总督衙门，请捕拿章炳麟，锁下犯狱，按律制罪。予与朱克柔、邵仲威、程家柽等闻之，急访王仁俊曰："先生为《楚学报》坐办，总主笔为张之洞所

延聘，今因排满论酿成大狱，朝廷必先罪延聘者，是张首受其累，予反对维新派者以口实。先生宜急上院，谓章太炎原是个疯子，逐之可也。"仁俊上院，节庵正要求拿办，仁俊曰："章疯子，即日逐之出境可也。"之洞语节庵，快去照办，梁怒无可泄，归拉太炎出，一切铺盖衣物，皆不准带，即刻逐出报馆。㉕

刘禺生自称时在武昌，但所记夸张失实。第一，"庚子事变后"，章太炎没有到武昌。他去武昌，是在"庚子事变"前两年。"庚子事变"那年，张之洞在武昌镇压自立军，而章氏却在上海愚园参加"国会"，并"割辫与绝"，不可能也没有再去"谒见"张之洞。第二，"排满论凡六万言"，未之前闻，章太炎虽很早孕有民族主义思想，而这时还只主张"革政"，没有挣脱改良思想的束缚。他当时虽也有不满清政府的论调，也只是"退则语人"，没有公开撰文。他对康、梁今文改制的"夸诞外衣"是反对的，对康、梁的维新变法却是赞同的。他不可能在 1898 年春就已撰有"排满论"，只是到了"庚子事变"以后，到了自立军失败以后他才摒弃幻想，矢志反清，于 1901 年在东京《国民报》第四期上发表了《正仇满论》。第三，在武昌办《楚学报》，而《楚学报》为《正学报》之误，说"《楚学报》第一期出版"，但《正学报》实未出版。《正学报》是张之洞幕僚梁鼎芬、王仁俊、陈衍、朱克柔等议设的。

章太炎撰有《正学报缘起》和《例言》，原稿为章士钊收藏，蒙马宗霍先生抄录见示，㉖其中有几点值得注意：

第一，《正学报》是在张之洞的授意下设立的，定名"正学"，是为了正"迂儒之激"。

《正学报缘起》称：

> 光绪二十四年春，胶州湾既割，是时距辽东之战四年矣。天下方侧席求人材，开特科以致天下士，海内髦杰，踔跃陵厉，北向望风采，以为雪国耻、起民瘼，当在今日。俄而旅顺、金州复迫于朔方之国，并海以南则吴淞，以西南则广州湾，皆滨大瀛，复为邻国要求赁质。将相盱食，瞿然未有以应，士气复沮，议论无所薄，稍益流宕，驰说者至欲避难异域，寄籍为流民，计不终朝，民志益涣，骎然似无附丽者。南海梁鼎芬、吴王仁俊、侯官陈衍、秀水朱克柔、余杭章炳麟有忧之，于是重趼奔走，不期同时相见于武昌。武昌，天下中枢也。其地为衢国，声闻四达，于中古则称周南，惟苍姬之王，尝斡运之以为风始。冀就其疆域，求所以正心术、止流说者，使人人知古今之故，得以涵泳圣涯，化其颛蒙而成其恳恻，于事为便。惟夫上说下教，古者职之掸人，而今为报章之属。乃伙偶诹访，东求诸日本，而求诸欧、美之洲，得其日月所记，译以华文，比类错综，终以己之论议，旬为一册，命曰《正学报》。⑦

由上可知《正学报》是梁鼎芬、王仁俊、陈衍、朱克柔、章太炎等在武昌发起筹备的。梁鼎芬等人时处张之洞幕府，而章太炎则是应张之洞之邀赴鄂。所以，《正学报》也是在张之洞的授意下拟设的；他们是在割胶事起，民族危机严重的情况下筹设的；是鉴于当时或者"虚憍自贵""恶闻异己"，或者"震怖"西方，

"愿为之赘属"，于是设报以正"迂儒之激"。也就是《正学报缘起》中所说"正心术，止流说"，因而定名为《正学报》。

第二，从《缘起》和《例言》中可以看到，《正学报》准备"选译东西各报为主，于邸钞则从略"。"译报自事实外，多录论议"，对其中"蜚语中人"的，则加"案语"。至于格致、算术、农商、工艺，则"诠次法程，钩元提要"而已。至于论议，则"文尚条达"，"意务剀切"。"九流腾跃，以兰陵为宗；历史汗牛，以后王为法。"㉘准备旬为一册。

《正学报》既已筹议，为何没有正式出版？我认为，主要由于章太炎和张之洞的意见不合，章太炎对《劝学篇》既有议论，对梁鼎芬等尤有讽刺，终于"谢归"，而《正学报》亦寂焉无闻。

《太炎先生自定年谱》"光绪二十四年"条记：

> 余至武昌，馆铁政局。之洞方草《劝学篇》，出以示余，余见其上篇所说，多效忠清室语，因答曰："下篇为翔实矣。"梁鼎芬者，尝以劾李鸿章罢官，在之洞所，倨傲，自谓学者宗。余闻鼎芬先与合肥蒯光典争文王受命称王义，至相棰击，因谓鼎芬不识古今异法。一日聚语，鼎芬颇及《左氏》《公羊》异同，余曰："内中国，外夷狄，《春秋》三家所同。弑君称君为君无道，三家亦不有异。实录之与虚言，乃大殊耳。"他日又与俦辈言及光复，鼎芬恙焉。未几，谢归。㉙

章太炎在《艾如张、董逃歌序》中说：

> 永历既亡二百三十八年春，余初至武昌，从主者张之洞

招也。是时青岛、旅顺既割，天下土崩，过计者欲违难异域，寄籍为流民。计不终朝，民志益涣，骀骀似无傅丽。张之洞始为《劝学篇》，以激忠爱、摧横议，就余咨度。退则语人，宙合皆含血，生于其洲而人偶其洲，生于其国而人偶其国，人之性然也。惟吾赤县，权舆风姜以来，近者五千祀，沐浴膏泽，沦浃精味久矣。禀性非异人，古之谟训，上思利民，忠也；朋友善道，忠也；憔悴事君，忠也。今二者不举，徒以效忠，征求氓庶。且乌桓遗裔，蹂躏吾族几三百年，魋毛饮血，视民如雉兔。今九世之仇纵不能复，乃欲责其忠爱，忠爱则易耳，其俟诸革命以后。闻者皆怒，辩发上指栋。或柋之张之洞，之洞使钱恂问故，且曰："足下言《春秋》主弑君，又称先皇帝讳，于经云何？"应之曰："《春秋》称国弑君者，君恶甚，《春秋》，三家所同也。清文帝名皇太极，其子孙不为隐，当复为其子孙讳耶？"之洞谢余。归自夏口，沿于大江，而作《艾如张》一篇，以示孙宝瑄，宝瑄题之；以示宋恕，宋恕阳为发狂不省。其夏，康有为以工部主事笼朝政，变更法度，名为有条贯，能厌民望。海内夸者，曲跳陵厉，北向望风采，以为雪国耻，起民瘝有日，而余复为《董逃歌》一篇，以示宋恕，宋恕复阳狂不省。㉚

章太炎"退则语人"，言"九世之仇""忠爱""俟诸革命以后"，"闻者皆怒"，传入张之洞之耳，"之洞谢余"，应为他离开武昌的主要原因。

张之洞本以"宏揽自熹"，他"延揽"章太炎，也是由于他专治古文，与康、梁崇尚今文不同。张之洞这时又正撰《劝学篇》以诋击康、梁改制学说，自称："戊戌春，金壬伺隙，邪说遂张，乃著《劝学篇》上、下篇以辟之。大抵会通中西，权衡新旧。"③"本"指有关世道人心的封建伦理，"通"指有关工商业、学校、报馆等可变通办理。章太炎见其上篇所说，多效忠清室语，因答曰："下篇为翔实矣。"对该书的上篇是不满的。他也没有按照张之洞的意旨径驳康、梁。查《华国月刊》卷一第八期"通讯辑录"有《钟孔昭来书》，其中说：

> 忆章君十余年前尝有《驳议》，惜未揭橥，中怀欿然，不悉贵刊可否检录，以饷国人。

《华国月刊》"编者识"中说：

> 按章君于《伪经考》未有《驳议》，盖当前清戊戌政变后，张文襄聘章君至鄂，曾属为此文，嗣章君以与文襄论政不合，未几即还上海，遂未属草。

《驳议》，指驳难康有为《新学伪经考》之作，事实上，章太炎曾有"驳议"，只是"未就"而已。《瑞安孙先生伤辞》称："会南海康有为作《新学伪经考》诋古文为刘歆伪书。炳麟素治《左氏春秋》，闻先生治《周官》，皆刘氏学，驳《伪经考》数十事，未就，请于先生。先生曰：'是当哗世三数年，荀卿有言："狂生者不胥时而落。"安用辩难？其以自熏劳也。'"②章太炎对康有为崇今文、神化孔子是反对的，但他在维新运动时期却对康、梁的政治改革主张表示同情，《驳议》"未就""未刊"，也是为此。然而，他赞助康、梁也只是由于时代的特点，而不意味着学术思想上的"混一"，并称"论及学派，辄如冰炭"，古今文经说，"余始终不能与彼合也"㉝。也正是由于章太炎和康有为学术上不能相合，从而张之洞嘱他"为书驳难"《伪经考》，并将所撰《劝学篇》出示，终因章太炎不为张用，《正学报》未曾正式出版。

附带要说的是，和章太炎一起"筹议"《正学报》的梁鼎芬、王仁俊等以"正学"自任，实际所"学"不"正"。梁鼎芬对《时务报》的言论一直干涉，王仁俊在《实学报》上公开发表《民主驳义》《改制辟议》，章太炎在武昌和他们"筹议"时感到意见不合，也是他不想主办《正学报》的原因之一。政变发生后，章太炎提及此事，说：

> 曩客鄂中时，番禺梁鼎芬、吴王仁俊、秀水朱克柔，皆在幕府，人谓其与余同术，亦未甚分泾渭也。既数子者，或谈许、郑，或述关、洛，正经兴庶，举以自任。聆其言论，洋洋满耳，及叩其指归，商卷逡巡，卒成乡愿，则始欲割席矣。嗣数子以康氏异同就余评骘，并其大义，亦加诋毁，余则抗唇力争，声震廊庑，举室瞋眙，谓余变故，而余故未尝变也。及革政难起，而前此自任正学之数公者，乃皆垂头阗翼，丧其所守，非直不能建明高义，并其夙所诵习，若云阳尊阴卑，子当制母者，亦若瞠焉忘之。呜呼！张茂先有言："变音声以顺旨，思摧翮而为庸。"今之自任正学，而终于脂韦突梯者，余见其若是矣。由是观之，学无所谓异同，徒有邪正枉直焉耳。持正如工部，余何暇与论师法之异同乎？㉞

办《正学报》的人自任"正学",实际"邪正枉直",不容混淆。这也是章太炎与之"割席"、《正学报》未能刊行之故。

尽管如此,《正学报》已拟订《缘起》《例言》,研究章太炎者固不可不知,即研究中国近代思想史者亦不能不知。

※　　　※　　　※

办报刊、设学会,是康、梁进行变法活动时的主要任务之一。章太炎同样在甲午战后步入社会,办报设会,从挽救民族危机、进行"革政"来说,他们也是一致的。尽管他们在学术思想上信尚不同,治学方法不同,但为了"救亡图存","论学虽殊,而行谊政术自合"。然而,在这激烈动荡的时代也有一些人貌似维新,实际上却不满"改制"、不愿改变旧制,章太炎也曾和这些人共事过,大体上他还是主张革政。从甲午战后的办报设会中,也可看到他的基本立场。但是,他毕竟和康、梁所学不同,他的文字既不如梁启超那样清新动人⑧,论及康、梁的"改制"学说,论及他们之间的学派,又"辄如冰炭",章太炎和康、梁之间也就必然存有"分合"。

三 和康、梁的分合

章太炎和康有为等人毕竟不是同隶一个学派，他赞助康、梁的政治活动，也只是由于时代的特点，而不意味着学术思想上的"混一"。学术上的论争，又必然涉及维新变法理论据的商榷。章太炎同意康、梁的改革主张，并不能说明他们政治思想上的完全一致，而学术研究中产生的理论差异，又容易导致他们政治上的某种分野。今文经学的"诡诞""恣肆"，毕竟与"朴学"殊科；章太炎认为他与康、梁之间"论及学派，辄如冰炭"，"古今文经说，余始终不能与彼合也"。㊱这样，便不可避免地与之有所争论。

当章太炎与康门弟子共事时，"康党诸大贤，以长素为教主，又目为南海圣人，谓不及十年，当有符命"；而章太炎却以为"造言不经"，康党竟至"攘臂大哄"，㊲章又撰过"驳议数十条"，驳难康有为的《新学伪经考》，对其理论据提出怀疑。可见，章太炎虽赞助康有为等维新派进行变法，而对其变法理论却有怀疑；他和康门共事，而共事中并非没有争论，这些争论，又每每基于学术领域上的理论争论。章太炎虽在自己的论著中一度援用今文经说，也只是为了变法的需要，而未放弃他古文学派的基本立场。

然而，这时的章太炎尽管和康门争论，对康书进行"驳议"，却未公开与之决裂，"驳议"也迄未公开露布；对解决社会实际问

题的变法主张，又多赞同，并且延伸到政变以后一段时间，对康
有为仍表同情。这是什么原因？从政治上来看，章太炎怀疑的是
"改制"的夸诞外衣，而赞同的则是"改制"以解决社会实际问题。
基于后者，他和康、梁暂时未告分裂；基于前者，随着社会历史
的发展，他和康、梁终告分裂。

※　　※　　※

1898 年 9 月，戊戌政变发生，清政府下"钩党令"，章太炎
乃避地台湾。他于当年 12 月 4 日（十月二十一日）抵台北，次年
6 月 10 日（五月初三日）始由基隆赴日本，时达半年，这是章太
炎政治生涯中的一个重要阶段。

章太炎初抵台北，即到《台湾日日新报》任职。⑧1898 年 12
月 7 日该报"社员添聘"称："此次本社添聘浙江文士章炳麟，字
枚叔，经于一昨日从上海买棹安抵台湾，现已入社整顿寓庐矣。"
自此至 1899 年 6 月，章太炎在台湾写了大量诗文，绝大多数发表
在《台湾日日新报》上，章太炎的诗文，大都含有政治内容。今
先将篇目表列于下（见表 2-1）：

表 2-1　1898—1899 年章太炎在《台湾日日新报》发表的诗文

年份	月日 （公元）	篇名	署名	备注
1898 年	12 月 11 日	《祭维新六贤文》	章炳麟	又见《清议报》第七期
	12 月 16 日	《清廷侦获逋臣论》 《籾山衣洲诗后批语》	菿汉阁主	

续 表

年份	月日 （公元）	篇名	署名	备注
1898 年	12 月 18 日	《台湾设书藏议》 《论清旗田》 《谆劝垂纶》 《籾山衣洲诗后批语》	章炳麟 菿汉阁主 菿汉阁主	
	12 月 24 日	《籾山衣洲诗后批语》		
	12 月 25 日	《书清慈禧太后事》	菿汉阁主	
	12 月 27 日	《寄梁启超》（诗）		即《泰风一首寄卓如》，又见《清议报》第八期
	12 月 28 日	《俳谐录》	菿汉阁主	
	12 月 31 日	《饯岁》（诗）		
1899 年	1 月 1 日	《正疆论》	菿汉阁主	
	1 月 5 日	《水尾晚翠诗后批语》		
	1 月 7 日	《正月朏日即事》		
	1 月 8 日	《平矿论》 《视天论》 《籾山衣洲诗后批语》	菿汉阁主 菿汉阁主	亦见《清议报》所载《儒术真论》中
	1 月 11 日	《刻包氏〈齐民四术〉第二十五卷序》	菿汉阁主	
	1 月 13 日	《康氏复书》	支那章炳麟	
	1 月 14 日	《殷守黑送枚叔东渡诗后记》	支那章炳麟	
	1 月 22 日	《答学究》	章炳麟	又见《清议报》第十四册
	1 月 24 日	《人定论》	章炳麟	
	1 月 29 日	《论亚洲三十年史之形势》 《党碑误凿》 《儿玉爵师以帝国名胜图见赠呈一首》	章炳麟 菿汉阁主 章炳麟	
	2 月 3 日	《论学校不宜专校语言文字》	支那章炳麟	

续 表

年份	月日 （公元）	篇名	署名	备注
1899年	2月5日	《答梁卓如书》	支那章炳麟	
	2月7日	《绝颂》	支那章炳麟	
	2月10日	《书〈原君篇〉后》	支那章炳麟	
	2月14日	《籾山衣洲诗后批语》		
	2月16日	《台湾祀郑延平议》	章炳麟	
	2月19日	《摘〈楞严经〉不合物理学两条》	章炳麟	
	2月21日	《摘〈楞严经〉不合物理学两条》	章炳麟	
	3月5日	《非岛属美利害论》	章炳麟	
	3月8日	《论医师不宜休息》	章炳麟	
	3月12日	《客帝论》	章炳麟	又见《清议报》第十五册
	3月19日	《三门割属意国论》	章炳麟	
	4月2日	《究移植论》	章炳麟	
	4月5日	《失机论》	章炳麟	
	4月6日	《东方格致》	章炳麟	
	4月7日	《东方格致》	章炳麟	
	4月8日	《东方格致》	章炳麟	
	4月9日	《东方格致》	章炳麟	
	4月11日	《东方格致》	章炳麟	
	4月12日	《东方格致》	章炳麟	
	4月13日	《东方格致》	章炳麟	
	4月14日	《东方格致》	章炳麟	
	4月15日	《东方格致》	章炳麟	
	4月16日	《东方格致》	章炳麟	
	4月20日	《东方格致》	章炳麟	
	4月21日	《东方格致》	章炳麟	
	4月25日	《东方格致》	章炳麟	
	5月30日	《玉山吟社雅集分韵得冬》	章枚叔	
	6月10日	《将东归赋此以留别诸同人》	章枚叔	

附注：《台湾日日新报》中与此有关者，尚有《台岛踏查实记》；又，1899年5月28日载馆森鸿《送章枚叔序》及籾山衣洲评论，此序收入《拙存园丛稿》。

根据目前掌握的史料，章太炎留居台湾期间的诗文，除个别篇目，如《儒术真论》载《清议报》[39]，《照井氏遗书》[40]《拙存园丛稿》[41]辑存诗文、附志以及修订《訄书》[42]外，几乎都发表在《台湾日日新报》上。他赴台即住该报寓所，离台的当天，报上还登了章氏的诗。那么，研究章太炎在台湾期间的活动，《台湾日日新报》是一份极为重要的资料。

章太炎为何在《台湾日日新报》任事不久，就离职赴日？有人说是因为他在报上"抨击日本官僚擅作威福，压制台人"。该报社长守屋善兵卫受到都督府斥责后，"令工人去唤太炎"，太炎不理他，写一张条子，令该工人送交守屋。书曰："何不唤守屋来，他不知士前有慕势，王前为趋士者乎？"守屋忍无可忍，亲至太炎寓所咆哮一场，责他"傲慢无礼""不解事理"。并下逐客令曰："如果您不愿在本报馆操觚，就辞职归去吧。"太炎于守屋去后，平静地自语着："名善兵卫，竟是恶兵卫，礼貌衰，则去之，何用逐？"于是经过数日，有便轮出口赴沪，遂携夫人回去。[43]据称这段见闻得自两名中文记者，似有所据。至于说"便轮出口赴沪"，则不确，因章太炎是"发自基隆"，首抵神户的。[44]

应该指出的是，从《台湾日日新报》所载章太炎的诗文中，并未发现如上述"抨击日本官僚擅作威福"云云，而主要是指斥以慈禧为首的清政府。这时，清政府正电寄李盛铎在日本缉拿康有为，[45]又向日本政府交涉，不准康有为留日。康有为遂于 1899年4月3日（二月二十三日）自横滨乘和泉丸渡太平洋。《台湾日日新报》在 1899 年 5 月以后，就几乎不见章太炎的论文，只有几首和诗，可见章太炎为该报所不容，主要是因为他的论文同情康、梁，同情变法，而对慈禧太后为首的清政府则表示不满。

章太炎到台湾不久，就致书原《时务报》经理汪康年，告以在台情况，提到"文士在此者，以法院长水尾晚翠、报馆主笔籾山逸、督府小吏馆森某为最"。籾山逸，即籾山衣洲，他和水尾晚翠都是玉山吟社社员，⑯章太炎也参加唱和。馆森某，即馆森鸿（子渐），是日本著名汉学家冈鹿门和重野成斋的私塾弟子，著有《拙存园丛稿》。馆森鸿表彰日本明治维新人物，对清代汉学家也多称誉，和章太炎"以文字订交"⑰，来往綦密，诗文酬酢，彼此相善。

在甲午战后，台湾受日本帝国主义的殖民统治，章太炎对台湾地区人民的生活和遭遇甚为关注。他认为台湾地区本来是"闽南之大屿"，是"东南富饶之地"，"天下称其膏腴，惜乎濒于仆遫之野"。⑱"各物踊贵，几倍沪上"，以为"台人皆窳耕渔梓匠，一切厌为"。⑲提出学习西文讲求农学之书，讲求农事，刻印农书。又以为"出郭即淡水港，何患无鱼"，应"自开池沼"，⑳"垂纶渔钓"，㉑"稍忍劳苦"，改善生活。又赞助在台湾设立藏书楼，"取于和汉者各半"。这样，"视乎土宜，因乎民俗"，可以"操剂量而致之中和"。㉒他又认为台湾学校中均习日文，不能专教语言文字，不能"徒从事于口耳觚牍之间而勿覃思"，不能只习其"文"，而不能"译其义"。㉓他居台不久，但考察台湾地区风土人情，关怀民生疾苦，希望"台民之孟晋逮群，异时必有超轶乎大陆者"㉔。

值得注意的是，从章太炎旅台期间发表在《台湾日日新报》的论文中，可以清楚地看出他对戊戌变法失败的惋惜，对康、梁流亡的同情，对慈禧为首的后党的仇恨。他的思想并未超越维新改革的范畴，然而，却比戊戌变法前进了一步，也有和康、梁不一致之处。

在这里，就章太炎对慈禧为首的清政府，对康、梁为首的资产阶级改良派，以至对清政府统治，对正将掀起的革命潮流等问题的态度试作分析。

第一，认为慈禧太后不是"晚节之堕"，而是"天性"残害；对破坏维新运动的清朝官吏，也予愤怒指斥。

章太炎专门写了《书清慈禧太后事》说："革政之狱，世或以斩断果贼，睇眄于慈禧太后，谓其始仁恕而终阴鸷，岂晚节之堕耶？"认为"女戎召祸，残害不辜，自古以然。而慈禧太后之恶直丑正，尤其天性然也"。他列举咸丰末年的肃顺之"诛"，以至戊戌六君子的"同日伏尸市曹，康有为虽脱，亦几几不能自免。岂女主任事，则其祸必至于是耶？抑慈禧太后之志，则可谓始终不渝，而非其堕于晚节也已？"⑤。至于"侦获逋臣"，更是"穿窬草窃之行"，"以清室之文母，为异国之荆轲，事果可成，受盗贼之名何害？吾特恐纪纲整饬之国，微巡警柝，皆不若中国之疏，狙击未成，而身先受盗贼之戮，辞所连染，则且以长信詹事为渠魁。其为邻国观笑，岂有既哉！……为有为者，其亦慎所进止，以保万民倚赖之身哉！"⑯尽情讽刺，指责慈禧。

对插足改良派、转而出卖改良派的袁世凯，他写了一则《俳谐录》，以鸵鸟为喻，对袁加以挖苦。说是非洲沙漠有大鸟曰鸵鸟，"栖之以丛圃，豢之以珍饵，清泉浴之，凄风播之，则驯狎依人，不施衔镳，而可以服乘，虽驾盐车，载囊橐，惟所命"。鸤鹊笑之曰："吾巢于榛棘之间……以意进止，不受人役，"而"以子之奇材高足"却"甘为人服乘、载重而不怒，出跨下而不耻，伈伈伣倪，惟鞭棰是惧者，何也？"鸵鸟应之曰，是效橐驼之所为，"既得其饵，而又窃其重"，"一受服乘而利吾身"，因此，"虽长策在前，利锲在后，奚恶矣"？鸵鸟终感愧忸，"不可以见亚非利加之凡鸟矣"，于是"振翮而去，至乎支那，化形于河洛之间，为汉冀州牧本初（袁绍）之裔，果得大将"。⑦"冀州牧本初之裔"就是隐指袁世凯。

对"赞助"强学会、遥控《时务报》的张之洞也予批评。这时，日本报纸说是"支那改革"，推刘坤一、张之洞为领导，章太炎认为这是"党碑误凿"。张之洞是"外托维新，而其志不过养交持宠"。政变发生，张之洞"反倒戈新党，凡七发密电至京，诒谀长信，无所不至"。张之洞写了《劝学篇》，以"欺世盗名"。章太炎认为其学术"高则为翰苑清流，下则为应试好手而已。乃既盗文学之称，遂抗颜以经济自诩，而所成卒至如是"。⑧

第二，对康、梁等改良派的遭遇表示同情，寓书慰藉，怀念"夙好"。

政变发生后，章太炎即写《祭维新六贤文》，文称"上相秉威，狼弧枉矢。以翼文母，机深结闭"，表明对慈禧为首的顽固派的专制横暴极为仇恨；"王母虎尾，孰云敢履？惟我六贤，直言以抵"。⑨表达了对"六君子"被杀的无比愤慨。他本想"设奠黄浦"，但"遍访船步及湖南会馆"，都不知谭嗣同灵柩所在，"斯举不果"。⑩到达台湾后，寄书康有为，赋诗抒怀："老泪长门掬，深情故剑知"，"有行黔墨突，无涕吊湘累"。⑪两地相思，眷念"逋客"。1月中旬，康有为对章氏的"拳拳持正义，又辱书教之"，认为是"识之绝出寻常而爱之深"，并"切望捧手得尽怀抱，驰骋欧美"，"相与扶之"，"救此沦胥"。⑩章太炎接到"工部报书"，"不啬百金良药"，特将原信登在《台湾日日新报》，并加说明。

章太炎和梁启超之间也是书信不断。梁启超在日本创办《清议报》，章太炎表示支持，并把新撰诗文寄去发表。梁启超认为应以"译述政书为第一义"，章太炎以为"哲学家言，高语进步退化之义"也"未始不急"。⑥又录《艾如张》诗以赠，题为《泰风一首寄赠卓如》，可见他对康、梁无比依恋，不胜缱绻。

政变后，康有为把光绪皇帝的"密诏"露布，引起封建官僚的不满和一些地主阶级出身的知识分子的震惊。对此，章太炎撰《答学究》以驳，说"今祸患之端，始于宫邻，卒于金虎掫庭之上，而罪人在焉。讨之犹可，况数其罪乎？""数其枝恶，斥其淫昏，人臣之分也。虽邻国闻之，亦以为人臣之分也。夫何经常之论之可执乎？"认为

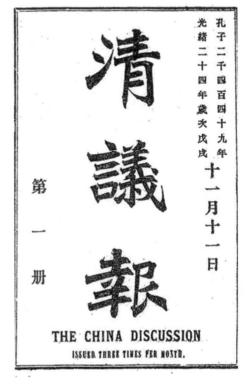

《清议报》

康有为"内不容于谗构，奉身而出，语稍卓诡，而见诋于俗儒乡愿"，是"志节才行之士"，⑭对康有为等维新志士深表同情。

抨击慈禧，同情康、梁，章太炎对清政府究竟采取什么态度？"革命"还是"革政"？显然，章太炎这时还没有越出"革政的范畴"。

本来，政变前，章太炎就提出"以革政挽革命"。如前所述，他心目中的革命是"变郊号，柴社稷"；而"革政"则是"礼秀民，聚俊才"。章太炎流亡日本时，尽管抨击慈禧，但主要是针对慈禧

等顽固派摧残新政、制造党狱、"侦获逋臣"等行为，还没有意识到要彻底推翻清朝封建专制统治；尽管对康、梁表示同情，但他的民族主义思想孕育时间较长，经历维新新政的破灭后，他的"革政"思想较政变前又有了发展。

首先，章太炎是在民族危机严重的情况下主张"革政"的。他认为外患日急，国势日蹙，主要危险来自帝俄，而以慈禧太后为首的清政府却是亲俄的。帝俄强占旅顺、大连，侵犯清朝统治者的"故土"，又包藏祸心，鲸吞蚕食，他说："观于旅顺、胶州之举措，黄海以北，其趋于俄、德也明矣……支那自宫禁之变，贤才既屠，王化陵迟，宇内鱼烂，将使苏丘之上，满人不亡，而夏子之胄亡矣。"⑥认为清政府族统治腐败衰朽，不能不"革政"。

其次，章太炎在《台湾日日新报》上发表的论文，也不乏反清词句，自称："余年十六七，则诵古文历史，慕辛弃疾为人"，"今年已三十一矣，会遭党锢，日窜台北，其志则以访延平郑氏之遗迹"。示与清政府"不共戴天，不共履后土"。然而，对光绪的"变法失志见囚"，"犹为之愤痛者"，因为光绪"固满洲之令主"，"其志亦为齐州，而未尝有私于北虏"，所以"痛其幽禁，而为之感慨不平"。⑥由于光绪支持康、梁变法，所以可称之为"共主"。他同情光绪，是因为他赞助维新。不过，他不称"光绪"，而称之为"爱新觉罗第十一"，满汉之间，仍有鸿沟。

在他的论文中，对清政府政治腐朽、经济榨取的情况也多所揭露。他说："满洲入关以来，以近京五百里民地圈给八旗，而田之者皆汉人，秋冬输租，以庄头主其事，而此数十万不士不农不工不商之游民，乃安坐而食之。""乃者，索伦东海诸部，蚕食于俄罗斯，为八旗子弟者，宜以屯田兼兵事为汉人纾生计，为国家效死力。"⑰他对"虚郡国仓廪"以养"八旗之民"，游惰啖食，不劳而获，极为愤慨；甚至以为曾国藩等汉族官僚，当太平天国失败以后，"不以此时建号金陵，而俯首下心，以事辫发之屠胡"，是"昧于大义，而为中国遗无穷之患"，指斥曾国藩、左宗棠等是"甘以通侯宰相臣仆异类"，连曾静都不如。他认为这些汉族官僚，"上者忠君之忿重，而爱国之情轻"，"下者保宠之愿深，而立名之志浅"，对汉族地主阶级的"俯首下心"，以事满洲贵族，又加鄙视。⑱

如果说，章太炎反对"臣仆异类"，有着反对清政府的民族意识，那么，他在旅居台湾期间是否已经由"革政"转向"革命"了呢？还是没有。除上面谈到章太炎当时的政治态度没有越出改良范畴外，还可从他对孙中山、康有为的态度来看。

甲午战时，孙中山组织兴中会，酝酿起义。1897 年，章太炎任职于《时务报》，在报纸上看到孙中山在英国被捕，曾问梁启超："孙逸仙何如人？"梁曰："此人蓄志倾覆满洲政府。"章太炎即"心甚壮之"⑲，"窃幸吾道不孤"⑳。戊戌政变后，清政府通缉康、梁，章太炎以孙中山伦敦蒙难为喻，说："往者龚照瑗之于孙文，尝有是举矣，而卒为英人所迫胁，索之生还。夫孙文以医药小技，鼓动黔、粤之民，一旦果能揭竿而起，其有益于中国与否，尚未可知，而英人已护之如是。今有为柄用，百日之政，粲然见于记载，中外贤哲，莫不喁喁想望风采，其与夫孙文者，岂直舆薪秋毫之比哉！"㉑把康、梁视为"国士"，而对孙中山发动的起义，还存怀疑。他在写给汪康年的信中更说："东人言及公名，肃然起敬，

而谬者或以逸仙并称，则妄矣。"⑫还以孙中山与汪康年并称为
"谬"。只是等到由台赴日，与孙中山相晤，"聆其议论，谓不瓜分
不足以恢复，斯言即浴血之意"，才认为孙中山有"卓识"，"相与
谈论排满方略，极为相得"。⑬可见，旅台期间，章太炎的思想尚
未由"革政"转向"革命"。

章太炎和康有为，一个治古文经学，一个借今文议政，学术
渊源不同，治学方法不同。章太炎在时务报馆与康门弟子共事期
间，就发生过争论。他自己也感到"论及学派，辄如冰炭"，视"康
党诸大贤"宣传康有为学说为"病狂语，不值一哂"。⑭又怎会在
政变失败后，同情康、梁，和"纪孔"者游呢？

如前所述，章太炎对康、梁的同情，主要是对康、梁改良派
政治主张的赞成。在甲午战后外患日急、内政孔忧的情况下，"赠
币"强学会，助编《时务报》，在实际行动中进行维新宣传，甚至
在自己的论著中还渗附了某些今文学说。

如章太炎自称："余治经专尚古文，非独不主齐、鲁，虽景伯
（贾逵）、康成（郑玄）亦不能阿好也"，"余以为经即古文，孔子
即史家宗主"⑮。但当他任职《时务报》前，曾阐述办报宗旨是"驰
骋百家""引古鉴今"，"引古"以"鉴今"，并且举了西汉王式以
《诗经》三百五篇谏昌邑王的故事。章太炎认为，只要有助于当时
政治改革的说解，今文经师的援经论政，也可用以"鉴今"。任职
《时务报》后，章太炎在《论学会有大益于黄人亟宜保护》一文中，
更提到《春秋》公羊学家所鼓吹的"大一统""通三统"，以及喜
以阴阳灾异议论时政的《齐诗》，他治的是古文经学，但在自己的
文章中，也运用了今文观点，对有助于变法宣传的今文经说也不

排斥。他之所以没有严守"师法"，主要是为了解决当时的社会实际问题。而依附今文的康有为等，却在这时展开变法维新活动，从挽救民族危机、进行变法图强的角度来说，他对康、梁的政治主张表示赞同。

但是，章太炎和康有为等毕竟不是同隶一个学派，他赞助康、梁，也只是由于时代的特点，而不意味着学术思想上的"混一"。学术上的争论，又必然涉及维新变法理论根据的探讨。章太炎同意康、梁的改革主张，并不能证明他们之间在政治观点上完全一致；而学术对立中产生的理论差异，又每易导使他们政治立场的某种分野。今文经说的"诡诞""恣肆"，毕竟与"朴学"殊科，章太炎说，"古今文经说，余始终不能与彼合也"⑤，这样，便不可避免地与之有所争论。在《时务报》时，对"康党诸大贤，以长素为教皇，又目为南海圣人，谓不及十年，当有符命"，即以为"造言不经"。那么，章太炎虽赞助康有为等进行变法活动，而对其变法理论却持保留意见；他和康门共事，而共事中并非没有争论，这些争论，又每每基于学术领域上的理论争论；章太炎虽在自己的论著中一度援用今文经说，也只是为了变法的需要，而未放弃他古文学派的根本立场。

戊戌变法前，章太炎尽管和康门有争论，却未公开决裂，对解决社会实际问题的变法主张又是赞同，并且延伸到政变以后一段时间，对康、梁仍表同情，寓书慰藉，赋诗示意。章太炎留居台湾期间，正是对康、梁政治上仍表同情之时。

章太炎对与自己学派不同的康、梁同情，当时已有人提出异议，对此，他自己有一个很好的说明，即《识康有为复书》，就登在 1899 年 1 月 13 日的《台湾日日新报》上。由于这是论述章太炎早期思想极为重要的素材，过去未曾为人注意，故将原文引列如下：

或曰：子与工部学问途径，故有不同，往者平议经术，不异升、元，今何相昵之深也？余曰：子不见夫水心、晦庵之事乎？彼其陈说经义，判若冰炭，及人以伪学朋党攻晦庵时，水心在朝，乃痛言小人诬罔，以斥其谬。何者？论学虽殊，而行谊政术自合也。余于工部，亦若是已矣。

近世与工部争学派者有朱给谏一新，然给谏尝以劾李连英罢官，使其今日犹在朝列，则移官之役，有不与工部同谋耶？余自顾学术尚未若给谏之墨宋，所与工部论辩者，特《左氏》《公羊》门户师法之间耳。至于黜周王鲁，改制革命，则亦未尝少异也。（章注：余绰绎周秦、西汉诸书，知《左氏》大义，与此数语吻合。）况旋乾转坤，以成既济之业乎？若夫拘儒鄙生，餔餟糟魄，其黠者则且以迁言自盖，而诗礼发冢，无所不至，如孔光、胡广者，余何暇引为同学也哉！

曩客鄂中时，番禺梁鼎芬、吴王仁俊、秀水朱克柔，皆在幕府，人谓其与余同术，亦未甚分泾渭也。既数子者，或谈许、郑，或述关、洛，正经兴庶，举以自任。聆其言论，洋洋满耳，及叩其指归，商卷逡巡，卒成乡愿，则始欲割席矣。嗣数子以康氏异同就余评骘，并其大义，亦加诋毁，余则抗唇力争，声震廊庑，举室瞋眙，谓余变故，而余故未尝变也。及革政难起，而前此自任正学之数公者，乃皆垂头阘

翼，丧其所守，非直不能建明高义，并其夙所诵习，若云阳
尊阴卑，子当制母者，亦若瞠焉忘之。呜呼！张茂先有言：
"变音声以顺旨，思摧翮而为庸。"今之自任正学，而终于脂
韦突梯者，吾见其若是矣。由是观之，学无所谓异同，徒有
邪正枉直焉耳。持正如工部，余何暇与论师法之异同乎？⑦

这里，章太炎回答了这样几个问题。

第一，自述"论学虽殊，而行谊政术自合"。"论学"，指古、
今文学说不同；"行谊政术"，指维新改革、变法图强，还引叶适、
朱熹为例，说明学术上虽如"冰炭"，但政治上却不含糊。所以自
己虽如东汉时范升、陈元之争《左传》，至今仍旧"相昵"。

第二，自述和康、梁"论学"之殊，"所与论辩"的，在于《左
氏》《公羊》门户师法之间，亦即囿于学术上古、今学的异同，是
师法渊源的殊别；至于"黜周王鲁，改制革命"，亦即政治方面，
却"未尝少异"。

第三，自述 1898 年春在武昌和张之洞幕僚的争议，据《章太
炎自定年谱》所载，张之洞"不憙《公羊》家，有以余语告者，
之洞属余为书驳难"，因而赴鄂。当梁鼎芬等以与康氏异同请章"评
骘"，并对康氏诋毁时，章太炎即"抗唇力争"，在《艾如张、董
逃歌序》中也说："张之洞始为《劝学篇》以激忠爱摧横议，就余
咨度。"章太炎即言"忠爱则易耳，其俟诸革命以后"，而使"闻
者皆怒"。⑧

第四，自述政变以后仍与康有为等"相昵"，而对梁鼎芬之流
的"丧其所守"则加讽刺。从而指出"学无所谓异同，徒有邪正

枉直"，还是主要从政治上着眼的。

照此说来，章太炎在旅台期间，自述"行谊政术"与康有为等相同，他对康有为等是同情的。过去，他和康门在学派问题上有过争论，当时他怀疑的是"改制"的夸诞外衣，而赞同的则是"改制"以解决社会实际问题；现在，康、梁遭"侦捕"，自己也出亡，在今文、古文的传授得失、治学途径上"始终不能与彼合"，至于政治上还是同情康、梁的。⑦

四 《客帝》《分镇》和《今古文辨义》

章太炎在旅居台湾期间，曾将已刊、新撰各文，汇成《訄书》，共五十篇，《客帝》《分镇》，是其中的两篇。

《訄书》是章太炎最早的关于他论政、论学的结集，此后，他又多次修订（详后）。章太炎最早编订的《訄书》，今存手稿，由潘景郑先生珍藏，上海古籍出版社曾予影印出版，即《〈訄书〉原刻本手写底本》⑧。目录后有章太炎自识："幼慕独行，壮丁患难，吾行却曲，废不中权。述鞠迫言，庶自完于皇汉。"说是因"述鞠迫言"而撰此书的。《訄书》原刻本曾将他在甲午战后在报刊上发表过的论政、论学文章辑入，如《实学报》上发表的《儒墨》《儒道》《儒法》《儒学》《儒兵》，《译书公会报》上发表的《民数》，《经世报》上发表的《平等难》《喻侈靡》《东方盛衰》，《昌言报》

上发表的《蒙古盛衰》，也有在台湾时撰写再由日本《清议报》发表的，如《客帝》。在这五十篇结集中，第一篇是《尊荀》，强调法后王，以为"荀子所谓后王者，则素王是；所谓法后王者，则法《春秋》是"，"古也者，近古也，可因者也……或益而宜，或损而宜，损益曰变，因之曰不变，仲尼、荀卿之于周法视此矣"。讲的是损益因革、变与不变，也就是说，讲的是在旧有基础"或益而宜，或损而宜"。可知他这时还没有摆脱改革的思想影响。他以《尊荀》为首篇，是希望"损益曰变"的。

章太炎旅居台湾时，曾将《訄书》稿本给日本朋友馆森鸿看，馆森鸿十分"推服"，认为此作"议论驱迈，骨采雄丽，其论时务，最精最警，而往往证我维新事例，以讥切时政"，"即以文字论，亦卓尔不群"。⑧说是章太炎虽避居台湾，但他"倡天下之大义，风励一世，以图国家维新，事虽不成，兆朕已启。则今日所谓不幸不遇者，安知非他日润泽天下之资哉"⑧。由馆森鸿阅后的"推服"，可知章太炎是在旅台时改订《訄书》⑧。

章太炎由台湾转往日本后，仍继续修订《訄书》，由日本返沪后始行付梓。查章太炎于光绪二十五年七月（1899 年 8 月）下旬由日本回国，不久，由沪转浙，旋又由杭来沪，在《亚东时报》撰稿，据张仲仁回忆："祝君（心渊）寓沪昌言报馆，与太炎朝夕晤。一日，祝君持《訄书》稿示余，余将抄录一通，未及半而君自沪至……是为余与君相识之始。《訄书》由祝君倩毛上珍刊印出版。"⑧《昌言报》创刊于光绪二十四年七月初一日（1898 年 8 月 17 日），张仲仁所说，则为光绪二十五年（1899 年）之事。章太炎"寓昌言报馆"，还可在当时人的日记中取得旁证。孙宝瑄《日益斋日记》在光绪二十五年十二月（1900 年 1 月）记："诣昌言报馆，枚叔、浩吾咸在。"又记："有人劾余为康党，枚叔等闻皆大笑曰：'奇事，康以六品官而宰相为之党，未之前闻。'余曰：'合肥在朝，逢人辄语云："康有为，吾不如也"。'"⑧张仲仁、孙宝瑄都说在昌言报馆晤见章太炎。知光绪二十五年十二月（1900 年 1 月），章太炎在沪，《訄书》付梓，应在此时。

《訄书》原刻本除首列《尊荀》外，尚有下列几点值得注意。

第一，它揭露了清朝封建统治的残酷剥削，腐朽衰败，但它只是主张在不根本动摇封建制度的基础上进行改革，而不是推翻清朝政府。在《訄书》中，章太炎指责了清政府"衔不加赋以示恩"，而"举岁借以饷群胡"；少数清朝贵族"蚀蠹"重敛，而"不能折冲以庇黔首"⑧。还用"大酋"等贬词来讥讽清朝贵族。他说："今之合群明分者，莫亟于学士，是何也？将以变法为辟公，必使天下之聪明耳目，相为视听，股肱毕强，相为动宰，则始可以御内侮，是故合群尚已。"⑨这和康有为"合大群而后力厚"，从而组织学会、刊行报纸、团结知识分子进行议政的观点是一致的。

章太炎对西方国家的政治制度也曾向往，认为"西方之言治者，三分其立法、行政、司法而各守以有司，惟刑官独与政府抗衡"⑩。而在当时应

《昌言报》

"通封事","定法"之后"则置议院",他说:"上书则新旧杂糅,而持新者制之;群议则新旧杂糅,而持旧者制之。故据乱则通封事,乱已定则置议院。""议院者,定法之后之所尚,而非所取于法之始变也。"[89]康有为等改良派呼吁设立议院,实行君主立宪。章太炎则以为要议员,就要有"议官";而"议官"之设,"其职则置于定法之后"。先俟"定法"而设议院,和康有为等要求在中国实现君主立宪的资本主义国家仍归一途。

第二,《訄书》原刻本斥责了帝国主义的疯狂侵略行为,但它还缺少彻底反帝的勇气。章太炎鉴于甲午战后的民族危机,看到"瓜分固已亟矣"[90]的急迫形势;看到"通商之岸,戎夏相捽,一有贼杀,则华人必论死,而欧美多生"[91]的不平等现象;也看到清朝统治者媚外辱国,"磬折徒跣以承白人之頩怒"[92]的投降丑态;以及帝国主义分子夺我"宝藏"等侵略行径。但他又以为,日本明治维新以后变法"自强","西邻不敢侮"[93],并说"发愤为天下雄,则百稔而不仆;怠惰苟安,则不及五稔而亦仆。吾所议者,为发愤之客帝言也,非为怠惰苟安者言也"[94],幻想"客帝""发愤""自强"。

正由于这样,章太炎虽然提出在经济上发展资本主义的要求,"中国与一切械器轨道之必借于炼刚精铁"[95],也只是粗略地提出了"神州之商,潼滃蔚荟,相集相错,以成大群,而后可与西商格拒"[96],不敢径率反帝。政治上也只是在旧的封建基础上进行点滴"自强"性的改革,而不敢推翻封建制度。例如,他看到清朝法律"纱戾",看到"通商口岸"帝国主义侵我主权,提出"减死以去苛,授正长之权以肃吏,定通商之律以平怨"[97]的改良措施。

看到"谷出于力耕，力耕出于重农"，清朝农业凋敝，"中国金币之泄于异域"。又"以为农官不设，农事不能以大举"，并举"天山之水泉，若古勿导，导之自林则徐"为例，建议设立农官以"兴农"。⑧看到"烟草之为害烈也"，又"以为烟草之禁，政在守令，而司以耆老乡先生，吏无得与"。⑨把希望寄托在"耆老乡先生"身上，也就是一些地方豪绅身上，对封建势力仍示妥协。

对帝国主义、封建势力虽然不满，但还不敢与之决裂，仍主张以设学会、办报刊的方法来"团结士群"。他希望的也只是在不根本动摇封建政治的基础上进行自上而下的改革，从而变法"自强"，挽救危亡，幻想能有"发愤之客帝"，"登荐贤辅，变革故法，使卒越劲，使民果毅，使吏精廉强力，以御白人之侮"。⑩那么，《訄书》原刻本的主要思想倾向还是改良。

这里，不可能对《訄书》原刻本做逐篇的分析，只以其中影响较大、可以看出章太炎思想演变轨迹的《客帝》和《分镇》两篇做一探寻。

《客帝论》末署"章炳麟"，最早于1899年3月12日发表在《台湾日日新报》；旋又发表在日本《清议报》，署"台湾旅客来稿"。说明此文撰布，章太炎还避居台湾。《客帝论》收入《訄书》原刻本时，增改颇大，如"自古以用异国之材为客卿，而今始有客帝。客帝者何也？曰：蒙古之主支那是也"。《訄书》原刻本作"客帝者何也？曰：如满洲之主震旦是也"。改"蒙古"为"满洲"，易"支那"为"震旦"。并在"支那旷数百年无君也，如之何其可也"下，增益了一千五百余字，续予发挥，文章揭发了清政府"奉表以臣敌国"的媚外丑态，指斥清朝统治者对各族人民的残酷剥削，

提出"逐加于满人，而地割于白人，以是为神州大诟"。开始提出
"逐满"的课题。

《客帝论》一文认为，清朝统治者入主中国，是"客帝"。中
国的"共主"，应是"仲尼之世胄"。说是只要清朝皇帝承认过去
民族压迫的错误，拥护孔子后裔做中国的"虚君"，自己退居为齐
桓、晋文般的霸主，发愤自强，那么反清情绪可以平息，可以防
止"逐加于满人，而地割于白人"。他在文章中，不但谈"素王"，
还引《中侯》和《春秋繁露》中的内容，由此说明他还未摆脱康、
梁的思想影响。这种"客帝"论调，也是章太炎后来所说"纪孔
保皇"的表露。这点，他自己也不否认，说："余自戊、己违难，
与尊清者游，而作《客帝》，饰苟且之心，弃本崇教，其违于形势
远矣。"⑱

《分镇》也是章太炎在民族危机严重、清政府腐败无能的情况
下提出的一种改良设想。他认为藩镇"政不己操，而位不久假"，
所以"勿能跋扈"。政变危急之际，"犹赖有数镇稍自奋厉，足以
扶危而定倾"。因此，不能削弱藩镇，而"甘心于白种之蹂藉"。
中国如果"无文武自将之主，而澌灭几至于尽"，所以章太炎认为
削藩镇，是"天下之至私"，它只能"行媚白人"。同时，提出重
藩镇和立宪政并不矛盾，"板荡之世，非得藩镇以尊攘，则宪政不
立"，并举明治维新为例，说"若皇德贞观，廓夷旧章，示民版法，
陶冶天下，而归之一宪，藩镇将奔走趋令，如日本之萨、长二藩，
始于建功，而终于纳土，何患自擅"⑲。此后，章太炎进而指出："瓜
分而授之外人，孰与瓜分而授之方镇？"⑳可知章太炎是在民族危机
严重的情况下拟议"分镇"的。他反对清政府的昏庸衰朽、丧权

辱国，但对汉族地主阶级还有幻想。还想汉族地主阶级"扶危而定倾"，像日本明治维新一样，完成"尊攘"大业。那么，他向往的还是"明治维新"式的"革政"。只是到了义和团运动以后，才"鉴言之荛"，进行"匡谬"。⑩

然而，章太炎提出"客帝"，又缅怀"彼瀛国之既俘，永历鲁监国之既坠，而支那旷数百年而无君也，如之何其可也"。反清的民族意识，却与康、梁的"忠君保皇"有别。提出"分镇"，而"借权"的还是汉族地方督抚，⑯又以曾国藩"俯首下心，以事辫发之屠胡"为"失机"。满汉之间，还有界限。这样，在此后全国革命形势迅速高涨的形势下，促使他和"尊清者"划清界限，走上革命的道路。

章太炎"述鞫迫言"，撰述《訄书》，《客帝》《分镇》诸文也有受康、梁影响的迹象。当时康、梁遭"侦捕"，自己也出亡，虽然在今文、古文的传授得失、治学途径上"始终不能与彼合"，但是在政治上还是同情康、梁的。

正是这样的思想指导下，章太炎在稍后发表的《今古文辨义》⑱，既对今文经说提出异议，又反对借攻击今文"以攻击政党"，对康、梁仍有回护。

《今古文辨义》主要就廖平所撰《群经凡例》《经话》《古学考》等书的"偏戾激诡"之处，加以辨诘。归纳起来，有下列几点。

第一，廖平以为"经皆完书无缺，以为有缺者刘歆也"。实际是尊奉西汉今文博士所传经籍为可信，而"摈古文于经义之外"。章太炎认为，古文经传虽非西汉博士所传，但不能抹杀摈除，甚至以为古文经出自刘歆之所伪造，旨在阐明古文经传之可信，提高古文经学的地位。

第二，廖平以为六经皆孔子所作，欲"极崇孔子"，而"摈尧、舜、周公不得为上圣"。章太炎认为，孔子之所以"贤于尧、舜"，在于"性分"而不"专在制作"。即就群经"制作"而言，"孔子自有独至，不专在六经；六经自有高于前圣制作，而不得谓其中无前圣之成书"。这是因为古文经学家以为经书系前代史料，孔子是古代文化的保存者，其功在于对前代史乘的整理；而今文经学家则以为经书中的前代史料，只是孔子"托古改制"的手段，不能仅重其事与文，而须注重其"微言大义"之所在。今文、古文同样"尊孔"，而所尊自有不同；一个以孔子为"受命之素王"，一个以孔子为"史家宗主"；一个视孔子为哲学家、政治家，一个视孔子为史学家。

第三，廖平以为今文在西汉时立于学官，有其"师承"；而古文则"推重训诂"，"可以自己衍解"。章太炎以为今文也有歧说，如《齐诗》《鲁诗》就有异义。古文的"求其字句之通"，则可"参稽以求通其所不可通"，故文字训诂之学应该"见重"，强调古文学派治学方法之可贵。

可见，《今古文辨义》主要剖析今文、古文的源由，分析孔子与经籍的关系，阐明古文经传之可信，强调古文学派治学方法之可贵，借以提高古文经学的地位。他和廖平的争论，还是今文、古文的传授得失、治学途径的争论。也就是说，它主要是今文、古文的一场学术争论。

《今古文辨义》明确地指出是与廖平辩难，文中没有只字提到康有为。廖平是今文"经师"，重在分析今文、古文得失，计较孔子真传所在。尽管康有为受到廖平的启示，进而"援经论政"，但他的"通经致用"，自非廖平所能企及；他的经学思想中的变法内容，更非廖平所可比拟。廖平是今文经学中的"经师"，拘泥于"师法"；康有为则援引今文经说以议政事，"六经皆我注脚"。章太炎辩难的对象，是今文经学中的"经师"，所以重在学术方面的争论，尽管文中在"尊孔"问题上对廖平持有异议，但对康、梁的变法主张却未涉及。文中虽宗古文、排今文，态度也远不如后来的激烈，他还"甚愿廖氏之大变也"。

非但如此，章太炎在文末还特别提出："若夫经术文奸之士，借攻击廖氏以攻击政党者，则坎井之鼃，吾弗能知焉。"不仅不是"借 攻击廖氏以攻击政党"，且对"康党"寓有保全之意。可知他的辨析今、古，和封建顽固派王先谦、叶德辉、苏舆之流的"借攻击廖氏以攻击政党"，是有根本区别的；和《翼教丛编》等的"首驳'伪学'，次揭邪谋，由是而正学臣邪遁之词，息谬士嚣陵之气"⑩，也是有根本区别的。章太炎对廖平的批驳，主要围于学术方面的讨论；而封建顽固派则将维新变法视为"洪水猛兽"，务欲扼杀而后快。

这里，还可举这样一个事例，当《翼教丛编》诽谤维新运动，大量印行时，章太炎还特地写了《〈翼教丛编〉书后》，中云：

> 是书驳康氏经说，未尝不中窾要，而必牵涉政变以为言，则自成其瘕宥而已。且中国学者之疑经，亦不始康氏也；非直不始康氏，亦不始东壁、申受、默深、于廷也。王充之《问孔》、刘知几之《惑经》、程氏之颠倒《大学》、元晦之不信《孝

经》、王柏之删《毛诗》、蔡沈之削《书序》，是皆汉、唐所奉为正经者，而捍然拉杂刊除之。其在后世，亦不屡人心。夫二王、刘、蔡无论矣，程、朱则以理学为闿捭者，方俯首鞠躬之不暇，不罪程、朱，而独罪康氏，其偏枯不已甚乎？

苟曰生心害政耶？以去岁变法诸条，使湘人平心处之，其果以为变乱旧章，冒天下之不韪乎？抑不过盱衡厉色而诋之乎？且说经之是非，与其行事，固不必同。昔欧阳永叔痛诋河洛，韩魏公见之，未尝与言《周易》。使魏公如湘中老儒之见，以说经行事同类而并讥之，则当早尸永叔于两观矣。虽然，诋其说经而并及其行事……则吾所不解也……苟执是非以相争，亦奚不可，而必借权奸之伪词以为柄，则何异逆阉之陷东林乎？……

是书又引义乌朱侍御与康氏辩论经义诸札，侍御故金华学派，亦上窥两汉古义，其说经诚与康氏绝异，乃其请诛嬖宦以罢官，则行事又未尝不合也。（元晦与水心平时论学则相攻，及谗臣以道学之名倾轧元晦，则水心又力救焉。）使侍御在今日见康氏之遇祸，方流涕邑偆而道之，岂以其力庇贾、马之见，转用之以力庇权奸哉！

今之言君权者，则痛诋康氏之张民权；言妇道无成者，则痛诋康氏之主男女平等。清谈坐论，自以孟、荀不能绝也。及朝局一变，则幡然献符命、舐痈痔惟恐不亟，并其所谓君权妇道者而亦忘之矣。夫康氏平日之言民权与男女平等，汲汲焉如鸣建鼓，以求亡子，至行事则惟崇乾断、肃宫闱，虽不能自持其义，犹不失为忠于所事。彼与康氏反唇者，其处

心果何如耶？噫！使侍御有知，其必当以朱丝萦社而攻之
也。⑱

此文发表在《今古文辨义》刊出两个月以前，而旨意则同。
可以看出章太炎在《翼教丛编》刊行后的愤懑，从而既撰《书后》，
又刊《辨义》。

在《书后》中，章太炎强调"说经之是非，与其行事，固不
必同"。过去学者早有疑经，不能"独罪康氏"。康有为主张变法，
"行事则惟崇乾断、肃宫闱"，"不失为忠于所事"，不能以"说经
行事同类而并讥之"。封建顽固派"诋其说经而并及其行事"，是
别有用心的。

在《书后》中，章太炎还对苏舆等诋击维新运动严加批判，
指出康有为不是"生心害政"，不能"以垂帘逐捕之诏以泄私愤"。
在变法时期，湖南新旧斗争是异常激烈的，苏舆站在王先谦、叶
德辉一边，环伺新学，刻意谩骂，政变起，又辑"专以明教正学
为义"的《翼教丛编》，说"伪六籍，灭圣经也，托改制，乱成宪
也，倡平等，堕纲常也，伸民权，无君上也，孔子纪年，欲人不
知有本朝也"。⑲这种谬论，"何异逆阉之陷东林"？

《书后》和《辨义》，一个正面驳斥封建顽固派的借"经术"
攻"行事"；一个辨析今古，点出不能"借攻击廖氏以攻击政党"。
两文可称为姊妹篇，表明他自己和康有为"经术"虽殊，而"革
政"则是相同的。

那么，章太炎这时虽已专文剖析今、古，但还只是在学术上
和今文经师廖平展开讨论；对康、梁的援用今文、议论政事，尚

未深诋。对"湘中腐儒"借"经术"以攻康氏，还予驳斥。因为这时他在政治上还同情康、梁，在思想上尚未划清改良与革命的界限。

章太炎对康、梁的同情，是政治上的同情，是对康、梁变法维新事业的肯定。他在戊戌前后，思想上还停留在"革政"阶段，当然不可能"忠告康、梁，劝其脱离清室"。

当然，章太炎的民族主义思想是孕育得较早的。到1900年义和团运动发生，清政府"量中华之物力，结与国之欢心"的面目日露，跟随社会历史的发展，章太炎终由改良走向革命，和康、梁也终告决裂了。

注 释：

① 查《强学报》第1号《上海强学会章程》后面所列发起人名单，以及蔡尔康《上海强学会序》后"按语"，均无章太炎之名，推测上海强学会发起成立后，章太炎是通过"征求会友"，纳费入会的。《太炎先生自定年谱》"光绪二十二年，二十九岁"条记：康有为设"强学会，募人赞助，余亦赠币焉。"章太炎在《本师章太炎先生口授少年事迹笔记》中说："康有为设强学会……。寄会费银十六圆入会。"

② 章太炎于光绪二十年（1894年），曾撰《独居记》，记"钱塘汪翁"，指汪曾唯，即汪康年之叔，此文曾见抄稿，后改名为《明独》，收入《訄书》。

③ 章太炎：《致汪康年书》，手迹，上海图书馆藏，见拙编《章太炎政论选集》，中华书局1977年版，第3—4页。

④ 章太炎：《与刘师培书》，见《国粹学报》；又见《章太炎全集·书信集》，上海人民出版社 2017 年版，第 137 页。

⑤ 章太炎：《论学会大有益于黄人亟宜保护》，见《时务报》第 19 册，光绪二十三年二月初一日（1897 年 3 月 3 日）出版，见《章太炎政论选集》，第 8—13 页。

⑥ 章太炎：《异术》，见《实学报》第 4 册，光绪二十三年九月初一日（1897 年 9 月 26 日）出版，见《章太炎全集·太炎文录补编》，第 39 页。

⑦ 章太炎：《论亚洲宜自为唇齿》，见《时务报》第 18 册，光绪二十三年正月二十一日（1897 年 2 月 22 日）出版，见《章太炎政论选集》，第 6页。

⑧《经世报》仅署"七月上旬"，查为"七月初五日"，当为 1897 年 8 月 2 日。

⑨ 章太炎：《变法箴言》，见《章太炎政论选集》，第 17—24 页。

⑩ 章太炎：《平等论》，见《章太炎政论选集》，第 27 页。

⑪ 章太炎：《读管子书后》，见《章太炎政论选集》，第 32—36 页。

⑫ 章太炎：《实学报叙》，见《章太炎政论选集》，第 30 页。

⑬ 章太炎：《后圣》，见《章太炎政论选集》，第 37—39 页。

⑭ 章太炎：《上李鸿章书》，1898 年 3 月，手札，上海图书馆藏，见《章太炎政论选集》，第 53 页。

⑮ 梁启超：《清代学术概论》，见汤志钧、汤仁泽编：《梁启超全集·论著十》，中国人民大学出版社 2018 年版，第 277 页。

⑯《民主驳义》，见《实学报》第 3、5、13、14 册；《改制辟谬》，见《实学报》第 10 册。

⑰ 张元济：光绪二十三年十月二十一日（1897 年 11 月 15 日）《致梁启超书》，见《汪穰卿先生师友手札》，上海图书馆藏；又见《汪康年师友书

札》，上海古籍出版社 1986 年版，第 1713—1714 页。

⑱ 章太炎：《读日本国志》（1、2），见《译书公会报》第 4、10 册，光绪二十三年十月二十一日、十二月四日（1897 年 11 月 15 日、12 月 27 日）出版。

⑲ 章太炎：《译书公会叙》，见《译书公会报》第 2 期，光绪二十三年十月初七日（1897 年 11 月 1 日）出版。

⑳《兴浙会叙》，见《经世报》第 2、3 册，光绪二十三年（1897 年）七月中、七月下出版；又见《章太炎全集·太炎文录补编》，第 30—32 页。

㉑《兴浙会章程》，见《章太炎全集·太炎文录补编》，第 32—33 页。

㉒ 见《经世报》第 5、6 册，光绪二十三年八月十五日、二十五日（1897 年 9 月 11 日、21 日）出版；《经世报》第 5 册又有《兴浙学会续题名》，"上虞许默斋家惺（附生）"。

㉓ 按，据《公车上书记》，共十六省六百零二人，连同领衔人康有为，计六百零三人，无浙江省。

㉔ 汪太冲：《章太炎外纪》，北京文史出版社 1918 年版。

㉕ 刘禺生：《章太炎被杖》，见《世载堂杂忆》，中华书局 1980 年版，第 215—217 页。

㉖ 章太炎：《正学报缘起》，见《章太炎政论选集》，第 58—63 页。

㉗ 同上书，第 58—59 页。

㉘ 章太炎：《正学报例言》，见《章太炎政论选集》，第 60—62 页。

㉙ 章太炎：《太炎先生自定年谱》，见《章太炎全集·太炎文录补编》，第 755 页。

㉚ 章太炎：《艾如张、董逃歌序》，见《章太炎全集·太炎文录初编》，第 246—247 页。

○31 见《抱冰室弟子记》，为张之洞自撰，见《张文襄公全集》卷 228。

○32 章太炎：《瑞安孙先生伤辞》，见《章太炎全集·太炎文录初编》，第 230—231 页。

○33 《太炎先生自定年谱》"光绪二十二年"，见《章太炎全集·太炎文录补编》，第 754 页。

○34 《识康有为复书》，见《台湾日日新报》1899 年 1 月 13 日；又见《章太炎全集·太炎文录补编》，第 105 页。

○35 章太炎在《时务报》发表论文时，黄遵宪即认为这是"文集之文"，不够清新动人。

○36 《太炎先生自定年谱》"光绪二十二年"，见《章太炎全集·太炎文录补编》，第 754 页。

○37 章太炎：《致谭献书》，见《复堂日记续录·跋记》；又见《章太炎政论选集》第 14 页。

○38 关于章太炎旅居台湾的情况，过去仅《太炎先生自定年谱》和《口授少年事迹》有简单叙述。1980 年日本阿川修三先生发现《台湾日日新报》，近藤邦康教授复印见赠。1983 年，我在东京，又亲自查阅该报，对章太炎旅台情况，始有较深理解。另有一些章太炎旅台诗文，则蒙日本岛田虔次教授和滝沢诚先生提供，书此志感。

○39 《清议报》所载章太炎诗文，大都在《台湾日日新报》登过，如《祭维新六贤文》《台湾旅馆书怀寄呈南海先生》《答学究》《客帝论》，见表 2-1。另有《儒冠》（第 20 册）、《安昌谣》（第 26 册）、《梁园客》（同上）、《杂感》（第 28 册）、《西归留别中东诸君子》（同上），另有《视天论》也在《台湾日日新报》刊出。

○40 章太炎：《照井氏遗书序》，见关仪一郎编：《日中儒林丛书》第 6 卷所收照井一宅《庄子解》卷首，昭和四年（1929年）本。

㊶《拙存园丛稿》8卷3册，大正八年（1919年，己未八月）铅字排印线装本，馆森鸿撰，中有章氏序文和在馆森鸿文章后的一些跋语。

㊷ 章氏在台曾将《訄书》交给馆森鸿看过，《儒术真论序》谓章将文稿50篇见示，查《訄书》初定，即为50篇，当指此。又馆森鸿《送章枚叔序》更称，读其《訄书》，认为“议论驱迈，骨采雄丽，其说时务，最精最警，而往往证我维新事例以讥切时政”，对之十分推服，见《拙存园丛稿》卷1，第10页。

㊸ 文澜：《章太炎离台轶事》，1952年7月29日。

㊹ 章太炎：《游西京记》，《亚东时报》第17册，光绪二十五年十月十八日（1899年11月20日）出版，署名“菿汉阁主”。

㊺《德宗景皇帝实录》卷432。

㊻ 章太炎：《致汪康年书》（三），光绪二十四年十一月二十三日（1899年1月4日），见《汪穰卿师友手札》，上海图书馆藏，下同。

㊼ 拙撰《章太炎与馆森鸿》，见《历史论丛》第3辑，齐鲁书社1983年版。

㊽ 章太炎：《刻包氏齐民四术第二十五卷序》，《台湾日日新报》，见上表引，下同。

㊾ 章太炎：《致汪康年书》（三）。

㊿ 章太炎：《致汪康年书》（三）。

(51) 章太炎：《谆劝垂纶》，见《章太炎全集·文太炎录补编》，第86页。

(52) 章太炎：《台湾设书藏议》，同上书，第81页。

(53) 章太炎：《论学校不宜专校语言文字》见同上书，第114—115页。

(54) 章太炎：《台湾设书藏议》，同上书，第83页。

(55) 章太炎：《书清慈禧太后事》，同上书，第 87—89 页。

(56) 章太炎：《清廷侦获逋臣论》，同上书，第 79—80 页。

(57) 章太炎：《俳谐录》，同上书，第 91—92 页。

(58) 章太炎：《党碑误凿》，同上书，第 111—112 页。

(59) 章太炎：《祭维新六贤文》，同上书，第 64 页。

(60) 章太炎：《答梁卓如书》，见《章太炎全集・书信集》，第 60—61 页。

(61) 章太炎：《台北旅馆书怀寄呈南海先生》，《清议报》第 8 册，1899 年 3 月 12 日（光绪二十五年二月一日）出版；又见《章太炎政论选集》，第 78页。

(62) 章太炎：《康氏复书》，见同上书，第 104—105 页。

(63) 章太炎：《答梁卓如书》，见《章太炎全集・书信集》，第 59 页。

(64) 章太炎：《答学究》，见《章太炎政论选集》，第 81—82 页。

(65) 章太炎：《论亚东三十年中之形势》，见《章太炎全集・太炎文录补编》，第 108 页。

(66) 章太炎：《正疆论》。

(67) 章太炎：《论清旗田》，见《章太炎全集・太炎文录补编》，第 84—85页。

(68) 章太炎：《失机论》，同上书，第 138—139 页。

(69) 朱希祖：《本师章太炎先生口授少年事迹笔记》，见《制言》第 25 期《太炎先生纪念专号》。

(70) 章太炎：《致陶亚魂柳亚庐书》，见《复报》第 5 号。

(71) 章太炎：《清廷侦获逋臣论》，见《章太炎全集・太炎文录补编》，第 79 页。

(72) 章太炎：《致汪康年书》，见《章太炎政论选集》，第 76 页。

(73) 冯自由：《中华民国开国前革命史》第 14 章《壬寅支那亡国纪念会》。

(74) 章太炎：《致谭献书》，光绪二十三年三月十九日（1897 年 4 月 20

日），见《章太炎政论选集》，第 14 页。

⑦ 章太炎：《自述学术次第》，稿本。

⑦ 《太炎先生自定年谱》"光绪二十二年"。见《章太炎全集·太炎文录补编》，第 754 页。

⑦ 章太炎：《识康有为复书》，见《章太炎全集·太炎文录补编》，第 104—105 页。

⑦ 章太炎：《艾如张、董逃歌序》，同上书，第 246—247 页。

⑦ 章氏后来又撰《今古文辨义》，对康、梁仍寓保全，另有《翼教丛编书后》谓"说经之是非，与其行事，固不必同"，以为康在变法时，"不失为忠于所事"，详后。

⑧ 上海古籍出版社 1985 年版。

⑧ 馆森鸿：《送章枚叔序》，见《拙存园丛稿》卷 1，日本大正八年己未（1919 年）八月铅字排印本。

⑧ 同上。

⑧ 馆森鸿看到《訄书》50 篇，即原刻本篇数，此书付印时，另增 2 篇，即《辨氏》《学隐》，经查《手书底本》，稿纸与 50 篇不同，知为后来补入。

⑧ 见《制言》第 25 期。

⑧ 《日益斋日记》稿本，上海图书馆藏。

⑧ 《訄书》原刻本《不加赋难》第三十三。

⑧ 《訄书》原刻本《明群》第二十三。

⑧ 《訄书》原刻本《刑官》第三十七。

⑧ 《訄书》原刻本《明群》第二十三。

⑨ 《訄书》原刻本《分镇》第三十一。

⑨ 《訄书》原刻本《定律》第三十八。

㉒ 《訄书》原刻本《不加赋论》第三十三。

㉓ 《訄书》原刻本《东鉴》第二十八。

㉔ 《訄书》原刻本《客帝》第二十九。

㉕ 《訄书》原刻本《喻侈靡》第二十一。

㉖ 《訄书》原刻本《制币》第四十五。

㉗ 《訄书》原刻本《定律》第三十八。

㉘ 《訄书》原刻本《明农》第四十四。

㉙ 《訄书》原刻本《禁烟草》第四十六。

⑩ 《訄书》原刻本《客帝》第二十九。

⑪ 章太炎：《客帝匡谬》，《訄书》重印本"前录"。

⑫ 章太炎：《藩镇论》，见《五洲时事汇报》第 4 册，光绪二十五年十月一日（1899 年 12 月 3 日）出版，见《章太炎政论选集》，第 100—102 页。

⑬ 章太炎：《訄书》原刻本《分镇》第三十一。

⑭ 章太炎：《分镇匡谬》，《訄书》重印本"前录"。

⑮ 章太炎在 1898 年有《上李鸿章书》，企图他能"转旋逆流"，手札，上海图书馆藏，见《章太炎政论选集》，第 53—57 页。他还到武昌见张之洞，见前。

⑯ 章太炎：《今古文辨义》，见《亚东时报》第 18 号，光绪二十五年十一月二十三日（1899 年 12 月 25 日）出版，见《章太炎政论选集》，第 108—115 页。

⑰ 黄协埙：《石印翼教丛编序》。

⑱ 章太炎：《〈翼教丛编〉书后》，《五洲时事汇编》第 3 册，光绪二十五年九月十日（1899 年 10 月 14 日）。见《章太炎政论选集》，第 96—97 页。

⑲ 苏舆：《翼教丛编序》。

第二章

『割辫与绝』

一 正气会的宗旨模糊

章太炎是在 1900 年义和团运动后由"革政"走向"革命"的，是在唐才常组织自立军起义时"割辫与绝"的。

1899 年 8 月下旬，章太炎由日本返沪和唐才常认识，《太炎先生自定年谱》是年记："识康氏弟子唐才常，才常方广纠气类，期有大功，士人多和之者。"这时，唐才常由日本返国不久，任《亚东时报》主编①，章太炎也将撰文交《亚东时报》刊布②。

1899 年冬，唐才常在上海组织正气会（自立军的前身），在《正气会序》中说：

> 四郊多垒，卿士之羞；天下兴亡，匹夫有责。忧宗周之陨，为将及焉；兴四方之瞻，蘼靡聘矣。昔者鲁连下士，蹈海而摈强秦；包胥累臣，哭庭而存弱楚。蕞尔小国，尚挺英豪，讵以诸夏之大，人民之众，神明之胄，礼乐之邦，文酣

武嬉，蚩蚩无睹。方领矩步，奄奄欲绝，低首腥膻，自甘奴隶，至于此极！将非江表王气，终于三百年乎？

夫日月所照，莫不尊亲，君臣之义，如何能废？盘根所由别利器，板荡始以识忠臣。是以甘陵党部，范孟博志在澄清；宋室遗民，谢皋羽常闻恸哭。……

所愿咸捐故态，同登正觉，卓荦为杰，愤发为雄，一鼓作气，喝然向风。上切不共戴天之仇，下存何以为家之思；庶竭一手一足之能，冀收群策群力之效。

国有天地，必有与立。非我种类，其心必异。毋诱于势利，毋溺于奇衺，共图实际，勿盗虚声。俾中外系其安危，朝野倚为轻重。勿使新亭名士，寄感慨于山河；故宫旧臣，眷衰思于禾黍。幸甚幸甚。③

序文中既说"忧宗周之陨"，不能"低首腥膻，自甘奴隶"，以及"上切不共戴天之仇，下存何以为家之思"；又说"日月所照，莫不尊亲，君臣之义，如何能废"。宗旨模糊。

次年7月，唐才常以"保国保种"为辞，邀集沪上"名流"在上海召开"国会"（又名"中国议会"），就"国会"宣布的主要宗旨来说：第一，"保全中国自立之权，创造新自立国"；第二，"决定不认满清政府有统治中国之权"；第三，"请光绪皇帝复辟"。否认清朝政府，就不应保存清国和光绪皇帝；保存清国和光绪皇帝，就不能创造新自立国。还是宗旨模糊。就在"国会"议会中，章太炎反对这种模糊宗旨，"割辫与绝"④。

从"正气会"到"自立会"，以至组织自立军起义时，唐才常为什么把"宗旨"提得如此模糊？这就要把唐才常的思想倾向和当时的国内形势做一剖析。

1898 年戊戌变法失败后，康有为、梁启超先后逃亡日本，宣传"尊皇"，康有为拒绝了以孙中山为首的革命派的"商讨合作"，梁启超则倡办《清议报》，欲以之"为国民之耳目，作维新之喉舌"。说是"中国之能立与否，全系乎改革不改革"；"能改革与否，又全系乎皇上之有权无权"。[⑤]"但使皇上有复仇之一日，按次第以变法令行禁止，一二年间，积弊可以尽去，一切美政可以尽行"。还幻想"借友邦之力以抵御之"[⑥]，集矢攻击以慈禧太后为首的封建顽固派。

1898 年 3 月，康有为离开日本去加拿大。不久，渡大西洋赴英国，企图通过前海军大臣柏丽斯辉子爵的关系，运动英国政府干涉中国内政，扶助光绪皇帝重掌政权，未能实现。于是康有为又重回加拿大，于 7 月 20 日（六月十三日），与李福基等创设保皇会，也称中国维新会（Chinese Empire Reform Association），并在《会例》中指出："专以救皇上，以变法救中国救黄种为主"，"凡我四万万同胞，有忠君爱国救种之心者，皆为会中同志"。

以孙中山为首的革命派对康有为等是想争取的，是想"联络各党"的。唐才常没有完全摆脱康、梁的思想束缚，但他的态度和康有为却不尽相同，"除与多方谋取联系以外，又与南海再度会晤，陈说当时内忧外患极端紧迫，孙、康两派亟宜牺牲小异，同力合作，如保皇和排满各词，皆可摒弃"[⑦]。

本来，唐才常在政变以后，"对于满清已有十分之绝望，恨不即时扰乱满清之全局，组织新政府以代之"[⑧]，决心"树大节，倡大难，行大改革"⑨，他也知道单靠几个知识分子宣传鼓吹是不够的，还得联合其他力量，从而考虑到活跃在长江流域的会党。毕永年原和哥老会首领杨鸿钧、李云彪等相识，"且投身会中"。这时，又向孙中山陈述长江流域的会党情况。孙中山遂于1899年春夏间派毕永年偕日本人平山周等赴湘、鄂各地联络哥老会，提出兴中会和哥老会联合反清的建议。他们在湘、鄂地区活动一个多月后回到日本，平山周报告孙中山，"所见哥老会各龙头多沉毅可用，永年所报告都符事实"⑩。从此，孙中山有了湘、鄂、粤三省同时大举的方案。他再派毕永年内渡，邀约哥老会各龙头赴香港与陈少白等商谈合作办法，等到工作就绪，兴中会邀哥老会、三合会各首领集会于香港，与会者有杨衢云、陈少白、郑士良、毕永年、杨鸿钧、李云彪、张尧卿、宫崎寅藏、平山周等十余人，议定三会组成兴汉会，公推孙中山为统领。由此可知，孙中山是主张联合各方面力量从事革命事业的，他对自立军注目哥老会的举措是支持的。⑪

当初，孙中山和康、梁"合作"未成时，对改良派和革命派的分歧是清楚的，并分清"他的党派"和"我们党派"。他曾说过："清政府在康有为公开致力于种种运动或采取恐吓政府的手段之际，对他的党派抱有严重警惕，并因而对我们党派的注意逐渐放松，这在某种程度上正是我党的幸事。"但由于过去曾有联合会党的举措，而唐才常与康有为也有不同的思想倾向，所以孙中山对唐才常活动表示支持。当唐才常回国时，孙中山还出席宴会。日本留学生归国协助其活动的有林圭、秦力山、吴禄贞、戢元丞、沈翔云、黎科、傅慈祥、蔡钟浩、田邦璇等二十余人，他们大都是兴中会会员，"醉心革命真理"，对孙中山尤其"倾倒备至"。⑬
孙中山还指示汉口的兴中会会员容闳之侄容星桥协助他们举事。

1900 年，义和团运动发生，孙中山在湘、鄂、粤三省起义的
部署也积极进行。7 月 16 日，孙中山由西贡乘轮抵香港海面，在
船上开紧急会议，根据孙中山的建议，把惠州起义的指挥权交给
郑士良，毕永年则再赴长江流域联络会党。"时南方暴动之机，主
持西江者为孙文，主持长江者为唐才常"⑭，实际上，这正是孙
中山在湘、鄂、粤三省起义的策略。所以当自立军组织拟分中、
前、后、左、右各军，以湖北为中军，安徽为前军，湖南为后军，
河南为左军，江西为右军，以唐才常总持各军事宜，林圭副之，
以及在各地设立"公馆"机关时，"与广东郑士良密约，郑在广东
惠州同时起义，互相应援"⑮，那么，自立军起义也可说是与惠州
起义相呼应，它是兴汉会组设后的一次"联合行动"。

孙中山对惠州起义和自立军是很重视的。他在 7 月间曾致函
陈少白："郑士良努力把握局势，千万不可灰心。"日本人还认为
"孙先生更有绝望于南方，另向华中活动的观念"。⑯7 月 24 日，
即上海"国会"召开的前两天，孙中山和陈少白、杨衢云、郑士
良、史坚如等兴中会骨干联合致书港督卜力，请求英国"助力"，
以"改造中国"，并提出《平治章程六则》。

为了集结反清力量，酝酿起义，孙中山不顾日本人头山满、
平冈浩太郎等劝阻，于 8 月 22 日由横滨秘密乘轮赴上海，他计划
先由江苏、广西等南方六省宣布独立，全国各省响应，建立共和
国。和他登轮同渡的内田良平曾透露这一计划："孙逸仙及其徒众，
计划目的江苏、广东、广西等南清六省作根据独立共和体，渐次

（向）北清伸扬，爱新觉罗土崩瓦解，支那十八省从之，东洋大共和创立。"⑰8月28日，孙中山抵达上海，自立军起义已失败，唐才常等已就义，孙中山在沪难以活动，只得重返日本。

一个多月后，郑士良以会党为主力，在惠州三洲田起义，终因粮械告绝，清军围攻，郑士良只得将起义队伍解散，自率少数精锐退往香港。策应惠州起义的史坚如，在10月29日谋炸两广总督德寿未遂，⑱湖北的自立军起义、广东的惠州起义都遭失败。

由上可知，唐才常在流亡时期和孙中山相晤，受其影响，介绍唐才常和孙中山相识的毕永年又在孙中山的指示下，多次到湘、鄂联结会党，进而在香港组设兴汉会。唐才常离日返沪组设正气会（自立会的前身）时，孙中山既往钱行，兴中会会员也多参加。自立军酝酿在长江一带起事，又和孙中山在湘、鄂、粤三省大举相合拍，和惠州起义相呼应。可知孙中山对唐才常是关怀、支持的，是想"共同大举"的。

唐才常旅日时受到孙中山的影响，自立军起义又和孙中山湘、鄂、粤三省大举合拍，说明他受到革命派的影响且与之有所联系。然而他又想依靠康有为的海外捐款并且不能摆脱改良派的束缚。由于唐才常自身思想的复杂性，从而表现在"宣言"和"规约"中的宗旨蒙昧、主张混沌。

自立会宗旨模糊，徘徊于革命、改良之间，是与当时的国内外形势有关的。

1898年9月，戊戌政变发生，赞助变法的光绪被幽禁，推动维新的志士被株连，而执政的则是慈禧、荣禄、刚毅一伙。从国内到海外，对维新派的遭遇、光绪皇帝的被禁厄，表示同情的大有人在。"维新新政"虽然只有一百零三天，但在当时的历史条件下却有进步意义。扶植光绪重新上台，排阻腐朽顽固势力，有这种思想的也不乏其人。康有为流亡海外，由香港而日本，由日本而加拿大，由加拿大而英国，以至组织保皇会，为的是救光绪，认为光绪复位才能"救中国"，"救圣主"也就是"救中国"。1899年印布的《保救大清皇帝公司序例》说，要保国保种非变法不可，要变法"非仁圣为皇上不可"，凡是有"忠君爱国救种之心"的，都是会中同志。他把"忠君"和"救国"联系起来，把光绪和变法联系起来，"救圣主而救中国"⑲，颇有号召力。而在这时，革命派虽已酝酿起义，但革命的声势还不大，舆论宣传也不如保皇会。在这种情况下，揭露清政积弱，控诉慈禧"训政"，拥护改革变法的皇帝，反对顽固守旧的太后，在当时还起过积极的作用。

康有为组织的保皇会，既以"保救大清皇帝"为宗旨，康、梁也一直以"勤王求救"相号召，只要看梁启超写给康有为、唐才常等的密信中，就可以看出他们"保救皇上"是何等迫切，如说：

> 我辈所以如此千辛万苦者，为救皇上也，从南方起事，去救皇上之实际尚极远。⑳

> 正先生之名，重之以衣带之诏，则足以感豪杰之心，而寒奸贼之胆，先声夺人，气焰数倍，此其利也。㉑

> 旗号之事，虽似琐小，然亦不可不计及。既以勤字为主义，则旧龙章必不可弃，而又不能与敌军同用一式，或改其式色，或加添别种事物，皆无不可，但必当通知各处一律。㉒

信中说是"千辛万苦""为救皇上"，事实也是如此，康有为

"蹈日本而哭庭，走英伦而号救"㉓，说是奉有光绪皇帝"衣带之诏"，呼吁勤王。梁启超也在日本上谒朝贵，下访名流，展开活动。他们以"勤王为主义"，也考虑"旗号之事"，既不能与清军"同用一式"，又反对慈禧为首的清政府，考虑"改其式色，或加添别种事物"。这种既反对清政府又扶助光绪的暧昧情态，正和正气会以至自立会的暧昧态度一致。

梁启超还在革命派和改良派"合作"未成之际，写给孙中山一封信，信中云：

> 自去年岁杪，废立事起，全国人心悚动奋发，热力骤增数倍，望勤王之师，如大旱之望雨，今若乘此机会，用此名号，真乃事半功倍。此实我二人相别以来，事势一大变迁也。弟之意常觉得通国办事之人，只有咁多。必当合而不当分；既欲合，则必多舍其私见，同折衷于公义，商度于时势，然后可以望合。夫倒满洲以兴民政，公义也；而借勤王以兴民政，则今日之时势最相宜者……弟以为宜稍变通矣。草创既定，举皇上为总统，两者兼全，成事正易，岂不甚善？何必故画鸿沟，使彼此永远不相合哉？㉔

说要"舍其私见，同折衷于公义"，而他们"勤王"的"私见"却不肯放弃。又说"倒满洲以兴民政"是"公义"，却以"借勤王以兴民政"为"今日之时势最相宜者"。要举光绪为总统，扶植光绪重新上台，即"勤王"的宗旨未尝稍变。这些，不能不予唐才常和自立军以影响。

直到自立会会名已定，上海愚园"国会"召开前一个多月，梁启超又致书自立会成员：

> 我辈宗旨既专在救国，会名既已定，改为自立甚好。其票间宗旨下，原只灭洋二字者，可易以自立或救国二字，至其四字、八字者，则于救国自立等字外，加用作新保种等字均可。㉕

那么，自立会的取名，也是考虑到革命派、改良派都能接受而后定名的。这时，义和团起事，八国联军入侵，帝国主义的疯狂侵略激起了全国人民的愤慨，"联络各党"力量进行反抗，自属当务之急。革命派要推翻清朝，改良派要"勤王求救"，反抗的方式不同，但主要矛头都是指向以慈禧为首的清政府。孙中山表示："我想要会见康有为，就当前中国的问题征询他的意见，并向他提出我的劝告。"㉖康有为也说："今日即孙文议论，亦不过攻满洲，而未尝攻皇上，盖皇上维新盛德，实已浃服中外也。"㉗他们的宗旨和斗争方式是不同的，对清政府的不满却又是一致的。唐才常的思想本来就不像康有为那样保守，旅日后又受到孙中山的熏陶。当促成孙、康两派联合反清没有成效后，还想"与孙中山订殊途同归之约"。唐才常对自立军的起兵计划既与孙中山做了"甚为周详的商议"㉘，孙中山对他也予支持，希望"湘、鄂、粤三省大举"，使之与惠州起义相策应，兴中会员还多人返国，参加自立军。

上述情况表明，唐才常既受到孙中山等革命派的影响，又不能摆脱康、梁的束缚；他既要考虑到当时海内外人士对光绪还有幻想，康、梁坚持"勤王求救"，又要照顾到革命形势逐渐发展，湘、鄂、粤"大举"计划的推行；他既需要依靠康、梁的饷糈和影响，其活动又需要革命派的参加。因而在《正气会章程》以至后来的《规约》中，既有着"勤王"的话语，又有着"排满"的词句，形成"排满"又"借尊皇权"，"勤王"又"不认满清统治"的复杂局面，使人感到既反清、又勤王，含混其词，扑朔迷离。

对此，参加自立军起义牺牲的傅慈祥，其儿子傅光培有一段回忆：

> 与保皇党关系密切的唐才常，是戊戌死难者谭嗣同的挚友和儿女亲家，他宣称要举大事为死友复仇。谭是西太后那拉氏杀的，自然与康有为拥光绪复辟合拍，政治上、经济上唐都要以康为泰山之靠，但起事的实行人物，保皇党是拿不出来的，这就不能不有赖于革命派。唐在日本，经毕永年的介绍加入了兴中会，但没有也不可能同保皇党划清界限。自立军表面上自立于清廷之外，也不在革命之中，有意混淆保皇与革命的本质区别。唐回国时，革命派和保皇党人均参加祖饯，正好说明了这一点。㉖

这种说法是有一定道理的，特别说他"自立于清廷之外，也不在革命之中"，以之窥测自立会之所以标名"自立"，也有参考价值。

也应看到，这时革命、改良的界限还没有明确划分，即使是革命派，也有的对清朝官僚存在幻想。1900 年 6 月，由香港"总督"卜力出面，通过何启拉拢兴中会拥护李鸿章在两广独立时，兴中会也一度为其利用。即在上海"国会"第二次会议后，"割辫与绝"的章太炎，在此以前也曾上书李鸿章，以为"事机既迫，钧石之重，集于一人"，要他"明绝伪诏，更建政府，养贤致民，以全半壁"。㉚可见，这种情况并不是个别的，应该根据当时的历史条件，予以实事求是的评价。

二 "割辫"和《解辫发》

章太炎是在上海"国会"召开时，"割辫与绝"，并进而撰《解辫发》以自表的。

唐才常在康有为的指示下，于 1900 年 7 月 26 日（七月初一日）、29 日（七月初四日）在上海愚园召开"国会"㉛（又名"中国议会"），创设自立会，组织自立军。章太炎参加了会议。

参加"国会"的有容闳、严复、章太炎、毕永年等，推举容闳为会长，严复为副会长，唐自任总干事。"国会"宣布的主要宗旨是：第一，"保全中国自主之权，创造新自立国"；第二，"决定不认满清政府有统治中国之权"；第三，"请光绪皇帝复辟"。态度暧昧。章太炎在集会时，当场批判了唐才常"不当一面排满，一面勤王，既不承认满清政府，又称拥护光绪皇帝，实属大相矛盾，决无成事之理，宣言脱社，割辫与绝"。㉜章太炎自己也说："因唐才常主张一面排满，一面勤王，既不承认满清政府，又称拥戴光绪皇帝，余甚非之，因宣言脱社，割辫与绝，但后唐案通缉书上仍有余名。"㉝

"国会"第二次会议后十天，亦即章太炎"割辫"以后十天，

章太炎

他写了《来书》以及《请严拒满蒙人入国会状》，寄交兴中会主办的《中国旬报》十九期上，于1900年8月9日（光绪二十六年七月十五日）发表。由于这两篇文章没有收入章氏手订的《章氏丛书》，也未辑入我编的《章太炎政论选集》和《章太炎年谱长编》，却是研究章氏早期思想的重要历史文献，特将原文引录如下：

来　书

　　□□先生阁下：去岁流离，于□□君座中，得望风采，先生天人也。鄙人束发读书，始见《东华录》，即深疾满洲，誓以犁庭扫闾为事，自顾藐然一书生，未能为此，海内又鲜同志。数年以来，闻先生名，乃知海外自有夷吾，廓清华夏，非斯莫属。去岁幸一识面，稠人广众中，不暇深谈宗旨，甚怅怅也。

　　今者，满政府狂悖恣行，益无人理，联军进攻，将及国门，覆亡之兆，不待著蔡，南方各省，犹与西人立约通好。鄙人曾上书刘、李二帅，劝其明绝诏书，自建帅府，皆不见听。东南大局，亦复岌岌。友人乃立中国议会于上海，推□□君为会长，□君天资伉爽，耄益精明，诚支那有数人物。而同会诸君，贤者则以保皇为念，不肖者则以保爵位为念，莫不尊奉满洲，为戴师保，九世之仇，相望江湖，嘻亦甚矣。

　　鄙人先作一状，请严拒满、蒙人入会，会友皆不谓然，愤激蹈厉，遽断辫发以明不臣满洲之志，亦即移书出会。

　　方今支那士人，日益阘茸，背弃同族，愿为奴隶，言保皇者十得八九，言复汉者十无二三，鄙人偶抒孤愤，逢彼之怒，固其宜也。兹将《拒满蒙入会状》及《解辫发说》篇寄呈左右，所望登之贵报，以示同志，虽词义鄙浅，傥足以激发意气乎？□□处知□□有意连衡，初闻喜甚，既知复以猜疑见阻，为之惘然。然时遭阳九，天下事尚有可为，惟有四万万人珍摄。肃此，敬问起居。章炳麟识。阴历七月十四日。

请严拒满蒙人入国会状

章炳麟白，为请严拒满蒙人入会事：……自多尔衮入关以后，盗我疆土，戕我人民，扬州之屠，江阴之屠，嘉定之屠，金华之屠，广州之屠，流血没胫，积骸成阜，枕戈之耻，衔骨之痛，可遽忘乎？其后任用诇佞，以圣谕愚黔首，以括帖束士夫，租税则半供驻防，原野则籍为圈地，斯仇不复，何以自立。今幸宵小在朝，自取覆灭，攻昧侮亡，天道应尔。本会为拯救支那，不为拯救建房；为振兴汉族，不为振起东胡。为保全兆民，不为保全孤愤。是故联合志士，只取汉人东西诸贤可备顾问，若满人则必不容阑入也。或谓十室之邑，必有忠信，虽在满洲，岂无才智逾众为寿富、金梁其人者，不知非我族类，其心必异，愈才则忌汉之心愈深，愈智则制汉之术愈狡，口言大同，而心欲食人，阳称平权，而阴求专制，今所拒绝，正在此辈。岂为昏庸躁妄之人言耶？且如玄晔（烨）、胤禛等辈，若狂暴失德，专为淫虐，则不崇朝而歼于汉人矣，岂能制我黔黎至三百年之久哉！

今诸君既具人人自立之志，上念凤仇，下思后患，如有满人入会，必能严加拒绝，蒙古准此。今特具说帖，请与诸君歃血而盟，既盟之后，如有引蒙、满人入会者，同会共击之。若模棱两可，阴有所觊，徒托斗智斗力之辞，坐忘畏首畏尾之害，则国非吾国，民非吾民，虽保安全壤，仍与曾、胡之徒同符共轨，则鄙人请先出会，以遂素志，此上同会诸君子鉴。阴历七月初四日

《解辫发说》，即《訄书》重印本《解辫发》第六十三，但《訄书》有修改，如"桑门衣"，原作"浮屠衣"；"共和二千七百四十一年"，原作"庚子"；"戕虐朝上"，原作"戕虐贤骏"；最后一句"呜呼！余惟支那四百兆人，而振刷是耻者，亿不盈一，钦念哉"下，原有"永历亡后二百三十九年七月初九日，余杭章炳麟书"一句。

《来书》系参加"中国议会"后所发，《请严拒满蒙人入国会状》中的"国会"，也是指"中国议会"。查"中国议会"开会两次，第一次为7月26日（七月初一日），第二次为7月29日（七月初四日），章太炎的《请严拒满蒙人入国会状》末署"阴历七月初四日"，知为第二次开会时所提。《解辫发说》末署"七月初九日"，知为第二次开会，章太炎"请严拒满蒙人入会"，"会友皆不谓然"后写，则其"断发"应为阴历七月初九日前，旋又于七月十四日交《中国旬报》。

"割辫"，表示章太炎"不臣满洲之志"，是他对变法图强、政治改良的决绝。

"割辫"以前，章太炎是同情康、梁，同情改革的，即便在政变以后一段时间，仍与"尊清者游"。他是在动荡的环境中，经过

了复杂的斗争，始和改良派"割辫与绝"的。

如前所述，政变以后，章太炎对康、梁等维新志士深表同情，寓书慰藉，怀念"夙好"。对外界攻击康、梁，还力为辩解，当有人议论，以为他和康有为治学途径不同，他自己也说"论及学派，辄如冰炭"，为何"相昵之深"时，他还引宋代的朱熹、叶适为例，说明"行谊政术自合"。稍后，还对顽固派的淆乱视听，予以指责，"说经之是非，与其行事，固不必同"，对"借攻击廖氏（平）以攻击政党者"力为批判。然而时隔不久，章太炎就"割辫与绝"，"绝"的是康、梁，是过去"相昵"的康、梁，是曾经寄予同情并为之辩解的康、梁。他和康、梁的相"绝"，又是以"割辫"为标志，这就不能不注视章太炎这一年多来的变化和"割辫"时思想的飞跃。

"割辫"，又表示章太炎反对"奉戴光绪"，倾向革命。

章太炎倾向革命，是从日本回国以后，"以勤王、光复议论不合，退而毁弃毛发以自表"的。㉞

章太炎较早孕有民族主义思想，《来书》中说："鄙人束发读书，始见《东华录》，即深疾满洲，誓以犁庭扫闾为事。"《请严拒满蒙人入国会状》还引"扬州之屠""江阴之屠"，以示不忘"枕戈之耻"。但"割辫"前仍和"尊清者游"。他是怎样断然"割辫"的呢？

1899 年 6 月 10 日，章太炎从台湾基隆出发，14 日"步上神户"，17 日"发大津趋名古屋"。㉟在日本与孙中山相晤，受其启发，自称："自台湾渡日本，时梁启超设《清议报》于横滨，余于梁座上始得见孙中山，由梁介绍也。越二三月，余回上海。"㊱冯自由也说:"己亥夏间,钱恂任留日学生监督,梁启超时办《清议报》,均有书约章赴日,章应其请,先后寄寓横滨《清议报》及东京钱寓、梁寓,由梁介绍,始识孙中山横滨旅次,相与谈论排满方略,极为相得。"㊲又说,孙中山与章太炎等谈及土地问题,说他"对于欧美之经济学说,最服膺美人亨利·佐治(Henry George)之单税论",认为"此种方法最适宜于我国社会经济之改革"㊳。

章太炎在日本初晤孙中山,对其影响很大。此前,章太炎虽早知孙中山其人,却未见面。1897年,章太炎在上海,"因阅西报,知伦敦使馆有逮捕孙逸仙事,因问梁启超:'孙逸仙何如人?'梁云:'此人蓄志倾覆满洲政府。'章氏'心甚壮之'"㊴。又说:"是时上海报载广东人孙文于英国伦敦为中国公使捕获,英相为之担保释放。余因询于梁氏,梁曰:'孙文主张革命,陈胜、吴广流也。'余曰:'果主张革命,则不必论其人才之优劣也。'"㊵但当时章太炎对孙中山还是了解不深,即使他在政变发生后避居台湾时,还错误地认为孙中山不能与汪康年并称㊶,但甫抵日本,和孙中山相晤,情况就不同了,他们"谈论排满方略,极为相得"。7月17日(六月初十),他在写给汪康年的信中说:"兴公亦在横滨,自署中山樵,尝一见之,聆其议论,谓不瓜分不足以恢复,斯言即浴血之意,可谓卓识。"㊷可见他这次和孙中山初晤,就对孙中山印象深刻。

值得注意的是,《解辫发说》最早登在《中国旬报》,登出时还有章太炎的《来书》和《请严拒满蒙人入国会状》。《中国旬报》又是兴中会在香港所办,由陈少白"承刊"。《来书》谓:"去岁流离,于□□君座中,得望风采,先生天人也。"又说"数年以来,闻先生名，乃知海外自有夷吾，廓清华夏，非斯莫属"，对之期望甚殷。那么，《来书》是写给谁的呢？□□是谁？查《来书》寄于1900年，"去岁流离"宜指1899年"流离"日本。这时，孙中山、陈少白均在日本，陈少白主持《中国旬报》，有人认为《来书》是寄给陈少白的，但我以为还是指孙中山为宜。因为：第一，《来书》谓"于□□君座中，得望风采"，章太炎是在梁启超"座中"获见孙中山的，上揭《口授少年事迹》言其事，□□应指梁启超；第二，《来书》谓"数年以来，闻先生名"，章太炎恰恰在1897年就听到孙中山伦敦遇难事；第三，《来书》对收信人甚为钦佩，誉为"天人"，章太炎当时给汪康年的信也称孙中山为"卓识"。章太炎一般不轻易谀人，似不会誉陈少白为"天人"。那么，章的《来书》，写给孙中山，寄交资产阶级革命派最早的革命团体兴中会主办的《中国旬报》，就非同一般《来书》。

《中国旬报》在刊登《来书》和所附两文后，还附志说明："章君炳麟，余杭人也，蕴结孤愤，发为罪言，霹雳半天，壮者失色。长枪大戟，一往无前。有清以来，士气之壮，文字之痛，当推此次为第一。隶此野蛮政府之下，迫而思及前明，耿耿寸心，当已屡碎矣。君以此稿封寄前来，求登诸报。世之深于世味者，读此文，当有短其过激否耶？本馆哀君之苦衷，用应其请，刊而揭之，俾此文之是非，得天下读者之公断，此则本馆之私意已。本馆志。"《中国旬报》对章太炎的《来书》和附文极为重视，并立即刊登，予以高度评价。

照此说来，章太炎的"割辫与绝"，倾向革命，是受到孙中山为首的革命派的启发的。

"割辫"，在漫长的封建、半封建社会中，在儒家思想的长期笼罩下，对受过封建教育的知识分子来说，又是一件了不起的大事。

作为儒家经典十三经之一的《孝经》第一章《开宗明义》说："身体发肤，受之父母，不敢毁伤，孝之始也。"把"不敢毁伤""发肤"为"孝之始"；如果"毁伤"，那就是不孝。孝和忠又是相联系的，在家为不孝，对国为不忠。发肤的毁伤，在阶级社会中极为受重视。满族入主中国，也从"发肤"上来开刀，明朝留发，满洲结辫，"留发不留头，留头不留发"，就是清朝入关时的禁令，"江阴之屠""嘉定之屠"，又都是围绕留发、割发展开的。因为留发就表示留恋明朝衣冠，削发即表示归顺满清。两百多年来，结辫已经成风，习俗已久，章太炎独能"讼言索虏之祸毒敷诸夏"④，把"臣清"的标识辫子割掉，当时确使"壮者失色"。他不但自己割辫，还写了《解辫发说》，连同《来书》等寄交兴中会主办的《中国旬报》公开发表，用的是章炳麟的真名，在当时的条件下，这种举动，真有些"骇俗"。在改良派还具影响，革命派未占优势之时，章太炎的"割辫"尤为难能。

因此，章太炎的"割辫"和《解辫发说》，尽管是在"满洲政府不道"、"横挑强邻"、"联军进攻，将及国门"的情况下断然进行的，但他狭隘的大汉族主义思想却很严重，《请严拒满蒙人入国会状》且不允许"满蒙"入会。一方面固然由于满洲贵族腐朽衰败及其各种特权，引起了人民的长期不满；另一方面他又把反清革命和"光复旧物"联系起来，涂上了一层封建的色彩。这样，我们在分析章太炎的"割辫"和《解辫发说》之时，也就不能不注意到他的局限性。不过，在当时的历史条件下，章太炎"愤激踔厉，遽断辫发"，毕竟是开风气之先的。

三 自立军的失败和章太炎的"匡谬"

唐才常组织的自立军，一方面依靠康有为的海外影响和饷糈，另一方面又受到孙中山为首的革命派影响，并有兴中会会员参加，徘徊于革命、改良之间，宗旨模糊，主张混沌。

于此，需将康有为的海外活动及其对自立军的态度做一简单说明。

康有为于 1899 年 7 月 20 日与李福基等在加拿大组织保皇会，10 月，自加拿大返香港，经过日本时，被留难。1900 年 1 月 26 日（十二月二十六日）离港赴新加坡。2 月 1 日（正月初二日）抵新加坡后，正式接受英国政府的保护。他在新加坡，曾住在侨商丘菽园寓所，并得到丘氏资助。丘氏在 1898 年 5 月 26 日创办《天南新报》，宣扬维新。政变后，仍援助康、梁。1899 年 10 月后，丘氏尽力支持康有为和保皇会的"自立"活动，曾捐助巨资④，康有为旅居新加坡时，策划自立军起义，新加坡的维新人士成为康有为海外活动的主要支持者。

章太炎曾在唐才常处看到丘菽园的小照，对丘菽园的爱国热情，深为佩服⑤，曾写信给丘菽园云：

迩来政府疾视欧、美人，形于辞色，复阴倚义和团匪冀以发难，湘中大吏，且得言日本为我世仇，此则旧党自立之兆，日中必哔，意在斯乎？足下主持清议，冠弁髦杰，其必筹之审矣。⑯

章太炎认为丘菽园能"主持清议，冠弁髦杰"。

在新加坡丘菽园家属那里，除见有章太炎的函札外，还有不少康、梁信札和密件，从中可以看到康有为当时对自立军的态度及其对孙中山为首的革命派的防范和矛盾。如康有为写信给丘菽园说：

史坚如及区兆甲（惠事），皆孙党也，而冒仆弟子，致诸报辗转登之，望贵报辨明，否则同门之见疾于人，而致祸益剧矣。史率攻吾党四十余人，可恶甚，致今防戒极严，查搜益密，攻击更甚。罗□□今竟被拿，必死矣，此子勇猛无前，惜哉痛哉！于是翼大为其乡人所攻，致其寄顿之械多致发露，轮不能行，械不能运，皆惠事及焚抚署一事所牵致。然此祸恐日益剧烈，与江无异，故惠与抚署一事，皆彼党欲图塞责，且以牵累吾党，遂致吾党大为其累。今粤中党祸，大索麦舍，亲家已没，余皆束缚，不能举事，恐此与江事无异……

自汉事一败，百凡坠裂，尚有惠事相牵诬，致败乃公事。呜呼！汪、孙之罪，真中国蠹贼也。其既决为之弃粤，纯老已首途往英、美、日办汉事，并与英外部订明，想公必以为然也。粤中人心极震——以惠及抚署事，恐连累益甚。望速登报言：某人保皇，专注意北方，以粤为僻远而不欲。且自以生长之邦，尤虑乡人之蒙祸，决不惊粤，且从彼之士夫，多在各省，与孙之除粤人无所为不同。今孙自扰粤而造谣影射，不知保皇与扑满相反，望吾乡人切勿误信谣言，安居乐业。要之，某人决不惊动故乡云。

这封信极重要，末署"明夷，廿九日"。"明夷"，即康有为，他在政变后流亡初期的诗，即收在《明夷阁诗集》，信亦系其亲笔，无年月，谈郑士良、史坚如，自应写于 1900 年 10 月 28 日（光绪二十六年九月初六日）以后；"麦"是麦仲华，康有为婿；"纯老"即容闳；"翼"是陈翼亭；"刚"是梁子刚。信中说："惠与抚署一事，皆彼党欲图塞责，且以牵累吾党，遂致吾党大为其累。"惠州起义是孙中山领导发动，"抚署一事"，也是史坚如为策应惠州起义而谋炸两广总督德寿。康有为以为他们"皆孙党也"。由于他们的失败，"查搜益密，攻击更甚"，以致"累"及"粤事之局"。信中又提到"翼""刚"，陈翼亭、梁子刚也曾"主持粤事"。然而，康有为却把广东起兵的失败，归罪于孙中山为首的革命派。

本来，康有为是想训练团练，以广西为根据地，"发起行动"，与孙中山的注视于"东"（即广东）抗衡的。㊼

唐才常依靠改良派的饷糈，又受到革命派的影响和支持，致使自立军的宗旨混乱，而康有为却对革命派严加防范，海外捐款也迟迟未汇。唐才常等待汇款，将起义时间一再推迟，负责前军的秦力山因长江沿岸戒严，未得军报，进行不辍。1900 年 8 月 7日，大通事泄，秦力山命党人即于 7 日起事，终因兵力不敌，于11 日失败。

在《安徽大通勤王布告文》中再度提出自立会的宗旨："一，保全中国自立之权；二，请光绪皇帝复辟。"汉口自立军的《宣言》中说："变旧中国为新中国，我辈之责任也，我辈宜亟谋皇帝复辟，而创立立宪帝国。"⑱《规约》既说"不认满洲为国家"⑲，又说"君臣佐使，彝伦攸分"，还是宗旨模糊。

大通既败，唐才常定于 8 月 23 日发难，未及举事，即为张之洞捕捉，8 月 22 日，与同志二十余人，同时就义。

自立军起义失败了，但它留下了深刻的教训，依违于改革、革命之间，是不适应当时形势的，此后知识分子逐渐从康、梁的思想影响下解放出来，促使了革命派的觉醒和改良派的分化，对此后革命派和改良派的逐步明确界限，起了一定作用。

自立军失败以后，参加自立军的秦力山与康、梁绝交，1901年在日本创办《国民报》宣传革命。参加自立军的陈犹龙等"于事败后多亡命东京，群向梁启超算帐，梁不胜其忧，竟移寓横滨避之"⑳。从此，保皇会的"信用渐失，不复再谈起兵勤王事"。

此后，许多知识分子逐渐从改良主义的思想影响下解放出来，感到"天下大势之所趋，其必经过一趟之革命"㉑，从而走向革命的道路。如刘敬安即"以国是日非，决非和平手段所能匡救"㉒，遂另创日知会为革命机关，成为自立军失败后"湘、鄂二省之革命策源地"。自立会会员吴良愧也在同盟会成立后入会。又如参加自立军的龚春台，后来接受了同盟会的领导，组织萍乡、浏阳起义。在浏阳响应龚春台的姜守旦，也参加过自立军，他还是哥老会的"香长"。这样，"士林中人，昔以革命为大逆不道，去之若浼者，至是亦稍知动念矣"㉓。

此后，革命派和改良派的"各张旗帜，亦自兹始"㉞，所以自立军"固可断为勤王、革命之一大鸿沟也"㉟。也就是说，自立军的失败，促使了革命派和改良派的逐步明确界限。那么，从它的历史意义来说，唐才常和自立军也有其值得肯定的地方。

章太炎也是在愚园"国会""割辫与绝"，并对过去"与尊清者游"进行"匡谬"的。

※　　　※　　　※

1900 年 8 月，唐才常领导的自立军失败，章太炎被追捕，"钩党甚急"。他"以素非同谋，不甚怲惧"，乃"归乡里度岁"，把印出的《訄书》重行校订。

章太炎亲自校订的《訄书》，笔迹校在《訄书》原刻本上，今藏上海图书馆（以下简称"手校本"），前有亲笔重拟目录，对原刻本做了较大增删（见第四章表 4-1）。上海图书馆还藏有手校本所增篇文的残存手稿，存《尊史》、《原教》上、《官统》中、《礼俗》、《通法》、《述图》、《王学》、《颜学》、《消极》、《方言》等十篇；末附《定赋》，即后来重印本《定版籍》的部分内容，《定赋》未列目。

《訄书》手校本尽管改笔不多，新增各篇，如今亦仅存残卷，但它反映了章太炎思想的发展演变。

第一，《訄书》原刻本以《尊荀》第一始，以《独圣》下第五十终，《尊荀》《独圣》下都是孔、荀并举，讲"损益因革"，手校本把这两篇删除了，而改以《原学》始，以《解辫发》终。《原学》

1900 年的手稿虽已无存，但从重印本中，可以看到它主要强调"立学术"，"古者有三因"（地齐、政俗、材性），"今之为术者，多观省社会，因其政俗而明一指"。说明学术应"观省社会""因其政俗"，也就是说，学术应为当前政治服务。《解辫发》直斥清朝政府"不道""无状"，所以"断发易服"，"振刷是耻"。那么，手校本删去的是讨论变法、损益改制的篇文，而增加的却是矢志革命的篇文。章太炎手校《訄书》，重订目录，可以看出他在《訄书》付梓不到一年的时间，思想起了重要变化。

第二，《訄书》手校本新增各篇，如今虽仅存残稿，但从目录中，可以看到《订礼》《学变》等文这时已经拟撰了（后收入《訄书》重印本）。所删各篇，以讲变法改革的为多，如《鬻庙》就谈"毁寺开学"，"以淫祀与寺观为之鹄的"，"县取一区以为学堂之地"。与康有为等"废淫祀兴学会"主张基本雷同。《独圣》上谈到"孔子贵仁，其术曰积爱为仁，积仁为灵"，手校本也删去了。手校本目录和重印本基本相似（见第四章表 4-1），它大体上具备了重印本的规模。

第三，《訄书》手校本存录各篇，尽管改笔不多，却很重要。如《官统》，原刻本作"以其六典，上诸孔氏"，手校本把"孔氏"改为"大旅"（五帝）。《儒法》原刻本作"仲舒之决事比，援附格令"，手校本把"格令"改为"经谶"，把董仲舒援经论政的实质点了出来。《分镇》原刻本作"咸丰之季，潢池日扰，重以外寇，天下之势，阽阽如累九丸"，手校本改作"咸丰之季，汉帝已立，重以外寇，孤清之命，阽阽如累九丸"，把反对清朝的太平军点了出来。

值得注意的是，章太炎还对原刻本《訄书》中的《客帝》《分镇》进行"匡谬"。

章太炎在义和团运动发生和自立军失败的影响下，改变了以前所写《客帝》的以为"震旦之共主，必在乎曲阜之小邑"，以及"为发愤之客帝"进言的天真想法。他在《訄书》手校本的《客帝》第二十九上面写了一条眉批：

> 辛丑后二百四十年，章炳麟曰：余自戊、己违难，与尊清者游，而作《客帝》，弃本崇教，其流使人相食。终寐而颎，著之以自劾录，当弃市。⑤⑥

"辛丑后二百四十年"，当1900年，章太炎对自己过去与'尊清者游'而作《客帝》"，严肃地进行了自我批判。这段眉批，标志了章太炎反清思想的发展。

不久，章太炎又写了《客帝匡谬》：

> 共和二千七百四十一年，章炳麟曰：余自戊、己违难，与尊清者游，而作《客帝》，饰苟且之心，弃本崇教，其违于形势远矣。且汉帝虽孱弱，赖其同胤，臣民犹或死之。满洲……民轻之，根于骨髓，其外视亡异欧美。故联军之陷宛平，民称"顺民"，朝士以分主五城，食其廪禄，伏节而死义者，亡一于汉种，非人人阘茸佣态，同异无所择，孰甘其死？由是言之，满洲弗逐，欲士之爱国，民之敌忾，不可得也。浸微浸削，亦终为欧、美之陪隶已矣。今弗能昌言自主，而以责宣尼之主祏，面欺。著之以自劾录，而删是篇。⑤⑦

"共和二千七百四十一年"，当 1900 年。在"匡谬"中，他"匡"过去与康、梁等"尊清者游"，"饰苟且之心"之"谬"，"匡"过去对"客帝"幻想之"谬"，说"满洲弗逐，欲士之爱国，民之敌忾，不可得也。浸微浸削，亦终为欧、美之陪隶已矣"。说明在民族危亡严重的情况下，只有推翻清朝政府，才能自强。

同年，他又写了《分镇匡谬》，说：

> 共和二千七百四十一年，章炳麟曰：怀借权之谋，言必凑是。今督抚色厉中干，诸少年意气盛壮，而新用事者，其葸畏又过大耋旧臣，虽属以一道，弗能任。《传》曰：负且乘，盗之招也。纵满洲政府能弃，若无收者何？夫提挈方夏在新圣，不沾沾可以偷取。鉴言之莠，而删是篇。⑱

都章太炎过去曾上书李鸿章，还受张之洞之邀前往武昌，对汉族地主阶级有幻想。然而，自立军的失败，唐才常的被逮，都使他感到："今督抚色厉中干，诸少年意气盛壮，而新用事者，其葸畏又过大耋旧臣，虽属以一道，弗能任。"从而"匡"过去"怀借权之谋"之"谬"，"匡"过去对地方督抚"偷取"之"谬"。纵或能"保安全壤，仍与曾、胡之徒同符共轨"，不能对之有任何不切实际的幻想。

"割辫"是章太炎投身革命的开始，"匡谬"是他和"革政"决绝的表白。他在政治上和"尊清者"决绝，在经学思想上也再不妥协，开始运用古文经学诋击今文经说了。

注 释：

① 按，《亚东时报》创刊于 1898 年 6 月 25 日，而唐才常诗文始刊该报则为第 5 期（1899 年 1 月 31 日出版），这时他尚未来沪。参以《上江标师书》和《致程济书》，唐才常主编该刊，应为第 6 期（1899 年 5 月 4 日出版）起。所撰诗文的署名有"天游居士""拙拙"和"尚蔚蓝"等。

② 章太炎在《亚东时报》发表的文章，有《游西京记》（第 17 号）、《今古文辨义》（第 18 号）。

③《正气会序》，见《亚东时报》第 17 号，见《唐才常集》，中华书局 1980 年版，第 197—198 页。

④ 关于"国会"召开的情况及章太炎的反对，将于下节述及。

⑤《清国戊戌政变卜亡命政客渡来件》，见《日本外交文书》第 31 卷第 1 册，第 703—704 页。

⑥ 同上书，第 98 页。

⑦ 唐才质：《自立会庚子革命记》，见《自立会史料集》，岳麓书社 1983 年版，第 67 页。

⑧ 支那黄中黄（章士钊）：《沈荩》。

⑨ 唐才常：《清四品京堂湖南学政江君传》，见《唐才常集》，第 197 页。

⑩ 吴相湘：《孙逸仙先生传》。

⑪ 自立会领导人之一林圭，曾随毕永年联络哥老会，他在《致孙中山代表容星桥书》中说："满事未变以前，中峰主于外，既变而后，安兄鼓于内。考其鼓内之始，安兄会中峰于东而定议。平山周游内至汉会弟。乃二人同入湘至衡，由衡返汉。其中入湘三度，乃得与群兄定约，既约之后，赴港成一大团聚。""中峰"，指孙中山；"安兄"，指毕永年。谈到"安兄会中峰

而定议"和三会联合的"大团聚",可见孙中山与自立会的关系。见《自立会史料集》,第 322 页。

⑫ 孙中山:《离横滨前的谈话》,见《孙中山全集》第 1 卷,中华书局 1981 年版,第 188—189 页。

⑬ 冯自由:《革命逸史》初集《沈云翔事略》,中华书局 1981 年版,第 81 页。

⑭ 支那黄中黄:《沈荩》。

⑮ 赵必振:《自立会纪史料》,见《自立会史料集》,第 35 页。

⑯ 日本外务省档案《各国内政关系(支那)革命党》,福冈县知事报告,高秘 831 号,外务省机受第 7132 号。

⑰ 同上书,高秘 848 号,外务省机受第 5933 号。

⑱ 据林圭之兄林绍先所辑《自立会人物考》,史坚如也列名其内,见《湖南历史资料》1958 年第 3 期。又据傅慈祥之子傅光培回忆:"史坚如是孙中山派到汉口起义军联络会党的代表……后发觉全党指挥不灵,史无法,只得返回广东。"

⑲ 康有为:《致各埠保皇会书》(1899 年),原件,上海市文物保馆委员会藏。

⑳ 梁启超:《致南海夫子大人书》,光绪二十六年三月十三日(1900 年 4 月 12 日),见《梁任公先生年谱长编初稿》"光绪二十六年庚子",世界书局 1959 年版,第 116 页。下引梁启超书札同。

㉑ 同上。

㉒ 梁启超:《致唐才常等书》,光绪二十六年三月二十一日(1900 年 4 月 20 日),见《梁任公先生年谱长编初稿》,第 119 页。

㉓ 康有为:《托英公使交李鸿章代递折》,见《知新报》第 133 册,光

绪二十六年十二月初一日（1901 年 1 月 20 日）出版；又见《康有为政论集》，中华书局 1981 年版，第 454 页。

㉔ 梁启超：《致孙中山书》，光绪二十六年三月二十九日（1900 年 4 月 28 日），见《梁任公先生年谱长编初稿》，第 140 页。

㉕ 梁启超：《致狄楚青书》，光绪二十六年五月初十日（1900 年 6 月 6 日）。同上书，第 132 页。

㉖ 孙中山：《与斯韦顿汉等的谈话》，见《孙中山全集》第 1 卷，第 195 页。

㉗ 康有为：《驳后党张之洞、于荫霖伪示》，见《康有为政论集》，第 446 页。

㉘ 唐才质：《自立会庚子革命记》，见《自立会史料集》，第 64 页。

㉙ 傅光培：《缅怀先父傅慈祥》，《湖北文史资料》第 2 辑，湖北人民出版社 1981 版。

㉚ 章太炎：《庚子拳变与粤督书》，《甲寅》第 1 卷第 42 号，第 42 页，见《章太炎政论选集》，中华书局 1977 年版，第 145—147 页。

㉛ "国会"开会时间、地点，冯自由《中华民国开国前革命史》上册《正气会及自立会》、张篁溪《自立会始末记》均谓"六月间"，"开国会张园"，并误。孙宝瑄《日益斋日记》作"七月初一"，"开大会于愚园之南新厅"。日本《井人雅二日记》7 月 26 日（七月初一日）亦谓："愚园开会之来集者五十二名。"则第一次会开于"七月初一日"，开于上海愚园，可为定谳。第二次会，开于"7 月 29 日"，即"七月初四日"，亦于愚园开会，到者六十余人，孙宝瑄、井上所记同。又，《井人雅二日记》记自立军甚详，井上与唐才常亦交密。今《日记》原件藏于日本东京大学明治文库。

㉜ 章太炎的"割辫与绝"，应为"七月初四日"之第二次会，《井上雅二日记》记，开会时"大多数之宗旨"为"尊光绪帝，不认端王、刚毅，不

讲明新政府而谋实施之"，并言章太炎之"不允满人之入会"，"救出光绪帝为平民"云云。

㉝ 朱希祖：《本师章太炎先生口授少年事迹笔记》，见《制言》第 25 期。

㉞ 章太炎：《沈荩序》，见《沈荩》卷首，共和两千七百四十四年（1903年）铅字排印本；《太炎先生自定年谱》亦云："因断发以示决绝。"

㉟ 章太炎：《游西京记》，见《亚东时报》第 17 号，光绪二十五年十月十八日（1899 年 11 月 20 日）出版。

㊱ 朱希祖：《本师章太炎先生口授少年事迹笔记》，见《制言》第 25 期。

㊲ 冯自由：《中华民国开国前革命史》第 14 章《壬寅支那亡国纪念会》，又见《革命逸史》第 2 集，中华书局 1981 年版，第 36 页。

㊳ 冯自由：《革命逸史》第 3 集，中华书局 1981 年版，第 213 页。

㊴ 朱希祖：《本师章太炎先生口授少年事迹笔记》。

㊵ 章太炎：《民国光复》讲演，李希泌笔记，见《章太炎先生讲演录》，章氏国学讲习馆印本。

㊶ 章太炎：《致汪康年书》四，光绪二十五年正月初七日（1899 年 2 月16 日）信中云："东人言及公名，肃然起敬；而谬者或以逸仙并称，则妄矣。"见《汪穰卿先生师友手札》，上海图书馆藏；又见《章太炎政论选集》，第 76 页。

㊷ 章太炎：《致汪康年书》五，光绪二十五年六月十日（1899 年 7 月17 日），同上书，第 92 页。

㊸ 章太炎：《谢本师》，见《民报》第 9 号；又见《章太炎全集·太炎文录补编》，上海人民出版社 2017 年版，第 230 页。

㊹ 见《天南新报》1899 年，《星洲上书记》铅印本。

㊺ 章太炎：《致丘菽园书》，光绪二十六年三月初八日（1900 年 4 月 7日），首云："曩见大著及去年天南各电，已心仪足下为人。顷在唐君绂成丞

所复得遥觌小影，瑰琦纵佚，得未曾见。”手札，丘菽园家属藏。

㊻ 同上。

㊼ 见拙撰：《自立军起义前后的孙、康关系及其他——新加坡丘菽园家藏资料评析》，见《近代史研究》1992 年第 2 期。

㊽ 按，《章程》当时用英文公布，《中国日报》1900 年 9 月 7 日载有译文；又《觉迷要录》卷 4 也有译文，与此略异。

㊾ 据张之洞、于荫霖奏所引。

㊿ 冯自由：《革命逸史》第 2 集，第 87—88 页。

(51)《康有为》，见《苏报》1903 年 6 月 1 日。

(52) 冯自由：《革命逸史》第 2 集，第 55—56 页。

(53) 孙中山：《自传》。

(54) 支那汉族黄中黄（章士钊）：《沈荩》。

(55) 同上。

(56) 章太炎：《客帝论》（眉批），见《章太炎政论选集》，第 90 页。

(57) 章太炎：《客帝匡谬》，同上书，第 90 页。

(58) 章太炎：《分镇匡谬》，同上书，第 107 页。

第四章

投身革命

一 "正仇满""谢本师"

自立军起义失败后，章太炎对改良派鼓吹光绪复辟的言论公开攻击，撰《正仇满论》；俞樾督敕甚厉，责以"不忠不孝"，章太炎"谢本师"而退。

《太炎先生自定年谱》"光绪二十七年辛丑"条记："才常既败，余归乡里度岁。正月朔日，友人庐江吴保初君遂遣力急赴余宅曰：'踪迹者且至矣，亟行。'余避之僧寺，十日，知无事，复出上海。"到了上海，住吴君遂家，宋恕"及诸友皆相见慰问"，宋恕笑曰："君以一儒生，欲覆满洲三百年帝业，云何不量力至此，得非明室遗老魂魄凭生耶？"

这时，康有为坚持改良，主张光绪复辟，在海外活动。梁启超在其主编的《清议报》上，陆续发表《戊戌政变记》《光绪圣德记》和其他反对慈禧、荣禄，拥护光绪的言论。《清议报》第七十七册至八十四册，又发表了《积弱溯源论》，说是中国"积弱""分因之重大者，在那拉一人"，而"今上皇帝（光绪）"则"忘身舍位，毅然为中国开数千年未来之民权，非徒为民权，抑亦为国权也"。实际是企图从慈禧、荣禄等顽固派手中夺取政权，拥护光绪复辟。显然他的这种主张是与革命不相符的。章太炎看到后，立予驳斥，认为"梁子迫于忠爱之念，不及择音，而忘理势之所趋，其说之偏宕也，亦甚矣"。撰《正仇满论》①，发表在 1901 年 8 月 10 日留日学生在东京办的《国民报》上。

首先，他指出清朝封建专制统治的腐朽、革命的不得不行，说：

夫今之人人切齿于满洲，而思顺天以革命者，非仇视之谓也。屠剑之惨，焚掠之酷，钳束之工，聚敛之巧，往事已矣。其可以仇视者，亦姑一切置之。而就观今日之满人，则固制汉不足，亡汉有余，载其呰窳，无一事不足以丧吾大陆……然则所谓溺职者，与所谓杀人行劫者，其今之满人非耶？虽无入关以来屠剑、焚掠、钳束、聚敛之事，而革命固不得不行，奈何徒以仇视之见，狭小汉人乎？

其次，他指出梁启超等认为光绪复辟后，中国即可"转弱为强"，实际是一种幻想。

夫其所谓圣明之主者，果能定国是、厚民生、修内政、御外侮，如梁子私意所料者耶？彼自乙未以后，长虑却顾，坐席不暖者，独太后之废置我耳。殷忧内结，智计外发，知非变法，无以交通外人，得其欢心；非交通外人，得其欢心，

无以挟持重势，而排沮太后之权力。故戊戌百日之新政，足
以书于盘盂，勒于钟鼎。其迹则公，而其心则祇以保吾权
位也。

章太炎指出康、梁不能"隐爱"于光绪皇帝一人。"今其所谓
圣明之主者，其聪明文思，果有以愈于尧耶？其雄杰独断，果有以
侪于俄之大彼得者耶？由是言之，彼其为私，则不能变法矣；彼其
为公，则亦不能变法矣。进退无所处，而犹隐爱于此一人，何也？"
处于今日，非推翻清朝政府不可，非革命不可，"然则满洲弗逐，而
欲士之争自濯磨，民之敌忾效死，以期至乎独立不羁之域，此必不
可得之数也。浸微浸衰，亦终为欧、美之奴隶而已矣"。

最后，他又指出梁启超所谓建立民主立宪政体，实际是害怕
革命、反对革命。"梁子所悲痛者，革命耳；所悲痛于革命，而思
以建立宪法易之者，为其圣明之主耳。"要君主立宪，则"必有国
会议院"，"而是二者皆起于民权"，"方今霾曀屯否之世，顾所谓
民权者安在乎"？所以"立宪"是行不通的，梁启超"迫于忠爱
而忘理势之所趣"，也只是自欺欺人而已。

《正仇满论》是对资产阶级政治改革主张进行批驳的第一篇文
章，可视为中国近代史上革命与改良论争的最早一篇历史文献。

如果说，"割辫"是章太炎表示和"尊清者"判离的标识，那
么《正仇满论》可说是章太炎公开对改良派宣战的嚆矢。

《国民报》发表《正仇满论》时，文后有该报编者注曰：

> 右稿为内地某君寄来，先以驳斥一人之言，与本报成例，
> 微有不合，原拟不登。继观撰者持论至公，悉中于理，且并

非驳击梁君一人，所关亦极大矣。急付梨枣，以饷国民，使大义晓然于天下，还以质之梁君可也。本社附志。

旋辑入《国民报汇编》和《黄帝魂》，其后章太炎《驳康有为论革命书》，曾多处引录此文。

※　　　※　　　※

1901 年，章太炎由吴君遂介绍，到苏州东吴大学任教，据包天笑《钏影楼丛话》谓："太炎为苏州东吴大学掌教习，居于螺蛳桥头一小屋。太炎朝出暮归，在讲堂中上下古今，萃精聚神，于是归时往往忘却己门，走入邻家，而太炎不觉也。"[②]冯自由说，章太炎在东吴"掌教将一载，时以种族大义训迪诸生，收效甚巨。有一次所出论文题目为《李自成胡林翼论》，闻者咸以为异。事闻于苏抚恩铭，乃派员谒该校西人校长，谓有乱党章某借该校煽惑学生作乱，要求许予逮捕。章闻警，即再避地日本"[③]。查章太炎潜心学术，不辨归途，系事实，在苏州大学为清朝统治者所注意，也有其事，朱希祖《本师章太炎先生口授少年事迹笔记》说："在苏州东吴大学任教员，以避其锋……冬，恩铭为江苏巡抚，问教士：'汝校有章某否？此人因讲革命，故须问之。'余时因年假回杭州，教士急遣使杭州通知。"

这时，章太炎的业师俞樾寓居苏州，他前往谒见，俞樾突然责以"不忠不孝"，问："闻而（尔）游台湾，尔好隐，不事科举，好隐则为梁鸿、韩康可也。今入异域，背父母陵墓，不孝；讼言索虏之祸毒敷诸夏，与人书指斥乘舆，不忠。不孝不忠，非人类也，小子鸣鼓而攻之可也。"俞樾"为人岂弟"，章太炎跟随他受学八年，也很"相得"，为什么这次异乎寻常的"辞气陵厉"如此之甚呢？俞樾"既治经，又素博览"，难道"戎狄豺狼之说"却不知道？或者是因为曾在清政府任职过的缘故吧④，章太炎说：

> 盖先生与人交，辞气陵厉，未有如此甚者。先生既治经，又素博览，戎狄豺狼之说，岂其未喻，而以唇舌卫捍之？将以尝仕索虏，食其廪禄耶？昔戴君与全绍衣并污伪命，先生亦授职为伪编修。非其土子民之吏，不为谋主，与全、戴同。何恩于虏，而恳恳蔽遮其恶？如先生之棣通故训，不改全、戴所操以诲承学，虽扬雄、孔颖达何以加焉？⑤

扬雄在王莽统治时，校书天禄阁，官为大夫。孔颖达在隋大业（605—616 年）初，进为"明经"，授河内郡博士，后在唐代任职。他们都是著名学者，但在篡汉的王莽、短暂的隋代任职。俞樾毕竟在清朝做过官，"食其廪禄"，无怪"辞气陵厉"如此之甚。章太炎在政治上没有对俞樾作任何妥协，他撰《谢本师》以明志，宣布和俞樾脱离师生关系，表明他坚持革命的决心。

《正仇满论》，是章太炎对改良派论争的最早公开论文，《谢本师》是章太炎公开挣脱封建礼制的束缚。从此，决心革命，矢志"排满"。

二　东渡流亡

　　1902 年 2 月（正月），章太炎再次被追捕，于 2 月 22 日（正月十五日）乘轮东渡，28 日（二十一日），至横滨，暂寓新民丛报社。章太炎见到梁启超，感到梁启超"宗旨较前大异，学识日进，头头是道。总之以适宜当时社会与否为是非之准的"⑥。章太炎在日本见到孙中山，他说：

　　　　壬寅春天，来到日本，见着中山，那时留学诸公，在中山那边往来，可称志同道合的，不过一二个人。其余偶然来往的，总是觉得中山奇怪，要来看看古董，并没有热心救汉的心思。⑦

　　他起初认为梁启超"专以昌明文化自任，中山则急欲发难"，"中山欲以革命之名招之，必不可致"，从而因其"交嫌"，欲为"调和"⑧，接着，偕秦力山往谒孙中山，自称"时中山之名已盛，其寓处在横滨，余辈常自东京至横滨，中山亦常由横滨至东京，互相往来，革命之机渐熟"⑨，"逸仙导余入中和堂，奏军乐，延义从百余人会饮，酬酢极欢。自是始定交"⑩。在孙中山的启发下，他们共同商讨"开国的典章制度"和中国的土地赋税以至建都问题，《訄书》重印本的《相宅》和《定版籍》中，就记载了他俩当时的讨论情况。

章太炎还在孙中山的赞助下，准备在东京举行"支那亡国二百四十二年纪念会"，反对清朝的反动统治。当在东京为日本军警阻止，改在横滨补行纪念会时，章太炎宣读纪念辞，略谓：

> 自永历建元，穷于辛丑，明祚既移，则炎黄姬汉之邦族，亦因以澌灭，迥望皋渎，云物如故。惟兹元首，不知谁氏……哀我汉民，宜台宜隶，鞭棰之不免，而欲参与政权；小丑之不制，而期捍御皙族，不其恧乎？……是用昭告于穆，类聚同气，雪涕来会，以志亡国。凡为君子，婵媛相属，同兹恫瘝……庶几陆沉之祸，不远而复，王道清夷，咸及无外。然则休戚之薮，悲欣之府，其在是矣。庄生云：旧国旧都，望之畅然。虽丘陵草木之缗，入之者十九，犹之畅然，况见见闻闻者乎？

纪念辞系章太炎手笔，文中有着深厚的大汉族主义思想，但文字沉痛，在当时起了重要影响。

关于纪念会情况，冯自由有详细记录：

> 壬寅三月，章太炎等为鼓吹种族革命，振起历史观念起见，发起支那亡国二百四十二年纪念会于东京。署名发起者，有章炳麟、秦鼎彝、冯自由、朱菱溪、马同（按：应为马和）、周宏业、王家驹、陈桃痴、李群（按：应为李穆）等十人，由章氏手撰宣言书……并征求孙中山、梁启超二人同意。孙、梁均复书愿署名为赞成人，惟梁则另函要求勿将其名公布。

是会定期是年三月十九明崇祯帝殉国忌日，在上野精养轩举行纪念式，留学生报名赴会者达数百人，学界为之震动。

清公使蔡钧闻留学生有此举动，极形恐慌，乃亲访日外务省，要求将此会解散，以全清、日两国交谊。日政府徇其请，特令警视总监制止章等开会，故署名发起之十人，于开会前一日，各接到牛込区警察署通知书，谓有要事待商，请于是日某时往该署一谈。章等届时偕行，既至神乐阪警署。警长首问章等为清国何省人，章答曰："余等皆支那人，非清国人。"警长大讶。继问属何阶级，士族乎？抑平民乎？章答曰："遗民。"警长摇首者再，于是发言曰："诸君近在此创设支那亡国纪念会，大伤帝国与清国之邦交，余奉东京警视总监命，制止君等开会，明日精养轩之会著即停止"云云。章等以争之无益，无言而退。

及期，上野精养轩门前有无数日警监视，并禁止中国人开会，惟留学界多未知开会被阻事。是日不约而赴会者，有程家柽等数百人，均被日警劝告而散。孙中山亦自横滨带领华侨十余人来会，乃询知情事，乃在精养轩聚餐，以避日警耳目。是日归抵横滨，即召集同志多人在永乐楼补行纪念式。香港《中国日报》得宣言书，即登载报端，以期普遍。及期，陈少白、郑贯公等举行纪念式于永乐街报社，同志到者极形踊跃，香港及广州、澳门各地人士闻之，颇为感奋云。⑪

冯自由又记"横滨补行纪念式"事说：

是日下午，太炎及秦力山、朱菱溪、冯自由四人应约莅会，同举行纪念式于永乐酒楼，横滨会员列席者六十余人。总理主席，太炎宣读纪念辞。是晚，兴中会仍在此楼公宴太炎等，凡八九桌，异常欢洽。总理倡言各敬章先生一杯，凡七十余杯殆尽，太炎是夕竟醉不能归东京云。永乐酒楼系人和洋服店主人陈植云所开设，陈亦兴中会员也。⑫

根据上述，可知"支那亡国二百四十二年纪念会"是章太炎发起，序文系其手撰，事先曾得到孙中山的支持，也征得梁启超的同意，但梁启超"要求勿将其名公布"。定于 3 月 19 日在东京上野精养轩举行纪念式。清驻日使馆和日本警察署勾结，对纪念会进行破坏，乃在横滨永乐酒楼补行纪念式，由孙中山主席，章太炎"宣读纪念辞"，孙中山且"倡言各敬章先生一杯"。

这年，章、孙"定交"，关系密切。直到十年以后，龃龉渐深，章太炎仍追怀往事，不胜缱绻。"同盟之好，未之敢忘。……昔在对阳（日本对阳饼），相知最夙。秦力山所以诏我者，其敢弃捐"⑬。

※　　　※　　　※

章太炎在义和团运动发生和自立军失败的影响下，政治上由改良转入革命，学术思想上也有很大转变。

章太炎过去从俞樾学习，信奉的是古文经学，古文经学是以"六经皆史"，以孔子为"史学宗主"的。章太炎这时在手校本《訄书》中，增加了《尊史》《征七略》《焚书》《哀清史》等论史的文编；到 1902 年，基本上形成一套史学理论，并"有修《中国通史》

之志"。7月（六月），他在写给梁启超的信中说：

> 酷暑无事，日读各种社会学书，平日有修《中国通史》
> 之志，至此新旧材料，融合无间，兴会勃发……窃以今日作
> 史，若专为一代，非独难发新理，而事实亦无由详细调查。
> 惟通史上下千古，不必以褒贬人物、胪叙事状为贵，所重专
> 在典志，则心理、社会、宗教诸学，一切可以熔铸入之。典
> 志有新理新说，自与《通考》《会要》等书，徒为八面锋策论
> 者异趣，亦不至如渔仲《通志》蹈专己武断之弊。然所贵乎
> 通史者，固有二方面：一方以发明社会政治进化衰微之原理
> 为主，则于典志见之；一方以鼓舞民气、启导方来为主，则
> 亦必于纪传见之。四千年中帝王数百，师相数千，即取其彰
> 彰在人耳目者，已不可更仆数。通史自有体裁，岂容为人人
> 开明履历。故于君相文儒之属，悉为作表，其纪传则但取利
> 害关系有影响于今日社会者为撰数篇。犹有历代社会各项要
> 件，苦难贯串，则取机仲《纪事本末》例为之作记。全书拟
> 为百卷，志居其半，表、记、纪、传亦居其半。盖欲分析事
> 类，各详原理，则不能仅分时代，函胡综叙，而志为必要矣；
> 欲开浚民智，激扬士气，则亦不能如渔仲之略于事状，而纪
> 传亦为必要矣。[14]

不久（7月29日），他写信给吴君遂，也言修史事：

> 史事将举，姑先寻理旧籍，仰梁以思，所得渐多。太史
> 知社会之文明，而于庙堂则疏；孟坚、冲远知庙堂之制度，

而于社会则隔；全不具者为承祚，徒知记事；悉具者为渔仲，又多武断。此五家者，史之弁旄也，犹有此失。吾侪高掌远跖，宁知无所隙越，然意所储积，则自以为高过五家矣。

修通史者，渔仲以前，梁有吴均，观其诬造《西京杂记》，则通史之芜秽可知也。言古史者，近有马骕，其考证不及乾嘉诸公，而识断亦伧陋，惟愈于苏辙耳。前史既难当意，读刘子骏语，乃知今世求史，固当于道家求之。管、庄、韩三子，皆深识进化之理，是乃所谓良史者也。因是求之，则达于廓氏、斯氏、葛氏之说，庶几不远矣。⑮

这两封信，都写于1902年7月，比较全面地反映了章太炎当时的史学观点。信中对过去的旧史学进行批判，认为"作为史之弁旄"的司马迁、班固、孔颖达、陈寿、郑樵所撰各书都有缺陷。至于清代马骕的《绎史》，"考证不及乾嘉诸公，而识断亦伧陋"。感到"前史既难当意"，"乃知今世求史，固当于道家求之"。他的治史主旨在上引致梁启超书中有所说明："所贵乎通史者，固有二方面：一方以发明社会政治进化衰微之原理为主，则于典志见之；一方以鼓舞民气、启导方来为主，则亦必于纪传见之。"他认为历史不是单纯"褒贬人物，胪叙事状"，而应"发明社会政治进化衰微之原理"；历史不是颂古非今，引导人们向后看，而应"鼓舞民气、启导方来"，引导人们向前看。他认为旧的史书不"识进化之理"，马骕《绎史》取材芜杂，不别其伪，所截取的都是远古到秦的史书旧文，杂以论断，裁铸成篇，只是迷恋往古，不能启导方来。那么，章太炎对旧史书的批判，实际是对迷恋往古的旧史观的批判。

值得注意的是，章太炎对旧史书的批判，是在 20 世纪初资产阶级行将掀起之时，是在他和改良派展开斗争而史学界也有一股编写中国通史热潮之时，章太炎和改良派政治上渐告叛离，史学思想上也有殊别。

本来，梁启超在政变后逃亡日本，浏览西学东籍，以为历史是"普通学中之最要者"，鉴于"中国史至今迄无佳本"，"欲著中国史"。1901 年，梁启超在《清议报》上发表《积弱溯源论》作为"中国近十年史论"⑯，把清朝历史分为"顺治、康熙""乾隆""咸丰、同治""最近"四个时期，把中国"积弱"原因之重大者归之慈禧，实际是企图从慈禧、荣禄等顽固派手中夺取政权，拥护光绪复辟，进而反对革命。

接着，梁启超刊布《灭国新法论》，把达尔文进化论重新推衍，"凡人之在世间，必争自存，争自存则有优劣，有优劣则有胜败，劣而败者，其权利必为优而胜者所吞并，是即灭国之理也"⑰。以"积弱""灭国""优胜劣败"危言耸听，作为"飓风"震荡之后，"新史学"统绪露布，《中国史叙论》发表了。说是新史学和旧史学不同，新史学不是写"一人一家之谱牒"，而"必探察人间全体之运动进步，即国民全部之经历及其相互之关系"⑱。他看到"西人之著世界史，常分为上世史、中世史、近世史等名"，不是"以一朝为一史"，从而把中国历史分为三个时期：自黄帝至秦统一"为中国之中国"，是"上世史"；自秦至清乾隆末，"为亚洲之中国"，是"中世史"；自乾隆末"以至今日"，"为世界之中国"，是"近世史"。打破朝代界限，探索运动进化。这年，梁启超又发表《新史学》，批判旧史学"陈陈相因"，强调历史要"叙述人群进化之现象，而求得其公理公例"⑱，可见他的历史观建筑在进化论上。

这种进化论，承认量变而忽视质变，主张渐变而不愿承认剧烈的变革。梁启超的"嬗代兴起"，进化到怎样的社会呢？他不是分中国历史为上世、中世、近世三个阶段吗？他说的近世史又是怎样呢？"君主专制政制渐就湮灭，而数千之未经发达之国民立宪政体，将嬗代兴起之时代也。"（《中国史叙论》）他要"进"的还是"国民立宪政体"，他的"进化"，也只是"嬗代兴起"。他在《新史学》中所说的"今务"和"理想"，也还是改良主义的政治实践；他的历史进化论，也只能是庸俗进化论，比起封建史学似有新意，但在革命高潮即将掀起之时，却每易淆惑视听。

章太炎 20 世纪初的史学思想，正是在这样的情况下、在和改良派的斗争中发展起来的。他对梁启超的"积弱溯源"表示不满，一针见血地指出："梁子所悲痛者，革命耳；所悲痛于革命，而思以建立宪法易之者，为其圣明之主耳。"⑲这篇文章，恰恰发表在《中国史叙论》前一个月。梁启超是应该看到了的，但他仍想"国民立宪政体将嬗代兴起"，章、梁之间，政治观点上有分歧，史学主张也随之不同。

章太炎反复阅读西方资产阶级哲学、社会学方面的书籍，自己还翻译了日本岸本能武太的《社会学》，认为他能"不凝滞于物质，穷极往逝，而将有所见于方来"⑳，注视到"方来"。上面谈到，他曾专门致书梁启超，讨论写史宗旨，准备写出百卷本的通史。从形式上看，他承认典志纪传的旧史体，不像梁启超所分"上古""中世""近世"那样新颖；但从内容来看，却与之迥异。第一，梁启超"探索运动"的"今务"，是进化到"国民立宪政体"，而章太炎的"方来"，则欲"开浚民智，激扬士气"。前者是政治改革，后者则是宣传革命。第二，梁启超"探索运动"的结果是"嬗代兴起"，只是渐变；章太炎则除发明"社会政治进化衰微之原理"外，还要"鼓舞民气，启导方来"，在所拟《中国通史目录》的"记"中，既有《革命记》《光复记》，"考纪"中也有《洪秀全考纪》，是承认剧烈的变革的。第三，章太炎虽承袭表、志、纪、传等旧史体裁，但他对"前史"并不"当意"，上揭《致吴君遂书》就对司马迁、班固、孔颖达、陈寿、郑樵都有褒贬。他没有迷恋古籍，不是颂古非今，而是引导人们向前看的。

过去，章太炎曾与康、梁共事，在他政治上同情维新变法的时候，自己论著中还掺有某些今文经说，尽管他是研究古文经学的。现在却对康有为等借今文经学以论政的"治史"发生怀疑，进行批判了。说："三统迭起，不能如循环；三世渐进，不能如推毂。"②章太炎认为主观主义的研究方法，"微言以致诬，玄议以成惑"，给治史带来很大的危害。他认为"治史尽于自征"，应该实事求是。康、梁那样傅丽臆测，"穿凿无验"，好比"空穴来风"，不足为训。章太炎对康、梁"嬗代兴起"的改良思想既示反抗，对他们的"渐进"史观也持批判。

应该说，在封建主义笼罩下，康有为等"托古改制"，抵制"世愈古而治愈盛"的退化论，宣扬乱世、升平、太平的"三世"说，在当时的历史条件下，是有振聋发聩的作用的。但时代在前进，一旦革命运动发展，"嬗代兴起"的渐进说，也就成为历史的障碍。从章太炎和梁启超对"治史"的讨论和"分合"，可知20世纪初，资产阶级革命派和改良派都在找寻"学理"，学习西方，充实自己，"镕铸新史"，学术上的理论差异，也总是政治立场某种分野的表露。

然而，章太炎汲取了西方资产阶级学说，要重修"启导方来"的通史，他对清代以考据著称的王鸣盛、钱大昕的"昧其本干，攻其条末"，还加批判，是难能可贵的。但仍"觉定宇、东原，真我师表"；"试作通史，然后知戴氏之学，弥仑万有"。对乾嘉汉学吴、皖两派的主要代表惠栋、戴震倍加推崇，特别是对戴震。他说："上世草昧，中古帝王之行事，存于传记者已寡，惟文字语言间留其痕迹，此与地中僵石为无形之二种大史。"㉓戴震精于文字音韵，对文字语言间留其痕迹的无形大史，每能"寻审语根"；而章太炎则早年跟随俞樾埋头"稽古之学"。俞樾是与戴震、王念孙、王引之等一脉相承的古文经学"大师"，章太炎闻其余绪，学益缜密，遂觉"真我师表"。等到此后资产阶级革命高潮掀起，章太炎也就提倡古文，反对今文，为其"排满"革命服务。他的史学思想也是如此。

三　"删革"《訄书》

章太炎由改良步入革命，在学术思想上对"旧史"也多批判，对自撰《訄书》也"意多不称"。1902 年 6 月章太炎从日本返国后，又在 1900 年《訄书》"手校本"的基础上对其重行"删革"，是年《太炎先生自定年谱》称："余始著《訄书》，意多不称。自日本归，里居多暇，复为删革传于世。"这就是 1904 年在日本东京翔鸾社铅字排印的"重印本"。

查《訄书》原刻本于"己亥冬日"付梓，即 1900 年出书。同年，唐才常起事后手校《訄书》，颇多修改。本年 2 月 22 日，章太炎乘轮东渡，在日本举行"支那亡国二百四十二年纪念会"。7 月返国，章太炎为上海广智书局"藻饰译文"，曾译述日本岸本能武太的《社会学》一书，"旋返乡里"，又在 1900 年《訄书》手校本的基础上重行"删革"，即重印本。

《訄书》重印本虽在 1904 年付梓，但其叙目署"共和二千七百四十一年"，即 1900 年，说明它是在 1900 年"手校"的基础上"删革"的。重印本扉页的章太炎相片后，说是章氏被逮，《訄书》改订本已于前数月脱稿"。章太炎于 1903 年 6 月因"苏报案"入狱，这里说他"前数月脱稿"，知《自定年谱》所称 1902 年"删革传于世"是可信的。钱玄同《刘申叔先生遗书序》也说："癸卯，为章公入狱之年……时章公之《訄书》之改本将出版矣。"也以《訄书》改本订成于"癸卯"（1903 年）前。

餘杭章太炎先生

MR. CHONG TAI YIM YE HONG, CHINA.

《訄书》重印本卷首章太炎像

"删革"后的《訄书》，计收"前录"《客帝匡谬》《分镇匡谬》两篇，另《原学》到《解辫发》六十三篇，共六十五篇。

今将《訄书》原刻本、手校本、重印本篇目列为表 4-1 如下：

表 4-1　《訄书》原刻本、手校本及重印本篇目对照表

序号	版本及篇目			最初发表的报刊
	原刻本	手校本	重印本	
1	《尊荀》第一			
2	《儒墨》第二	《儒墨》第三	《儒墨》第三	《实学报》第三、四册
3	《儒道》第三	《儒道》第四	《儒道》第四	《实学报》第二册
4	《儒法》第四	《儒法》第五	《儒法》第五	《实学报》第三册
5	《儒侠》第五	《儒侠》第六	《儒侠》第六，附《上武论征张良事》	《实学报》第四册
6	《儒兵》第六	《儒兵》第七	《儒兵》第七	《实学报》第二册
7	《公言上》第七			
8	《公言中》第八	《公言》第二十三	《公言》第二十七	
9	《公言下》第九			
10	《天论》第十			
11	《原人》第十一	《原人》第十四	《原人》第十六	
12	《民数》第十二	《民数》第十八	《民数》第二十一	《译书公会报》第八册
13	《原变》第十三	《原变》第十七	《原变》第十九	
14	《冥契》第十四	《冥契》第二十四	《冥契》第三十	
15	《封禅》第十五	《封禅》第十九	《封禅》第二十二	
16	《河图》第十六	《河图》第二十	《河图》第二十三	
17	《干蛊》第十七	《原教下》第〇〇〇	《原教下》第四十八	
18	《订实知》第十八	《订实知》第十四	《订实知》第十四	
19	《平等难》第十九	《平等难》第二十五	《平等难》第二十八	《经世报》第二册
20	《族制》第二十	《族制》第〇〇〇	《族制》第二十（附《许由即咎繇说》）	
21	《喻侈靡》第二十一			《经世报》第三册
22	《订文》第二十二	《订文》第二十二（附《正名略例》）	《订文》第二十五（附《正名杂义》）	《新民丛报》第五、九、十五期
23	《明群》第二十三	《明群》第〇〇〇		
24	《明独》第二十四	《明独》第二十六	《明独》第二十九	
25	《播种》第二十五			
26	《东方盛衰》第二十六			《经世报》第四册

序号	版本及篇目			最初发表的报刊
	原刻本	手校本	重印本	
27	《蒙古盛衰》第二十七			《昌言报》第九册
28	《东鉴》第二十八	《东鉴》第〇〇〇		
29	《客帝》第二十九	附《客帝》，另页	前录《客帝匡谬》	《台湾日日新报》一八九九年三月十二日；《清议报》第十五册
30		《官统上》第二十九	《官统上》第三十二	
31	《官统》第三十	《官统中》第三十 《官统下》第三十一	《官统中》第三十三 《官统下》第三十四	
32	《分镇》第三十一	《分镇》第三十二	前录《分镇匡谬》	
33	《宅南》第三十二	《宅南》第三十三	《相宅》第五十三	
34	《不加赋难》第三十三	《不加赋难》第三十四	《不加赋难》第三十九	
35	《帝韩》第三十四			
36	《商鞅》第三十五	《商鞅》第三十五	《商鞅》第三十五	
37	《正葛》第三十六	《正葛》第三十六	《正葛》第三十六	
38	《刑官》第三十七	《刑官》第三十七	《刑官》第三十七	
39	《定律》第三十八	《定律》第三十八	《定律》第三十八	
40	《改学》第三十九	《议学》第三十九	《议学》第四十六	
41	《弭兵难》第四十	《弭兵难》第四十	《弭兵难》第四十四	
42	《经武》第四十一	《经武》第四十一	《经武》第四十五	
43	《争教》第四十二	《争教》第四十四	《争教》第四十九	
44	《忧教》第四十三	《忧教》第四十五	《忧教》第五十	
45	《明农》第四十四	《明农》第四十七	《明农》第四十	
46	《制币》第四十五		《制币》第四十三	
47	《禁烟草》第四十六	《禁烟草》第四十八	《禁烟草》第四十一	
48	《鬻庙》第四十七			
49	《杂说》第四十八	《杂说》第五十四	《杂志》第六十	
50	《独圣上》第四十九	《述谶》第十五	《通谶》第十五	
51	《独圣下》第五十			
52	《辨氏》（补佚）	《序种姓下》第十六	《序种姓下》第十八	

续 表

序号	版本及篇目			最初发表的报刊
	原刻本	手校本	重印本	
53	《学隐》（补佚）	《学隐》第十三	《学隐》第十三	
54		《原学》第一	《原学》第一	
55		《订孔》第二	《订孔》第二	
56		《学变》第八	《学变》第八	
57		《学蛊》第九	《学蛊》第九	
58		《王学》第十	《王学》第十	
59		《颜学》第十一	《颜学》第十一	
60		《清儒》第十二	《清儒》第十二	
61		《序种姓上》第十五	《序种姓上》第十七	
62		《方言》第二十一	《方言》第二十四	
63		《字谶》第二十七		
64		《通法》第二十八	《通法》第三十一	
65		《述图》第四十二	《述图》第二十六	
66		《原教上》第四十三	《原教上》第四十七	
67		《礼俗》第四十六	《订礼俗》第五十一	
68		《消极》第四十九	《消极》第五十五	
69		《尊史》第五十	《尊史》第五十六	
70		《征七略》第五十一	《征七略》第五十七	
71		《焚书》第五十二	《哀焚书》第五十八	
72		《哀清史》第五十三（附《中国通史略例》）	《哀清史》第五十九（附《中国通史略例》）	
73		《别录一》第五十五	《别录甲》第六十一（杨、颜、钱）	
74		《别录二》第五十六	《别录乙》第六十二（许、二魏、汤、李）	
75		《解辫发》第五十七	《解辫发》第六十三	
76			《定版籍》第四十二	
77			《辨乐》第五十二	
78			《地治》第五十四	

"删革"后的重印本《訄书》，和原刻本大不一样，较手校本又有进展。如上所述，义和团运动以后，章太炎思想发生变化，从而手校《訄书》，进行"匡谬"。1901 年，他又在苏州东吴大学宣传革命，和"本师"俞樾公开决裂；在东京《国民报》上发表《正仇满论》。他几次遭到追捕，革命之志终未屈挠。1902 年，在孙中山支持下，参加了"支那亡国二百四十二周年纪念会"的实际斗争。这两年中，章太炎仔细阅读先秦诸子，以为《管子》《韩非子》等书"深识进化之理"；他又认真钻研日本和西方资产阶级哲学、社会学书籍，从中寻找学理。因此，重印本《訄书》是章太炎经历了上述革命实践和浏览中西典籍，经过反复琢磨，进行"删革"的。这样，"删革"后的《訄书》，"熔铸新理"，"推迹古近"，成为资产阶级革命时期的重要作品。

重印本的篇目与手校本大体相同，但删去了《明群》《东鉴》《字谊》三篇，增加了《定版籍》《辨乐》《地治》三篇，又把《宅南》改为《相宅》。《东鉴》称扬沙俄彼得改革、日本明治维新；《明群》也讲"定法""议院"，这些改良论调，重印本删汰了。而增加的《定版籍》和改写的《相宅》，都记载了章太炎和孙中山的问答。《定版籍》：

> 章炳麟谓孙文曰："后王视生民之版，与九州地域广轮之数，而衰赋税，大藏则充……然则定赋者，以露田为质，上之而桑茶之地，果漆絭薪之地，桢干之地，至于鱼池，法当数倍稼矣。独居宅为无訾，穷巷之宅，不当蹊隧者，视露田而弱；当孔道者，鱼池勿如则为差品，以是率之，赋税所获，

视今日孰若？"孙文曰："兼并不塞而言定赋，则治其末已。夫业主与佣耕者之利分，以分利给全赋，不任也。故取于佣耕者，率三而二。古者有言，不为编户一伍之长，而有千室名邑之役。夫贫富斗绝者，革命之媒。虽然，工商贫富之不可均，材也……彼工商废居有巧拙，而欲均贫富者，此天下之大愚也。方土者，自然者也。自然者，非材力。席六幕之余壤，而富斗绝于类丑，故法以均人。后王之法，不躬耕者，无得有露田；场圃、池沼，得与厕养比而从事，人十亩而止，露田者，人二十亩而止矣……夫不稼者，不得有尺寸耕土，故贡彻不设。不劳收受而田自均。"章炳麟曰："善哉！田不均，虽衰定赋税，民不乐其生，终之发难。有帑廥而不足以养民也。"

经过商谈，章太炎拟订了"均田法"："凡土，民有者无得旷。其非岁月所能就者，程以三年，岁输其税什二，视其物色而衰征之"；"凡露田，不亲耕者使鬻之，不雠者鬻诸有司。诸园圃，有薪木而受之祖、父者，虽不亲邑，得有其园圃薪木，无得更买。池沼如露田法，凡寡妻女子当户者，能耕，耕也；不能耕，即鬻。露田无得用人"；"凡草莱，初辟而为露田园池者，多连阡陌，虽不躬耕，得特专利五十年，期尽而鬻之，程以十年"；"凡诸坑冶，非躬能开浚錾采者，其多寡阔狭，得恣有之，不以露田园池为比"。《相宅》也记载了孙中山和章太炎关于今后建都问题的讨论。末为"章炳麟曰：'非常之原，黎民惧之，而新圣作者遂焉。余识党言，量其步武先后，至伊犁止，自武昌始。'"知章氏本年和孙中山"定交"，受其启发。《地治》还对资产阶级君主立宪和民主共和制度进行探讨，为中国未来的行政制度提出设想。

"删革"后的《訄书》，把《客帝匡谬》《分镇匡谬》作为"前录"，置于全书之首，以《原学》第一始，以《解辫发》压卷，表明他叛离改良，矢志革命。全书除"前录"外，大体上可分为四类。

第一，从《原学》第一到《学隐》第十三，共十三篇，择要论述了先秦诸子到近代的学说史，力图"观省社会因其政俗"，对中国古代学术思想发展变化的历史做出说明。

第二，从《订实知》第十四到《冥契》第三十，共十七篇，比较集中地反映了朴素的唯物主义认识论和资产阶级进化论的世界观。他用生存竞争学说解释自然界和人类的发展，还强调"人之相竞也以器"。

第三，从《通法》第三十一到《消极》第五十五，共二十五篇，在论证中国历史经验的基础上，就政治、经济、军事、文化教育等方面，提供了革命胜利后的建设方案，明确指出："吾言变革，布新法，皆为后王立制。"㉔

第四，从《尊史》第五十六到《解辫发》第六十三，共八篇，探讨了编著史书的问题，强调写史要"知古今进化之迹"，要说明"社会政治盛衰藩变之所原"。

"删革"后的《訄书》，有的即使保留了原刻本篇文，但内容已起重大变化。如《制币》，原刻本是以"自有跖无，自无跖有，必先取于有用无用之从革，而至无用者从之如形景，则厚生之大衢也已"为结束的，重印本最后增加一段："然而非革命者犹若不能行也。今之政府侜张为幻于上，铸龙圜者自言十六铢，及以地丁内税，而不当十二铢，以此棼民。故符章刀布之足以明征定保，必俟诸后起者。"径截提出革命，提出"必俟诸后起者"。又如《消极》，原刻本无，手校本列目。将重印本和章氏拟订手校本时的《消极》相校，增加了"今有造酢母者，投以百味，苦草亦酸，芳甘者亦酸。彼清政府犹酢母矣，利政入之，从化而害，害柢之不除，空举利者以妄投擿"一段。他以清政府为"酢母"，认为必定要把这个"害柢"除去，说明他对清政府已不抱幻想。它比1900年手校《訄书》时更加观点鲜明，立论剀切。

《訄书》中《订孔》《学变》等篇，批判了孔子的"虚誉夺实"和儒生的"苟务修古"，在思想界引起了强烈反响，"余杭章氏《訄书》，至以孔子下比刘歆，而孔子遂大失其价值，一时群言，多攻孔子矣"[25]。

"删革"后的《訄书》，认为儒生"苟务修古"，旨在扩大他们的既得利禄，到了近代，"清儒多权谲"[26]"徇俗贱儒""徒睹其污点"；康有为等"世儒"，更"熹言三世以明进化"。章太炎认为"察《公羊》所说，则据乱、升平、太平于一代而已矣。礼俗革变，机器迁讹，诚弗能于一代尽之"[27]，从理论上、历史上对康有为"三世"说痛加鞭斥。

但是，章太炎仍以为"孔氏，古良史也，辅以丘明而次《春秋》，料比百家，若旋机玉斗矣。谈、迁嗣之，后有《七略》。孔子死，名实足以伉者，汉之刘歆"。还是古文学派的看法，当然也有反击利用今文宣扬孔子的康有为等的微意。

章太炎以《春秋》为"古良史"，他这时又拟"试作通史"，那么，他是否受了章学诚"六经皆史"说的影响，他的史学思想是否和章学诚一致呢？于此，还得比较说明。

章太炎曾对清代学派做了系统的探索和总结，写了《清儒》，认为"治经恒以诵法讨论为剂：诵法者，以其义束身而有隆杀；讨诵者，以其事观世，有其隆之，无或杀也"。西汉经学"诵法既陋隘，事不周浃而比次之，是故龃差失实"。东汉则"博其别记，稽其法度，核其名实，论其社会以观世，而'六艺'复返于史"。可是，"乱于魏、晋，及宋、明益荡"。可知他是尊崇东汉古文经学的。

他认为"经说尚朴质，而文辞贵优衍"，而常州今文之学"务为瑰意眇辞以便文士"，"与治朴学者异术"。章太炎是主"朴学"、反"诞妄"的，因而他对清儒的看法是：

> 大氐清世经儒自今文而外，大体与汉儒绝异。不以经术明治乱，故短于风议；不以阴阳断人事，故长于求是。短长虽异，要之皆征其文明。何者？传记通论，阔远难用，固不周于治乱，建议而不雠，夸诬何益？夔鬼、象纬、五行、占卦之术，以宗教蔽六艺，怪妄。孰与断之人道，夷六艺于古史，徒料简事类，不曰吐言为律，则上世社会污隆之迹，犹大略可知。以此综贯，则可以明进化；以此裂分，则可以审因革。故惟惠栋、张惠言诸家，其治《周易》，不能无捃摭阴阳，其他几于屏阁。虽或琐碎识小，庶将远于巫祝者矣。㊳

他对"以经术明治乱""以阴阳明治乱""以阴阳断人事""以宗教蔽六艺"，认为是"夸诬""怪妄"而予反对的，而主张"断之人道，夷六艺于古史"。也就是说，治经不要"诵法讨论"，借经言政，而应实事求是，"六经皆史"。把六经作为古代文献研究，"则上世社会污隆之迹，犹大略可知。以此综贯，则可以明进化；以此裂分，则可以审因革"。

或者说，章太炎的"六经皆史"说是受了章学诚的影响。在《清儒》篇中，他就对章学诚颇多称誉，说："会稽章学诚，为《文史》《校雠》诸通义，以复歆、固之学，其卓约过《史通》。"但章太炎的"夷六艺于古史"，又不完全受章学诚的影响，其中也有异同。

章学诚的"六经皆史"说，是认为古代"未尝有著述之事"，六经只是"先王"政典的历史记录，所谓"六经皆先王之政典也"㉙。六经既是"先王"的"政典"，所以他不是空洞说教，而是"有德有位"的人用以"纲维天下"。孔子"生不得位"，只是"述而不作"。因此，"集古圣之成"的，不是孔子而是周公，而且他们不是为了垂教立言而故意编造，而是"协于天道""切于人事"。六经"未尝离事而言理"，它只是当时典章政教的历史记录。章学诚说："古无经史之分，圣人亦无私自作经，以寓道法之理。六艺皆古史之遗，后人不尽得其渊源，故觉经异于史耳！"㉚以为"六经皆史"，以孔子为"述而不作"，这是章学诚和章太炎的共同点。章学诚认为经书"协于天道""切于人事"，章太炎也主张"断之人道"。

然而，章学诚的"六经皆史"，却又有其"经世"内容。他认为"六经"是"经世政典"，"君子之学术，为能持世而救偏"㉛。所谓"持世"，就是"经世"；所谓"救偏"，则是指当时盛行的汉学、宋学各执一偏。他说：

学博者长于考索，侈其富于山海，岂非道中之实积；而骛于博者，终身敝精劳神以徇之，不思博之何所取也……言义理者，似能思矣，而不知义理虚悬而无薄，则义理亦无当于道矣。此皆知其然而不知所以然也。㉜

章学诚校雠"著作得失"，除"校雠"宋学家"索辞章"而失在"略证实"外，也"校雠"汉学家"尚证实"而失在"薄辞章"；既反对宋学家束缚在程、朱《语录》，也反对汉学家拘泥于"服、郑训诂"，认为"义理入于虚无，考证徒多糟粕"㉝。这两种偏失都是他所深切反对的，他说：

《文史通义》专为著作之林校雠得失。著作本乎学问，而近人所谓学问，则以《尔雅》名物、六书训故，谓足尽经世之大业；虽以周、程义理，韩、欧文辞，不难一唉置之。其稍通方者，则分考订、义理、文辞为三家，而谓各有其所长，不知此皆道中之一事耳。著述纷纷，出奴入主，正坐此也……夫文章以六艺为归，人伦以孔子为极，三尺孺子能言之矣；然学术之未进于古，正坐儒者流误，欲法六师而师孔子耳……故学孔子者，当学孔子之所学，不当学孔子之不得已……以孔子不得已而误谓孔子之本志，则虚尊道德文章，别为一物，大而经纬世宙，细而日用伦常，视为粗迹矣。故知道器合一，方可言学。道器合一之故，必求端于周、孔之分，此实古今学术之要旨，而前人于此言议，或有未尽也。㉞

章学诚在汉学盛行、宋学仍踞堂庙的历史条件下提出"六经皆史"说，并以之反对"汉学""宋学"的偏失，建立道器合一的哲学，提出"六经皆史"的命题，确属难能可贵。同时，也说明汉学、宋学之偏，已为有识之士所诊视，其中"持世而救偏"的"经世"思想，也反映了封建社会"末世"统治阶级的政治危机。

而章太炎呢，对清代汉学却是称颂的，他自己本来也曾跟随朴学家俞樾学习，因为仰慕清代汉学的开创人顾炎武，且更名绛，号太炎，这点就和章学诚有别。

非但如此，章学诚"六经皆史"中的"经世"含义，有"校雠"汉、宋学术之失的内容；而章太炎的"夷六艺于古史"，却又是为了反击今文经学的"三世"进化论，"循环往复"，是为了反击改良派的用孔子经说来鼓吹立宪，曲解历史。

章太炎和康有为都曾利用过今文和古文经学，他们在"经""史"关系上的论争，不是单纯的学术上的论争，也反映了他们政治主张的差异。

注 释:

① 章太炎:《正仇满论》，见《章太炎全集·太炎文录补编》，上海人民出版社 2017 年版，第 222—228 页。

②《朝野新谈》乙编，光华编辑社 1914 年版，第 83 页。

③ 冯自由:《中华民国开国前革命史》第 14 章《壬寅支那亡国纪念会》，革命史编辑社 1928 年版。

④ 俞樾，道光进士。官翰林院编修，河南学政。

⑤ 章太炎：《谢本师》，见《民报》第 9 号；又见《章太炎全集·太炎文录补编》，第 230 页。

⑥ 章太炎：《致吴君遂等书》五，手迹，上海图书馆藏；又见《章太炎全集·书信集》，上海人民出版社 2017 年版，第 114 页。

⑦ 章太炎：《东京留学生欢迎会演说辞》，见《民报》第 6 号；又见《章太炎政论选集》，中华书局 1977 年版，第 269 页。

⑧ 章太炎：《致吴君遂等书》，手迹，上海图书馆藏；又见《章太炎政论选集》，第 162 页。

⑨ 朱希祖：《本师章太炎先生口授少年事迹笔记》。

⑩《太炎先生自定年谱》"光绪二十八年，三十五岁"，见《章太炎全集·太炎文录补编》，第 757 页。

⑪ 冯自由：《中华民国开国前革命史》第 14 章《壬寅支那亡国纪念会》，第 114—117 页。

⑫ 冯自由：《华侨革命开国史》三《日本之部》八《横滨支那亡国会》，商务印书馆 1946 年版。

⑬ 章太炎：《复孙中山书》，1921 年 1 月，见《大中华》2 卷第 12 期；又见《章太炎全集·书信集》，第 84 页。

⑭《章太炎来简》，见《新民丛报》第 13 号，光绪二十八年七月初一日（1902 年 8 月 4 日）出版；又见《章太炎政论选集》，第 167—168 页。

⑮ 章太炎：《致吴君遂书》，手迹，上海图书馆藏；又见《章太炎政论选集》，第 165—166 页。

⑯ 见《清议报》第 77—84 册，1901 年 4 月 29 日至 7 月 6 日出版，收入《饮冰室合集》文集之五；又见汤志钧、汤仁泽编：《梁启超全集·论著二》，中国人民大学出版社 2018 年版，第 252—277 页。

⑰ 梁启超：《灭国新法论》，见《梁启超全集·论著二》，第 297 页。

⑱ 梁启超：《中国史叙论》，同上书，第 310 页。

⑲ 梁启超：《新史学》，同上书，第 497—523 页。

⑳ 章太炎：《正仇满论》，见《章太炎全集·太炎文录补编》，第 226 页。

㉑ 章太炎：《社会学自序》。《社会学》，上海广智书局，光绪二十八年八月（1902 年 9 月）出版，见拙编《章太炎政论选集》，第 170—171 页。

㉒ 章太炎：《征信论》，见《学林》第 2 期；又见《章太炎全集·太炎文录初编》，第 51 页。

㉓ 章太炎：《致吴君遂书》，手迹，见《章太炎政论选集》，第 172 页。

㉔《訄书》重印本《消极》。

㉕ 许之衡：《读〈国粹学报〉感言》，见《国粹学报》乙巳年（1905 年）第 6 号"社说"。

㉖《訄书》重印本《别录》乙，见《章太炎全集·訄书》，第 350 页。

㉗《訄书》重印本《尊史》，同上书，第 324 页。

㉘ 章太炎：《訄书》重印本《清儒》，同上书，第 154—158 页。

㉙ 章学诚：《文史通义》内篇一《易教》上，商务印书馆 1934 年版，第 1 页。

㉚ 章学诚：《章学诚遗书》外篇卷三、丙辰求证，第 387—388 页。

㉛ 章学诚：《文史通义》内篇二《原学》下，商务印书馆 1934 年版，第 44 页。

㉜ 同上。

㉝ 章学诚：《章学诚遗书·与族孙汝楠论学书》，北京文物出版社 1985 年版，第 224 页。

㉞ 章学诚：《与陈鉴亭论学》，见《章学诚遗书》外篇三卷九，同上书，第 86 页。

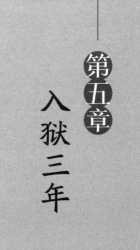

第五章

入狱三年

一　"苏报案"

1903 年 3 月，章太炎在上海爱国学社任教。

爱国学社是中国教育会"所赞助而成立"的。中国教育会成立于"光绪二十八年春"（1902 年），由蔡元培等发起。同年 11 月 16 日（十月十七日），上海南洋公学爆发了反对学校迫害的罢课大风潮，全体学生两百余人退学，在中国教育会的帮助下，租屋于上海南京路泥城桥福源里，成立爱国学社。据蒋维乔称："社中自总理、学监以下教职员，均自行另谋生计，对于学社纯尽义务，如蔡子民则任商务印书馆编译所长，吴稚晖则任文明书店之事。三四年级之国文教员为章太炎（炳麟）、一二年级国文教员则由余任之。章则为人译《妖怪学》讲义，余则为苏报馆译东报，均借译书自给。"①

1964 年 5 月，章太炎在爱国学社出了个作文题，"叫×××本纪。用为皇帝立传的'本纪'，叫学生写自传。有两个学生（陶

亚魂、柳亚子）在作文中讲了自己追随康有为尊孔保皇以及后来
的思想转变"②。章太炎特写《致陶亚魂柳亚子书》，历述自己思
想转变，说："简阅传文，知二子昔日曾以纪孔、保皇为职志。人
生少壮，苦不相若，而同病者亦相怜也。鄙人自十四五时，览蒋氏
《东华录》，已有逐满之志。丁酉入时务报馆，闻孙逸仙亦倡是说，
窃幸吾道不孤……《訄书》中《客帝》诸篇，即吾往岁之覆辙也。
今将是书呈览。二子观之，当知人生智识程度本不相远，初进化时，
未有不经纪孔、保皇二关者。以此互印如何？"③

当章太炎在爱国学社讲学时，留日学生邹容也来参加，并与
章太炎同寓④，他们都参加了张园的拒俄会议，邹容除了与主张保
皇的冯镜如等进行斗争和创立中国学生同盟会外，又奋笔疾书，
写成《革命军》。章太炎在最初发表的《邹容传》记：

> 是时余在爱国学社始识容，诸教员争与交。容性倜傥，
> 喜詈人，谓诸社生曰："尔尝居上海，在声色狗马间，学西文
> 数岁，他日堪为洋奴耳，宁知中外之学乎？"社生群众欲殴
> 之，乃去。以《革命军》一通示余，令稍稍润色之。余曰："吾
> 持排满主义数岁，世少和者，以文不谐俗故，欲谐俗者，正当如
> 君书。"乃为叙录，与金山僧用仁刻行之。⑤

邹容在《革命军》中大声疾呼，宣传革命，说：

> 革命者，天演之公例也；革命者，世界之公理也；革命
> 者，争存争亡过渡时代要义也；革命者，顺乎天而应乎人者
> 也；革命者，去腐败而存良善者也；革命者，由野蛮而进文

明者也；革命者，除奴隶而为主人者也。

章太炎的《序革命军》更"大言革命"，说：

夫中国吞噬于逆胡二百六十年矣，宰割之酷，诈暴之工，人人所身受，当无不昌言革命。

今者风俗臭味少变更矣，然其痛心疾首，恳恳必以逐满为职志者，虑不数人。数人者，父墨议论，又往往务为温藉，不欲以跳踉搏跃言之，虽余亦不免是也。

嗟乎！世皆罶昧而不知话言，主文讽切，勿为动容，不震以雷霆之声，其能化者几何？异时义师再举，其必堕于众口之不俚，既可知矣。今容为是书，一以叫咷恣言，发其惭恚，虽罶昧若罗、彭诸子，诵之犹当流汗祗悔，以是为义师先声，庶几民无异志，而材士亦知所返乎！若夫屠沽负贩之徒，利其径直易知而能恢发智识，则其所化远矣。藉非不文，何以致是也！

《革命军》书影

抑吾闻之，同族相代，谓之革命；异族攘窃，谓之灭亡；改制同族，谓之革命；驱逐异族，谓之光复。今中国既灭亡于逆胡，所当谋者光复也，非革命云尔。容之署斯名，何哉？谅以其所规画，不仅驱除异族而已，虽政教学术、礼俗材性，犹有当革者焉，故大言之曰革命也。

　　《革命军》以悲愤的心情，通俗的语言，抨击清政府的卖国罪行，认为只有革命，才能"去腐败而存良善"，"由野蛮而进文明"，"除奴隶而为主人"，号召以革命推翻清政府。

　　《革命军》的出版，章太炎《序》的刊布，在当时产生了很大影响。

　　然而，这时以康有为为代表的改良派仍有影响。在革命形势高涨的情况下，康有为的弟子梁启超、欧榘甲也有些"摇于时势"。康有为遂于 1902 年写了《与同学诸子梁启超等论印度亡国由于各省自立书》和《答南北美洲诸华商论中国只可行立宪不可行革命书》⑥二文。前文对梁启超等的"摇于时势""妄倡十八省分立之说"予以驳斥，主张"今合举国之力，日以攻荣禄请归政为事，则既倒政府之后，皇上复辟，即定宪法变新政而自强，是则与日本同轨而可望治效耳"。如果"移而攻满洲，是师法印人之悖蒙古而自立耳，则其收效亦与印度同矣"。后文以为"谈革命者，开口必攻满洲，此为大怪不可解之事"，"吾四万万人之必有政权自由，必可不待革命而得之，可断言也"；"且舍身救民之圣主，去千数百年之敝政者，亦满人也"；"吾今论政体，亦是'满汉不分，君臣同治'八字而已，故满汉于今日无可别言者也，实为一家者也"，"欲革命则革命耳，何必攻满，自生内乱乎"。

　　这两封公开信，反对"革命者开口攻满洲"，主张"皇上复辟，即定宪法变新政而自强"，完全是高倡复辟、压制革命的文字，章太炎看到后，写了《驳康有为论革命书》。

　　《驳康有为论革命书》从清朝的封建统治和种族迫害说到革命的必要，对改良派的理论严加批驳。改良派以"立宪法，定君民之权"为"治法之极则"，章太炎申斥康有为所谓"满汉不分、君民同治"，实际是"屈心忍志以处奴隶之地"。改良派企图以流血牺牲来恐吓革命，章太炎指出，欧、美的立宪，也不是"徒以口舌成之"，革命流血是不可避免和完全必要的；改良派美化光绪，章太炎指出，光绪只是"未辨菽麦"的"小丑"，他当初赞成变法，不过是"交通外人得其欢心"，"保吾权位"，如果一旦复辟，必然将中国引向灭亡；改良派宣传天命论，章太炎指出"《中庸》以'天命'始"，以"上天之载，无声无臭"终，"拨乱反正，不在天命之有无，而在人力之难易"；改良派以革命会引起社会紊乱为借口，章太炎则赞美革命曰："公理之未明，即以革命明之；旧俗之俱在，即以革命去之。革命非天雄、大黄之猛剂，而实补泻兼备之良药矣。"有力地打击了改良派，宣传了革命思想。

《驳康有为论革命书》是章太炎在 1901 年所撰《正仇满论》的基础上续予发挥的，但它的内容和影响，却又有发展。第一，《正仇满论》主要针对梁启超的《积弱溯源论》予以驳斥，而《驳康有为论革命书》则对改良派的理论和主张做了全面系统的批判。第二，《驳康有为论革命书》的革命言论比过去更加激烈，甚至斥责光绪皇帝是"载湉小丑，未辨菽麦"，革命宣传的昂扬，震骇了清朝政府。第三，《正仇满论》是在日本刊行的，且未署名，仅言"来稿"，而《驳康有为论革命书》则既与《革命军》合刊，又于《苏报》露布，这就更引起了中外反对势力的恐怖和嫉视。第四，《驳康有为论革命书》愤怒指出，清政府"尊事孔子，奉行儒术"，只是"崇饰观听"，便其"南面之术，愚民之计"，纯粹是搞愚民政策，是为了维护自己的统治。他对康、梁奉为"圣明之主"的皇帝进行了有力的抨击，对康、梁等奉为"教主"的孔子，也进行了无情的摘发。

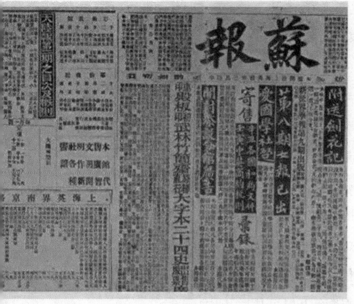

《苏报》

《革命军》和《驳康有为论革命书》先后在《苏报》发表⑦，《苏报》且登广告和发表《读革命军》《序革命军》⑧，大声疾呼，震动朝野。清政府和帝国主义相勾结，以高压手段对此事加以镇压。不久，章、邹就逮，《苏报》被封，发生了"苏报案"。

1903年6月29日（闰五月初五日），上海的报纸上就有"爱国学社招集不逞之徒，倡演革命诸邪说""端方钦奉廷寄外务部呈递魏光焘电""饬查禁密拿"等的报道⑨，次日（6月30日），"由沪道商美总领事会同各领签押，工部局即允协拿"⑩。

中外勾结"查禁密拿"的阴谋，爱国学社社员曾有风闻。早先，清政府派江苏候补道俞明震"检察革命党事"，吴敬恒曾和俞明震父子有接触。吴出逃，《苏报》主持人陈范也出逃，蔡元培与章太炎商量，"谓舍走无他法"，蔡元培出走，章"遂就逮"⑪。当时章太炎还说："革命没有不流血的，我被清政府查拿，现在已经第七次了。"等到警探临前，又自指鼻端，说："余俱不在，要拿章炳麟，就是我。"英勇就逮。

7月1日，邹容至四马路老捕房自行投到，捕房以真假未辨，未遽允收。邹又自称："我非邹镛（容），岂肯自投罗网？"捕头因准收押。⑫

7月6日，《苏报》馆被封。

7月15日，上海租界当局将章太炎、邹容、程吉甫、钱允生（《苏报》职员）、陈仲彝（陈范之子）、龙积之（与唐才常自立军有关）提往审讯。清政府指控《驳康有为论革命书》"大逆不道"的语句是"盖自乙未以后，彼圣主所长虑却顾，坐席不暖者，独太后之废置吾耳，殷忧内结，智计外发，知非变法无以交通外人得其欢心，非交通外人得其欢心无以挟持重势，而排沮太后之权力。载湉小丑，未辨菽麦，铤而走险，固不为满洲全部计"。章太炎在法庭上严词申斥，指出："今年二月，在爱国学社任教习，因见康有为著书反对革命，袒护满人，故我作书驳之。所指书中'载湉小丑'四字，触犯清帝圣讳一语，我只知清帝乃满人，不知所谓圣讳"，并"供不认野蛮政府"。⑬

7月21日，第二次"审讯"，经律师博易提出，根据《公共租界章程》，"界内之事，应归公堂讯理。现在原告究系何人？是清朝政府还是江苏巡抚或上海道台？"审判员孙建臣说："系奉旨着江苏巡抚饬拘，本公府惟有遵奉宪札行事而已。"⑭

12月3日至5日（十月十五日至十七日），公共租界公部局再"讯"章、邹。在此以前，清政府想方设法欲置章、邹于死地，以"大逆不道，煽惑人心，谋为不轨"的罪名，企图将章、邹"引渡"，解至南京，处以极刑。美国公使康格、总领事古纳、参赞福开森也秘密策划"移交中国官府惩办"，以便从清政府手中换取更多特权。由于帝国主义在侵华过程中有矛盾，从而对"引渡"态度也不一致。据《中外日报》1903 年 8 月 18 日载：

> 近在北京地方各公使因上海苏报馆一案，英国参赞之意，以为诸人不应交与华官，日本公使以为未尝拘人，以前上海道既与各国领事立有约章，现在即应照约办理。惟俄、法两国则欲助中国政府，将诸人交于华官，故其中彼等之意见各不相同。美公使之意以为莫妙于仍交上海领事办理此事也。⑮

尽管他们态度不一，但对中国人民的反抗加以镇压则又一致，说是"逆书笔端犀利，鼓吹武装革命，杀戮满人，痛诋皇上，西人何故保护此辈莠民，使其谋为不轨，安然造反耶？"⑯。终因"街头谣言纷纭"，"引渡"未能实现。

在 12 月 3 日至 5 日三天再"讯"中，章太炎在法庭上指驳，"小丑二字，本作类字，或作小孩子解，并不毁谤。至'今上圣讳'，以西律不避，故而直书"，"教学生之书，皆无'圣讳'"，"我实不明回避之理"。这严正的詈斥，令清朝统治阶级为之震慑，他们只得说："穷凶极恶，已预备在租界以外谋反。"⑰

12 月 24 日（十月初六日），所谓额外公堂宣判章太炎、邹容应"科以永远监禁之罪"，领事团又"对此发生异议"，相持不决。当时报载："苏报馆革命渠魁邹容、章炳麟迭经上海县汪瑶庭大令命驾至英、美等国公共租界公廨会同谳员邓鸣谦司马、英总领事署翻译官翟比南君讯明各情，拟科以永远监禁之罪。前日捕头遂命将章、邹二犯送入提篮桥畔西狱收禁。"⑱

次年 4 月，章太炎被判处监禁三年，邹容被判处监禁两年。

章太炎《口授少年事迹》对"苏报案"的始末是这样说的：

> 蔡孑民等在上海设爱国学社，张溥泉、邹蔚丹自日本归，
> 章行严自南京来，相见甚欢，皆与余结为兄弟。时蔚丹作《革
> 命军》，余为序而刻之。余又作《驳康有为书》，痛斥保皇之
> 非。行严又主苏报社，亦发挥革命。《驳康有为书》中有"载
> 湉小丑，不辨菽麦"之语，于是清两江总督派员来查，遂成
> 大狱。余与邹蔚丹被捕。余在巡捕房，与中山书，尊称之为
> 总统，溥泉为余送去。遂下狱三年。⑲

二　革命之志终不屈挠

章太炎因"苏报案"发生入狱三年。他在狱中，革命之志终
不屈挠，主要表现如下。

第一，寓书同志，矢志革命。

章太炎入狱不久，即致书吴君遂、张伯纯，告以"听诉"情
况，说："既往听诉，则闻南洋法律官带同翻译，宣说曰：'中国
政府到案。'曰'中国政府控告苏报馆大逆不道，煽惑乱党，谋为
不轨'，曰'中国政府控告章炳麟大逆不道，煽惑乱党，谋为不轨'，
曰'中国政府控告邹容大逆不道，煽惑乱党，谋为不轨'。乃各举
书报所载以为证；贼满人、逆胡、伪清等语，一切宣读不讳。"章

太炎认为：“彼自称为中国政府，以中国政府控告罪人，不在他国法院，而在己所管辖最小之新衙门，真千古笑柄矣。”他说：自己和邹容“罪状自重。其所控我，自革命逐满外，复牵引玄烨、弘历、载湉小丑等语，以为干犯庙讳，指斥乘舆”。经自己据理辩斥，“新衙门委员孙某”，竟“觳觫殊甚，但云公等速说，我与公等无仇无怨而已”。章太炎在“审判”后，“乘马车归捕房”，诵“风吹枷锁满城香，街市争看员外郎”而返。[20]

他在狱中，看到《江苏》杂志载有柳亚子所撰《郑成功传》，即予鼓励：“杂志草创时，辞颇噎塞，数期以来，挥斥慷慨，神气无双，进步之速，斯为极点。而弟所纂《郑传》，亦于斯时发现，可谓智勇参会，飙起云合者也。”指出教育会虽“分散”，“爱国诸君，亦既飘摇失所”，仍有柳亚子等“尽力持护”，“亦令奴性诸黉，不以爱国分散之故，遂谓天下之莫予毒也”。[21]

章士钊译编《孙逸仙》一书在日本出版，章太炎为之题辞：“索虏昌狂泯禹绩，有赤帝子断其嗌，掩迹郑、洪为民辟，四百兆人视兹册。”[22]称清朝统治为“索虏”，而称颂郑成功、洪秀全。

章太炎在狱中，与邹容一起坚持斗争，“时刀索金环毒药诸物既被禁绝”，只有绝食斗争。邹容以为“饿死，小丈夫事也”。章太炎说：“中国饿死之故鬼，第一伯夷，第二龚胜，第三司空图，第四谢枋得，第五刘宗周。若前三子者，吾不为；若后二子，吾为之。”作“绝食词三首”，前二首为章、邹合作，后一首为章续成，词曰：

> 击石何须博浪椎（邹），群儿甘自作湘累。要离祠墓今何

在（章），愿借先生土一坏（邹）。

平生御寇御风志（邹），近死之心不复阳（章）。愿力能
生千猛士（邹），补牢未必恨亡羊（章）。

句东前辈张玄箸，天盖遗民吕晦公。

兵解神仙儒发冢，我来地水火风空（章）。㉓

章太炎在狱中曾绝食斗争，并"以拳攻狱卒"，革命之志没有稍衰。

1903 年 7 月 19 日，曾参加自立军的沈荩（克诚）在京被拘，同月 31 日被清政府杖死于刑部，章太炎撰《狱中闻沈禹希见杀》，刊于日本出版之《浙江潮》第七期，诗曰："不见沈生久，江湖知隐沦。萧萧悲壮士，今在易京门。螭魅羞争焰，文章总断魂。中阴当待我，南北几新坟。"又撰《祭沈禹希文》，宣称："不有死者，谁申民气？不有生者，谁复九世？哀我遗黎，不绝如系。大波相续，云谁亡继。"㉔既悼逝者，复励将来。

第二，继续撰文，宣传革命。

"苏报案"发生前几天，《中外日报》刊登一篇《革命驳议》，章太炎就写《驳革命驳议》，开了一个头，由柳亚子、蔡冶民、邹容续成，在章太炎所写首段中，即指出不能"侈陈维新"，畏惧革命。㉕入狱后，继续撰文，鼓吹革命。

"苏报案"发生后，《新闻报》刊载《论革命党》一文，对苏报馆加以攻击，章太炎即予反驳："夫民族主义，炽盛于二十世纪，逆胡膻房，非我族类，不能变法当革，能变法亦当革；不能救民当革，能救民亦当革。"在《序革命军》中说，"以为革命、光复，名实大异。从俗言之，则曰革命；从吾辈之主观言之，则曰光复"。

"逆胡挑衅，兴此大狱，盗憎主人，固亦其所。吾辈书生，未有寸刃尺匕足与抗衡，相延入狱，志在流血，性分所定，上可以质皇天后土，下可以对四万万人矣。"表明自己"以致命遂志为心"，誓志革命。

接着，严斥新闻记者说：

> 去矣，新闻记者！同是汉种，同是四万万人之一分子，亡国覆宗，祀逾二百，奴隶牛马，躬受其辱。不思祀夏配天，光复旧物，而惟以维新革命，锱铢相较，大勇小怯，秒忽相衡，斥鷃井蛙，安足与知鲲鹏之志哉！去矣，新闻记者！浊醪夕引，素琴晨张，郁素霞之奇意，入修夜之不旸。天命方新，来复不远，请看五十年后，铜像巍巍立于云表者，为我为尔，坐以待之，无多聒聒可也。㉖

此文发表之次日，《苏报》即遭封闭。

这时，改良派在知识分子中还有一定市场，他们以为维新变法，"古有明训"，用以压制革命。章太炎援引古籍，谓"维新"之名，始见于伪《古文尚书》。伪《古文尚书》称，"歼厥渠魁，胁从罔治，旧染污俗，咸与维新"，"亦可见未有不先流血而能遽见维新者"。改良派以"维新"为温和主义，这是极大的政治欺骗，"衣之始裁为之初，木之始伐谓之新。故衣一成后，不可复得初名；木一枯后，不可复得新名"。清朝的"新"，只在康熙、雍正年间，"今之政府腐败蠹蚀，其材已不可复用，而欲责其再新，是何异责垂死之翁以呱啼哺乳也"㉗。只有采取革命一途，责斥改良，公开论战。

第三，准备了光复会的成立。

1904 年冬，光复会成立，推蔡元培为会长。其誓词为："光复汉族，还我山河，以身许国，功成而退。"章太炎在《光复军志序》中说："光复会初立，实余与蔡元培为之尸，陶成章、李爕和继之。总之，不离吕、全、王、曾之旧域也。"查这时章太炎在狱中，积极策划光复会成立的实为陶成章，见魏兰《陶成章先生行述》[28]。但它的成立，却与章太炎有很大关系。

其一，"光复会的前身是军国民教育会，而军国民教育会的前身则是支那亡国纪念会，这个会是在日本的章太炎、冯自由等为了挽救祖国的危亡而组织的。后因日本政府不许其他国家的人民在它的国土上进行政治活动，军国民教育会就迁来上海。适值蔡元培先生来沪，闻有这个组织，即来参加入会。后经商讨，改名为光复会，蔡被选为光复会会长。"[29]章太炎自撰《龚未生事略》也说，龚宝铨"未冠，值义和团之变，即有光复志。游学日本，以争俄约与黄克强、钮惕生、杨笃生、陶焕卿、汤尔和相集为军国民教育会，与上海言光复者相应和"[30]，"支那亡国二百四十二年纪念会"，章太炎是主要发起人之一，《纪念书》也出自章氏手笔，"其后留学界中爱国团体缤纷并起，即导源于亡国纪念会"[31]。

其二，章太炎在狱中，不断寓书同志，矢志革命。据冯自由称，章曾致书蔡元培等策划光复会的成立："至甲辰秋，乃招集江、浙、皖数省同志扩大为革命党集团。会蔡元培从青岛归上海，觇知其事，乃求入其会，愿与合作，团员非常欢迎，于是更将规章详加修订，定名曰光复会，群推元培为会长……是冬，光复会始在沪正式成立。章炳麟时在狱中，尝致书元培等策动之。"[32]章太炎在辛亥革命后发表的《致临时大总统书》也说："详考光复会初设，实在上海，无过四五十人；其后同盟会兴于东京，光复会亦渐涣散。"③光复会的成立，有章太炎参预。

其三，光复会成立于1904年，而"光复"之名，则在章太炎1903年所撰《序革命军》中早经揭橥："同族相代，谓之革命；异族攘窃，谓之灭亡；改制同族，谓之革命；驱逐异族，谓之光复。今中国既灭亡于逆胡，所当谋者光复也，非革命云也。"《狱中答新闻报》也说："吾之序《革命军》，以为革命、光复，名实大异。从俗言之，则曰革命；从吾辈之主观言之，则曰光复。"疑光复会的定名，也与章太炎有关。④1910年重组光复会时，推章氏为会长，渊源有自。

其四，潜研佛学，"发起信心"。章太炎在狱中，曾经专修佛学，对他今后的思想演变有影响。查章氏在1897年，受到夏曾佑影响，略涉《法华》《华严》《涅槃》诸经，"不能深也"。宋恕说："何不取三论读之。"他读后"亦不甚好"。戊戌政变后，章太炎流亡日本，购得《瑜伽师地论》，又以"烦扰未卒读"。"苏报案"发生，友人送来《瑜伽师地论》《成唯识论》。蒋维乔说，章、邹"二人初系于福州路工部局，禁令尚宽，每周可容亲友前去探视一次。中国教育会在沪同人，约定以二人轮值，前往探问送食物，太炎索问《瑜伽师地论》，是书当时上海尚无处可购，惟蒋智由寄存于会中书箧内有之，乃设法取出，送与太炎"⑤。章太炎"晨夕研读，乃悟大乘法义"。思想发生变化。他自己说：

　　遭世衰微，不忘经国，寻求政术，历览前史，独于荀卿、韩非所说，谓不可易。自余闳眇之旨，未暇深察；继阅佛藏，涉猎《华严》《法华》《涅槃》诸经，义解渐深，卒未窥其究竟。及囚系上海，三岁不觌，专修慈氏、世亲之书，此一术也。以分析名相始，以排遣名相终，从入之途，于平生朴学相似，易于契机。解此以还，乃达大乘深趣。私谓释迦玄言，出过晚周诸子不可计数，程、朱以下，尤不足论。㊱

又说：

余少年独治经史、《通典》诸书，旁及当代政书而已，不好宋学，尤无意于释氏。三十岁顷，与宋平子交，平子劝读佛书，始观《涅槃》《维摩诘》《起信论》《华严》《法华》诸书，渐近玄门，而未有所专精也。遭祸系狱，始专读《瑜伽师地论》及《因明论》《唯识论》，乃知《瑜伽》为不可加。既东游日本，提倡改革，人事繁多，而暇辄读藏经。又取魏译《楞伽》及《密严》诵之，参以近代康德、萧宾诃尔之书，益信玄理无过《楞伽》《瑜伽》者。㊲

那么，"苏报案"发生以前，章太炎对佛学尚"未有所专精"；他"益信玄理无过《楞伽》《瑜伽》者"，则在入狱以后。他认为佛学除禅宗以外，法相、华严最为可用，因为"这华严宗所说，要在普度众生，头目脑髓，都可施舍与人，在道德上最为有益。这法相宗所说，就是万法惟心。一切有形的色相，无形的法尘，总是幻见幻想，并非实在真有"，必须"要有这种信仰，才得勇猛无畏，众志成城，方可干得事来"㊳。这样，"用宗教发起信心"，才能"增进国民之道德",坚定革命的意志,以使"众志成城",企图把佛学"改造"成为革命斗争和个人意志锻炼的"思想武器",由此观之,他在狱中潜研佛学,并不是消极地"遁世"。但章太炎只注意从"古书古迹"作为宣传动员群众的方法,想从佛学中汲取"改造",这就反映了他的局限。他这种"高妙的幻想",没有实现,也不可能实现。

尽管如此,"苏报案"和章太炎的狱中斗争,影响却是深远的。

首先,它促使了革命政治团体的建立。

"苏报案"发生后,章太炎、邹容仍与革命派保持联系。1903年7月31日,参加过自立军的沈荩,因揭发中俄密约,被清政府杖死于刑部,革命派于8月23日在上海愚园开追悼会,祭文即出自章太炎手笔。章太炎又寄书同志,号召坚持斗争(见前)。1904年,章太炎和蔡元培、陶成章、徐锡麟等组织了光复会,成为同盟会成立前的主要革命小团体之一。同时,华兴会的成立,也和"苏报案"有关。华兴会的发起人黄兴在1903年返国后,即大量翻印邹容所著《革命军》,"散布到军商各界,扩大反清宣传"㊴,两湖志士"与上海言光复者相应和"㊵,组织了华兴会。这样,就给1905年中国同盟会的成立准备了条件。

其次,它扩大了革命的思想影响。

《苏报》被封后,章士钊、陈去病等续办《国民日日报》,"放肆蜇言,昌言无忌",重遭清政府外务部通饬总税务司转知邮政局,"毋得代寄"。不久,蔡元培等又创《俄事警闻》,后扩展为《警钟日报》,愤斥帝国主义,抨击清朝政府。在日本发刊的《江苏》《浙江潮》,也在"苏报案"发生后言论转趋激烈,宣传反清斗争。中外统治者虽百端阻挠，肆意查禁，但终不能抗拒时代的洪流，《革命军》和《驳康有为政见书》仍被秘密印刷，广泛流传。广大的知识青年纷纷从改良主义的思想影响下解放出来。从此，改良派的思想阵地日益缩小，革命派的思想阵地日益扩大。

最后，它导致了革命运动的展开。

"苏报案"发生后，中国民族资产阶级的态度比较过去积极了。1904 年，湖南、广东的绅商要求收回粤汉铁路，改归民办。从此，展开了收回利权运动。同年，《中美华工条约》期满，各地报刊揭露美帝国主义虐待华工的实况，人们对美帝的仇恨渐渐增长，终于汇为抵制美货运动。

特别应该指出的是，就在"苏报案"发生半年后，孙中山在《檀山新报》发表《敬告同乡书》，明确指出："革命与保皇，理不相容，势不两立。今梁以一人而持二说，首鼠两端，其所言革命属真，则保皇之说必伪；而其所言保皇属真，则革命之说亦伪矣。"指出"革命、保皇二事，决分两途，如黑白之不能混淆，如东西之不能易位。革命者志在扑满而兴汉，保皇者志在扶满而臣清，事理相反，背道而驰"，号召"大倡革命，毋惑保皇"⑪，划清革命和保皇的界限。

接着，在《驳保皇报书》中，孙中山又指出康有为等在变法失败后所宣传的"爱国"，爱的是"大清国"，不是"中华国"，认为"保异种而奴中华，非爱国也，实害国也"，并对保皇党人"所论《苏报》之案，落井下石，大有幸灾乐祸之心，毫无拯溺扶危之念"⑫。摘发备至。

1905 年 8 月 20 日，孙中山把他领导的兴中会，同黄兴领导的华兴会以及蔡元培、陶成章、章太炎领导的光复会联合起来，组成中国同盟会，把"驱除鞑虏，恢复中华，建立民国，平均地权"写入誓词，定为革命党人必须遵循的纲领。这个纲领的实质，是用革命手段推翻清朝封建统治，建立共和政体。这个纲领，给革命派提供了前所未有的犀利武器。

从此，推翻清朝成为时代主流，保皇会保皇臣清的面目也就日露，终且为清政府"预备立宪"摇旗呐喊，与革命派公开论战了。作为戊戌变法的主角，在中国近代史上起过重要影响的人物康有为，终且逆时代潮流而动。而"入狱三年"的章太炎，却革命之志终不屈挠，举笔疾书，所向披靡了。

注 释：

① 蒋维乔：《中国教育会之回忆》，见中国史学会主编：《辛亥革命》（一），上海人民出版社 1981 年版，第 488 页。

② 蒋慎吾：《爱国学社史外一页》，见《大风》半月刊第 67 期。

③见《复报》第 4 号，原题《致□□二子书》，署名"西狩"。章太炎逝世后，柳亚子辑《太炎先生遗札》，刊于《制言》第 61 期，用今题。见拙编《章太炎政论选集》，中华书局 1971 年版，第 191 页。

④ 邹容自称："予于今年中历三月间去日本而至上海，即与友人章炳麟同寓。"见《中外日报》，1903 年 12 月 8 日。

⑤ 日本《革命评论》第 10 号，1907 年 3 月 25 日出版，"金山僧用仁"，即黄宗仰。

⑥ 两文辑为《南海先生最近政见书》，见拙编《康有为政论集》，中华书局 1981 年版，第 474—505 页。

⑦《驳康有为论革命书》的主要部分，载《苏报》光绪二十九年闰五月初五日（1903 年 6 月 29 日），题为《康有为与觉罗君之关系》。

⑧《苏报》光绪二十九年五月十五日（1903 年 6 月 10 日）"新书介绍"栏刊《革命军》广告；同日载《读革命军》；五月二十五日（6 月 20 日）"新书介绍"载章太炎《驳康有为论革命书》。《序革命军》为章太炎撰，载五月十五日（6 月 10 日）。

⑨《申报》光绪二十九年闰五月初五日（1903 年 6 月 29 日）。

⑩ 光绪二十九年闰五月初七日（1903 年 7 月 1 日）福开森《致兼湖广总督端方电》，见《辛亥革命》（一），第 429 页。

⑪《章太炎先生答问》，见《太炎最近文录》。

⑫《申报》光绪二十九年闰五月初十日（1903 年 7 月 4 日）《会党自首》。

⑬ 金鼎：《致湖广总督端方电》，见《辛亥革命》（一），第 425 页。

⑭《申报》光绪二十九年闰五月二十八日（1903 年 7 月 22 日）《一讯革命党》。

⑮《北京公使会议苏报案》，译自上海《泰晤时报》，1903 年 8 月 17 日。

⑯ 见《美国外交档案》显微胶卷 F. M112-R49。

⑰ 金鼎：《致梁鼎芬函》，见《近代史资料》1956 年第 3 期。

⑱《申报》光绪二十九年十一月初八日（1903 年 12 月 26 日）。

⑲ 章太炎：《口授少年事迹》，见《章太炎年谱长编》，中华书局 1979 年版，第 187—188 页。

⑳ 章太炎：《狱中与吴君遂、张伯纯书》，原载《甲寅》卷 1 第 43 号，见《章太炎政论选集》，第 238—239 页。

㉑ 章太炎：《致柳亚庐书》，1903 年 10 月，见《复报》第 5 号；又见《章太炎政论选集》，第 249—250 页。

㉒ 《孙逸仙》一书，白浪庵滔天著，黄中黄（章士钊）译编，《荡虏丛书》之一，1903 年在日本出版。此系章太炎手书题辞，又见《汉帜》第 2 号，1907 年 1 月 25 日出版，文字略有异。

㉓ 《汉帜》第 2 期，1907 年 1 月出版，署名"太炎"，见《章太炎年谱长编》，第 192 页。

㉔ 章太炎：《祭沈禹希文》，见《浙江潮》第 9 册，1903 年 11 月 18 日出版；又见《章太炎政论选集》，第 245—246 页。

㉕ 《驳革命驳议》，载《苏报》光绪二十九年五月十七、十八日（1903 年 6 月 12 日、13 日）；又见《章太炎政论选集》，第 227—228 页。

㉖ 章太炎：《狱中答新闻报》，见《苏报》光绪二十九年闰五月十二日（1903 年 7 月 6 日），署"章炳麟来稿"；又见《章太炎政论选集》，第 233—235 页。

㉗ 章太炎：《论承用维新二字之荒谬》，见《国民日日报》1903 年 8 月 9 日；又见《章太炎政论选集》，第 242—244 页。

㉘ 油印稿，陶本生旧藏；又见《陶成章集》，中华书局 1986 年版。

㉙ 陈魏：《光复会前期的活动片断》，见《辛亥革命回忆录》第 4 集，中华书局 1963 年版，第 127 页。

㉚ 见《华国月刊》第 1 卷第 2 期，收入《太炎文录续编》卷四。

㉛ 冯自由：《章太炎事略》，《革命逸史》初集，中华书局 1981 年版，第 55 页。

㉜ 冯自由：《中华民国开国前革命史续编》上卷，上海书店出版社，第 68—69 页。

㉝ 章太炎：《致临时大总统书》，见《大共和日报》1912 年 1 月 28 日；又见《章太炎政论选集》，第 557 页。

㉞ 章太炎后来在《民报》第 8 号发表之《革命之道德》更明确地说明："吾所谓革命者，非革命也，曰光复也，光复中国之种族也，光复中国之州郡也，光复中国之政权也。以此光复之实，而被以革命之名。"《〈汉帜〉发刊序》说："索虏入关以来，汉乃日失其序，然名号犹与所谓满者相对，一二豪俊得依之以生起光复之念，而后乃今将树汉帜焉。"《民报》第 12 号发表的《社会通诠商兑》说："光复旧邦之为大义，被人征服之可鄙夷，此凡有人心者所共审。"《民报》第 13 号发表的《官制索隐》说："吾侪所志，在光复宗国（《文录》作"中国"）而已。光复者，义所任，情所迫也。光复以后，复设共和政府，则不得已而为之也，非义所任、情所迫也。"《民报》第 22 号发表的《革命军约法问答》说："为目前计，保护僧侣，无过表示文明，趣以集事；为久远计，黎仪旧德，维国之桢，与之特别保护，则光复家之分所应为者。"知"光复"之名，章一直沿用。

㉟ 蒋维乔：《章太炎先生轶事》，见《制言》第 25 期。

㊱ 章太炎：《菿汉微言》，见《章太炎政论选集》，第 734 页。

㊲ 章太炎：《自述学术次第》，见《章太炎全集·太炎文录补编》，上海人民出版社 2017 年版，第 494—495 页。

㊳ 章太炎：《东京留学生欢迎会演说辞》，见《民报》第 6 号，1906 年 7 月 25 日出版；又见《章太炎政论选集》，第 274 页。

㊴ 黄一欧：《黄兴与明德学堂》，见《辛亥革命回忆录》第 2 册，文史资料出版社 1962 年版，第 134 页。

㊵ 章太炎：《龚未生事略》，见《太炎文录续编》卷四；又见《章太炎政论选集》，第 783 页。

㊶ 孙中山:《敬告同乡书》,《孙中山全集》第 1 卷,中华书局 1981 年版,第 230—233 页。

㊷ 孙中山:《驳保皇报书》,同上书,第 233—238 页。

第六章

主编《民报》

一　东京演说

1906 年 6 月 29 日（光绪三十二年丙午五月初八日），章太炎出狱，孙中山派员赴沪迎接。

关于章太炎出狱和孙中山派人迎接，曾有不同记载。

朱希祖《本师章太炎先生口授少年事迹》称："夏，余监禁期满，中山自东京遣使来迎，遂赴东京，入同盟会，主民报社。"

蒋维乔回忆："五月初八日，章炳麟监禁期满，将于是日出狱。事前数日，会中先行预备，购定航票，送往日本。是日之晨，蔡孑民、叶浩吾及余等在沪会见十余人，均集于河南路工部局门前守候。十时，炳麟出，皆鼓掌迎之，遂由浩吾陪乘马车，先至中国公学。即晚，登日本轮船。"①

《复报》第四号"批评"栏《生章炳麟与死邹容》谓：章"于五月初八日上午十一时出狱。先是，民报社有特派员来沪，延之主笔政，待已数日，即于是晚登轮，翌日就道，香港各处专电来致贺者有十余起云"。

《章太炎先生答问》则称:"问:'先生何年东渡?'答:'予之出狱也,在丙午六月,是月即东渡。'问:'东渡何为?'答:'不得已也。方出狱时,官判三日内出租界,不准停留;又出狱日友人邀往中国公学(在租界外巴子路),公学之人皆惴惴,且虑有害予者,迫予去,故留三日即去。'……问:'出狱时,孙中山尝遣人接先生,有此事否?'答:'有之,曾遣人来。'问:'先生到东何作?'答:'东京民报馆办笔墨。'"②

《民国光复》讲演则说:"三年期满,出狱东渡,同盟会已由孙中山、黄克强等成立,以余主《民报》。初,孙之兴中会可号召南洋华侨,黄之华兴会可号召沿江会党,徐锡麟之光复会可号召江、浙、皖士民,三党组成为同盟会,惟徐锡麟未加入。黄克强系两湖书院出身,留学生亦多通风气,国内文学之士则未能生影响。自余主笔《民报》,革命之说益昌,入会之士益众,声势遂日强。"

又据江介散人回忆:"《民报》为同盟会之机关报,而同盟会别无事务所,即以民报社为事务所。《民报》发行所招牌悬于宫崎寅藏之家,编辑部在牛込区小川町,所有党事皆在编辑部治理。所谓民报社者,即编辑部也。专任主持者,先后有邓慕韩、董修武、黄树中、何天炯、鲁鱼、吴昆等。次年,章太炎将出狱,会中特派仇式匡、龚炼百、时功玖往上海欢迎。"③

这里说同盟会派往上海迎接章太炎的,是仇式匡、龚炼百、时功玖;《总理年谱长编稿》记载为龚炼百、时功玖、胡国梁、仇亮;④而熊克武则称:"丙午春,我和但懋辛奉命迎接章太炎出狱,

我们问章：'你准备去哪里？'章说：'中山在哪里，我就去哪里。'
我们告诉他在日本，他就到东京去了。"⑤疑熊克武回忆有误。

章太炎抵达日本没有几天，东
京留学生开会欢迎，据载："是日
至者二千人，时方雨，款门者众，
不得遽入，咸植立雨中，无惰容。"⑥
可见演说时的盛况和留日学生对
章太炎的钦敬。

章太炎的演说，叙述"平生的
历史与近日办事的方法"，首谓：

章太炎

兄弟少小的时候，因读蒋

氏《东华录》，其中有戴名世、曾静、查嗣庭诸人的案件，便
就胸中发愤，觉得异种乱华，是我们心里第一恨事。后来读
郑所南、王船山两先生的书，全是那些保卫汉种的话，民族
思想渐渐发达。但两先生的话，却没有甚么学理。自从甲午
以后，略看东西各国的书籍，才有学理收拾进来，当时对着
朋友，说这逐满独立的话，总是摇头，也有说是疯癫的，也
有说是叛逆的，也有说是自取杀身之祸的。但兄弟是凭他说
个疯癫，我还守我疯癫的念头。

接着，他讲到 1902 年旅居日本，和孙中山相遇，以及自己
"在这艰难困苦的盘涡里头，并没有一丝一毫的懊愧"。他说：

壬寅春天，来到日本，见着中山，那时留学诸公，在中山那边往来，可称志同道合的，不过一二个人。其余偶然来往的，总是觉得中山奇怪，要来看看古董，并没有热心救汉的心思。暗想我这疯癫的希望，毕竟是难遂的了，就想拔起袈裟，做个和尚，不与那学界政界的人再通问讯。不料监禁三年以后，再到此地，留学生中助我张目的人，较从前增加百倍，才晓得人心造化，是实有的。以前排满复汉的心肠，也是人人都有，不过潜在胸中，到今日才得发现。……

只是兄弟今日还有一件要说的事，大概为人在世，被他人说个疯癫，断然不肯承认，除那笑傲山水诗豪画伯的一流人，又作别论，其余总是一样。独有兄弟却承认我是疯癫，我是有神经病，而且听见说我疯癫，说我有神经病的话，倒反格外高兴。为什么缘故呢？大凡非常可怪的议论，不是神经病人，断不能想，就能想也不敢说。说了以后，遇着艰难困苦的时候，不是神经病人，断不能百折不回，孤行己意。所以古来有大学问成大事业的，必得有神经病才能做到。……为这缘故，兄弟承认自己有神经病；也愿诸位同志，人人个个，都有一两分的神经病。……兄弟看来，不怕有神经病，只怕富贵利禄当现面前的时候，那神经病立刻好了，这才是要不得呢！略高一点的人，富贵利禄的补剂，虽不能治他的神经病，那艰难困苦的毒剂，还是可以治得的，这总是脚跟不稳，不能成就什么气候。兄弟尝这毒剂，是最多的，算来自戊戌年以后，已有七次查拿，六次都拿不到，到第七次方才拿到。以前三次，或因别事株连，或是普拿新党，不专为我一人；后来四次，却都为逐满独立的事。但兄弟在这艰难困苦的盘涡里头，并没有一丝一毫的懊恼，凭你甚么毒剂，这神经病总治不好。

至于近代办事的方法，章太炎认为最紧要的是："第一，是用宗教发起信心，增进国民的道德；第二，是用国粹激动种性，增进爱国的热肠。"他说：

> 先说宗教。……有的说佛教看一切众生，皆是平等，就不应生民族思想，也不应说逐满复汉。殊不晓得佛教最重平等，所以妨碍平等的东西，必要除去。满洲政府待我汉人种种不平，岂不应该攘逐？……所以提倡佛教，为社会道德上起见，固是最要；为我们革命军的道德上起见，亦是最要。总望诸君同发大愿，勇猛无畏，我们所最热心的事，就可以干得起来了。

> 次说国粹。为甚提倡国粹？不是要人尊信孔教，只是要人爱惜我们汉种的历史。这个历史，是就广义说的，其中可以分为三项：一是语言文字，二是典章制度，三是人物事迹。近来有一种欧化主义的人，总说中国人比西洋人所差甚远，所以自甘暴弃，说中国必定灭亡，黄种必定剿绝。因为他不晓得中国的长处，见得别无可爱，就把爱国爱种的心，一日衰薄一日。若他晓得，我想就是全无心肝的人，那爱国爱种的心，必定风发泉涌，不可遏抑的……

> 照前所说，若要增进爱国的热肠，一切功业学问上的人物，须选择几个出来，时常放在心里，这是最紧要的。就是没有相干的人，古事古迹，都可以动人爱国的心思。当初顾

亭林要想排斥满洲，却无兵力，就到各处去访那古碑古碣传
示后人，也是此意。

最后章太炎谓："要把我的神经病质，传染诸君，更传染与四万
万人。"⑦

章太炎的演说辞，在当时有深刻影响，他的学生许寿裳说：
"此演说录，洋洋洒洒长六千言，是一篇最警辟有价值之救国文字，
全文曾登《民报》第六号，而《太炎文录》中未见收入。"⑧

"用宗教发起信心，增进国民的道德"，"用国粹激动种性，增
进爱国的热肠"，是章太炎在演说辞中提出的"近日办事的方法"。
当他主持《民报》的时候，确实将这"办事的方法"尽力阐扬，
在当时也确实起了一定的影响。他对敌斗争的英勇，攻战文字的
犀利，至今犹感生气勃勃。这些，正是他一生中"最大、最久的
业绩"。

二　鼓吹革命排满

《民报》是中国同盟会的机关报，创刊于 1905 年 11 月 26 日⑨，
系从《二十世纪之支那》改名而来⑩，在日本东京发行。孙中山撰
发刊词，谓"余维欧、美之进化，凡以三大主义：曰民族，曰民
权，曰民生"，"是三大主义，皆基本于民"，"今者中国以千年专

制之毒而不解，异种残之，外邦逼之，民族主义、民权主义殆不可以须臾缓，而民生主义，欧、美所虑积重难返者，中国独受病未深而去之易。是故或于人为既往之陈迹，或于我为方来之大患，要为缮吾群所有事，则不可不并时而弛张之"，"惟夫一群之中，有少数最良之心理能策其群而进之，使最宜之治法适应于吾群，吾群之进步适应于世界，此先知先觉之天职，而吾《民报》所为作也"。⑪

《民报》自第七号（1906 年 9 月 5 日出版）起，由章太炎主编。当 7 月 25 日《民报》第六号出版，登有章太炎《告白》："接香港各报馆暨厦门同志贺电，感慨无量，惟有矢志矢忠，竭力致死，以塞诸君之望，特此鸣谢!"《民报》另载《广

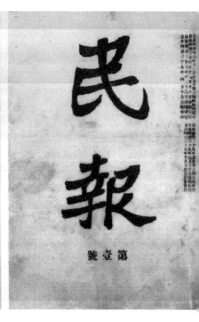

《民报》

告》："本报社编辑人兼发行人张继君有南洋之行，适余杭章炳麟枚叔先生出狱来东，特总其任，自次号始。"

章太炎编至第十八号（1907 年 12 月 25 日出版），以脑病辞职，由张继接办一期（十九号），陶成章接办三期（第二十号至第二十二号）。二十三号起（1908 年 8 月 10 日出版），仍由章氏主

编。出至二十四号时（1908 年 10 月 10 日出版），《民报》被"封禁"。

章太炎主编《民报》后，不断撰文，深刻揭露改良派"污邪诈伪"、志在干禄的丑态，积极阐扬推翻清朝、"建立民国"的旨意。他在动荡变幻、新旧交替、中西冲突的时代里，把握住时代的脉搏，站在时代的前列不断前进。

同盟会组织的同年，清政府也派员出国考察宪政。此后，随着形势的发展，排满和保皇的界限也就日益明朗，章太炎与以康有为为首的改良派的距离也就越离越远。

1905 年 10 月，清政府命尚其亨、李盛铎会同载泽、戴鸿慈、端方前往各国考察政治。次年 9 月 1 日，颁布"预备立宪"，保皇党人大受鼓舞。10 月 21 日，康有为发出《布告百七十余埠会众丁未新年元旦举大庆典告蒇，保皇会改为国民宪政会文》，说"仆审内外，朝廷决行于上。顷七月十三日明谕，有准备行宪政之大号，以扫除中国四千年之秕政焉"。说是"今上不危，无待于保"，准备于"丁未年新年元旦行庆典礼"，宣布旧保皇会"告蒇"，新开国民宪政会，说"向日之诚，戴君如昔"，"开天之幕，政党我先"，企图重温立宪的迷梦，他已和清政府沆瀣一气了。

这时，康有为由美洲而欧洲，漫游各国，考察各国沿革，认为"欧洲封建之制弥互千余年，至今虽已削藩为虚爵，而世爵之盛犹为上议院之特制焉。比于我国与美之平等，可谓余波未殄矣"⑫。康有为对自己过去宣扬的"自由""平等""民权"发生怀疑。他还"深观法俗，熟考中外之故，明辨欧、华之风，鉴观得失之由，讲求变革之事"，专门写了《法国大革命记》，在这篇文章的注文中还说:"吾闻上海爱国社言革命者,皆服粗野而行险暴,何其类法国耶? 幸事未成而未至恐怖时耳。"可知他对革命的不满。他反复"阐明"法国"革命之祸",而中国有其"特别之情",以喻革命之必不可行,只可立宪。

在"预备立宪"声中,康有为定 1907 年初改保皇会为国民宪政会。3 月 23 日,立宪党人在纽约召开大会,康有为自欧洲赶来,"议行君主立宪",正式定名为帝国宪政会,对外则称中华帝国宪政会。又借用侨商名义,写了请愿书,"乞立国会而行立宪"。

五六月间,梁启超也为组党事一度潜返上海,在国内外与杨度、熊希龄、徐佛苏、蒋智由等立宪党人秘密筹划,致书康有为:"启超数月来奔走于上海、神户、东京之间,几乎日无暇晷……杨皙子初本极热心此事,至今犹然。但征诸舆论,且察其行动,颇有野心,殆欲利用吾党之金钱名誉,而将来得间则拔戟自成一队,故不惟本党旧人不敢放心,即东京学界各省新进之士表同情于吾党者,亦不甚以彼为然。故现在政闻社之组织,杨氏不在其内。"⑬8 月,梁启超、蒋智由等在东京筹组推动立宪的政闻社,企图有限度地发动并组织一定的社会力量来胁迫清政府认真准备"立宪",并刊行机关报《政论》。在《政闻社宣言书》中,提出所持之主义有四:"一曰实行国会制度,建设责任政府;二曰厘订法律,巩固司法权之独立;三曰确立地方自治,正中央地方之权限;四曰慎重外交,保持对等权利。"⑭

10 月 17 日(九月十一日),政闻社开成立会于东京锦辉馆。梁启超组织三百人开大会,革命派却到有千余人。梁启超刚站到讲台宣传"令朝廷下诏,刻期立宪,诸君子宜欢喜踊跃",就遭到革命派批责，只好逃避。革命党人随即登台演说，梁启超只好叹息："数年以来，革命论盛行于国中。"章太炎记述其事，并加评议：

> 余意梁启超、蒋智由辈，志在干禄，虑非专心于立宪者。又前日所为欺诈事状，多已发露，其党人且自知之。

> 原吾辈所以遮拨立宪者，非特为满、汉相争，不欲拥戴异族以为共主；纵今日御宇者，犹是天水、凤阳之裔，而立宪固不适于中国矣。是何也？宪政者，特封建世卿之变相耳。其用在于纤悉备知，民隐上达，然非仍封建之习惯者，弗能为欧洲诸国之立宪也。其去封建时代，率不过二三百岁，日本尤近。……今中国之去封建时代，则已二千余岁矣。夫封建之猥诸侯，其地才一县耳。百里之封，而命官授吏至数百人，且用人多不出乡里，其知民间情伪，无异篝席之间。然则纤悉备知，而民亦不敢自匿，固其所也。

> 综观中外之历史，则欧洲、日本去封建时代近，而施行宪政为顺流；中国去封建时代远，而施行宪政为逆流。

> 自前观之，则于国之富强无益也；自后观之，则于民之利病无与也。徒令豪民得志，苞苴横流，朝有党援，吏依门户，士习嚣竞，民苦骚烦，是宁足以为知微审势者耶？⑮

政闻社成立会为革命派攻击后，"咸以马先生（马良）道德、学问为当世所尊仰，因推为总务员"⑯，"拟公派专员到沪，求马君承诺"。12月15日（十一月十一日），马良"不惮奔走之劳，特来东瀛，就总务员职"，梁启超等以为"马先生已到，此公之持积极主义，其勇更逾吾辈"⑰。马良抵日后，到处演说，立宪党人热闹一时，章太炎于本年岁阑作《与马良书》加以抵制，刊发于次年印发之《民报》第十九期上，略谓："立宪党人，志不过升斗，借成名以取宠，此婴婉子之所周知。然其说率以民权为埻，故有所谂于先生。代议政体，非能伸民权，而适埋郁之。盖政有与齐民，财有二阶级耳。横置议士于其间，即分为三，政府固多一牵掣者，齐民亦多一抑制者。欧、美、日本行之，民愈困穷，未见其为元元福也。是在中国，则势尤异于东西。""一曰去封建久近之比例……无故建置议士，使废官家民梗塞其间，以相陵轹，斯乃挫抑民权，非伸之也。""二曰面积大小之比例。……县选其一，得一千四百人，犹三十万分之一也。数愈阔疏，则彼选者必在故官大驵。……以是代议，民其得有幸乎？""循是二例，以中国行立宪代议之政，其蠹民尤剧于专制。今之专制，直刑罚不中为害，他犹少病，立宪代议，将一切使民沦于幽谷。"⑱章太炎对"代议"立宪的批判，也有不足或错误处，但政闻社鼓吹立宪，对清政府寄以幻想，章太炎予以批判，在当时还是有深巨影响的。

　　1907 年 7 月 6 日（五月二十六日），光复会员徐锡麟刺杀恩铭，起义安庆，事败死难。13 日，绍兴大通学校被破坏；次日，秋瑾死难。据陶成章《浙案纪略》上卷第二节《破坏事实》七《绍兴之难》称："先是，绍兴士绅既有恨于瑾，又因师期屡改，密谋尽露，于是绅士胡道南等密禀知府贵福……贵福遂面禀浙抚张曾敫，曾敫使其幕友张让山询之。"又贵福致张曾敫电亦云："越密。前据胡道南等面称，大通体育会女子教员革命党秋瑾及吕凤樵、竺绍康等谋于六月初十日起事……请预防。"对此，政闻社人蒋智由在"秋瑾案"发生后，以为仅系"办事不善"，需"讲一大善后之策"，提出所谓"生命、财产、学校，蛮刑之取除"等办法，发表在其主编的《政论》第一号中，实际是和清政府妥协，反对革命运动的展开，章太炎认为袁翼、胡道南"告密，不为无因"。蒋智由所拟"要求"，"多为补救方来，而非昭雪既往。其处置告密之人，与秘密调查等法"，既"抵触于清国法律"，又"不合于公理"。⑧接着，更撰《代议然否论》，以为"代议政体者，封建之变相"，认为"民权不借代议以伸，而反因之扫地"，"田不自耕者不得有"，有一定进步意义。但又说："余固执守共和政体者，故以为选举总统则是，陈列议院则非。"对革命胜利后怎样实现政治上的民主制度，感到彷徨。

1908 年 8 月 27 日，清政府宣布自本年起第九年召开国会，再于 9 月颁布《宪法大纲》。这个《宪法大纲》的主要目的是要保存封建专制制度，保皇会采取了拥护的态度。

针对康有为和保皇会的活动，针对清政府"预备立宪"的欺骗性，章太炎明确地举起古文经学的大旗，继承和发展了顾炎武经学思想中的"经世"含义，反击康有为揭橥的今文经学，宣传革命"排满"。

如前所述，章太炎是著名汉学大师俞樾的学生，他在学术上推崇俞樾为"精研故训而不支，博考事实而不乱，文理密察，发前修所未见，每下一义，泰山不移"。但在义和团运动以后，俞樾阻遏他宣传反清思想，他就"谢本师"了。这是因为俞樾只是继承了顾炎武以来的治学方法，而章太炎却不仅止此。他在治经当中得到了俞樾所没有得到的民族革命思想，抬出"汉学祖师"顾炎武来辞谢俞樾。章太炎远绍顾炎武，而对俞樾的拘泥文字训诂之学，"尝仕索虏"，"不识汉、虏之别"表示"谢绝"了。

章太炎主持《民报》，积极宣扬顾炎武的民族主义学说，并对今文经学尖锐批判。

第一，攻击清代今文学借用《公羊》，认为只是"志在于禄"，并非《公羊》旧说，对立宪党人的理论依附加以根本性的摧毁。章太炎说："刘逢禄辈世仕满洲，有拥戴虏酋之志，而张大《公羊》以陈符命，尚非《公羊》之旧说也"[20]；认为立宪党人之以今文说附会立宪，只是"瞑瞒于富贵利禄"，志在干禄，为清政府效忠而已；只是"说甚么三世就是进化，九旨就是进夷狄为中国，去仰攀欧洲最浅最陋的学说而已"。

第二，发挥清代古文经学派开创者顾炎武经学思想中的实践内容，从那里借用语言，汲取思想。他说：

> 原此考证六经之学，始自明末儒先，深隐蒿莱，不求闻达，其所治乃与康熙诸臣绝异。若顾宁人者，甄明音韵，纤悉寻求，而金石遗文、帝王陵寝，亦靡不殚精考索，惟惧不究。其用在兴起幽情，感怀前德，吾辈言民族主义者犹食其赐。且持论多求根据，不欲空言义理以诬后人，斯乃所谓存诚之学。[21]

又说：

> 宁人居华阴，以关中为天府，其险可守，虽著书，不忘兵革之事。其志不就，则推迹百王之制，以待后圣，其才高矣。[22]

> 吾以为天地屯蒙之世，求欲居贤善俗，舍宁人之法无由！吾虽凉德，窃比于我职方员外。㉓

可知章太炎对顾炎武的敬仰。他对顾炎武的"甄明古韵，纤悉寻求"即示遵循，对顾炎武的"兴起幽情，感怀先德"更表景仰；认为顾炎武"持论多求根据"，是"存诚之学"，讲"民族主义者犹食其赐"，可以在古文献中激励民族感情。

章太炎在学术研究方面，继承古文经学的某些治学方法，在文字、音韵方面有很多创见。但是，更重要的是他汲取顾炎武经学思想的实践内容。他以为"当初顾炎武要想排斥满洲，却无兵力，就到各处去访那古碑石碣以传示后人"，从而也想在"古事古迹"中，找寻"可以动人爱国的心思"。他认为中国人要爱惜历史，"这个历史，是就广义说的，其中可以分为三项：一是语言文字，二是典章制度，三是人物事迹"。如果"晓得中国的长处"，那么，"就是全无心肝的人，那爱国爱种的心，必定风发泉涌，不可遏抑的"。㉔语言文字、典章制度，正是古文经学家所擅长的，章太炎不仅叫人要懂得这些，而且是要激发人们的"爱国的心思"，认识到目前是处在清朝政府的腐朽统治之下，处在清朝贵族的种族压迫之下，要"爱惜自己的历史"，就必须进行"排满"革命。

这样，在他的论著中，就充分赞扬和发挥了顾炎武的思想：引用顾氏所举"知耻""重厚""耿介"而益以"必信"，以阐明"革命之道德"；援用顾炎武所述"师生""年谊""姻戚""同乡"等"旧染污俗"，以箴贬新党的"自相引援"。所谓"引致其途"，"朽腐化为神奇"㉕，对当时的革命运动来说，确是起了很大的宣传鼓动作用。

第三，运用古文经学家的治学方法，搬用儒家经籍，讲解"华戎之辨"。他自己也说："故仆以为民族主义如稼穑然，要以史籍所载人物制度、地理风俗之类为之灌溉，则蔚然以兴矣。不然，徒知主义之可贵，而不知民族之可爱，吾恐其渐就萎黄也。"㉖民族主义"如稼穑"，而史籍所载却能起灌溉作用。"灌溉"的是民族主义，而民族主义也依存史籍的"灌溉"。搬用儒家经籍，加以涂饰，鼓吹革命。

照此说来，章太炎的提倡古文，反击今文，旨在宣传"排满"，反击立宪。他不是单纯地继承古文经学派的治学方法，而是将顾炎武经学思想中的经世含义进一步发展，并适应新的时代特点，为"排满"革命服务。他的学术研究为其政治目的服务，他"先前也以革命家"现身的。

章太炎在《民报》中，一方面指斥以康有为为代表的"新党"，"今之新党，于古人固不相逮。若夫夸者死权，行险侥幸，以求一官一秩，则自古而有之"；"今之新党，于古人絜长则相异，与古人比短则相同"。以为"抑此新党者，自名为新，彼固以为旧染污俗，待我而扫云尔。返而观其行迹，其议论则从新，其染污则犹旧"，对"新党"予以无情的批判。㉗另一方面，又力言讨伐清朝，建立民国的旨意。在《讨满洲檄》中"数虏之罪"十四条，谓："今者，民气发扬，黎献参会，虏亦岌岌不遑自保。乃以立宪改官之令，诱我汉民，阳示仁义，包藏祸心，专任胡人，死相撑拒。我国民伯叔兄弟，亦既烛其奸愿，弗为惑乱，以胡寇孔棘之故，惟奋起逐北，摧其巢穴，以为中华种族请命。"㉘

接着，章太炎又在《民报》发表《中华民国解》，宣传建立民国的旨意。初，杨度作《金铁主义说》，在其所编《中国新报》第一年第一号起连载，第一号《今中国所处之世界》，略为："中国云者，以中外别地域之远近也；中华云者，以华夷别文化之高下也。即此以言，则中华之名词，不仅作一地域之国民，亦且非一血统之种名，乃为一文化之族名。"章太炎驳斥杨度有三"惑"："一曰未明于托名标识之事，而强以字义皮傅而言"，"二曰援引《春秋》以诬史义"，"三曰弃表谱实录之书，而以意为衡量"。指出：华是国名，原于华山。夏是族名，并非邦国之号，所以得称诸夏。是故"华云、夏云、汉云，随举一名，互摄三义。建汉民以为族，而邦国之义斯在；建华名以为国，而种族之义亦在，此中华民国之所以谥"。谓："革命果成，取此深根宁极之政府而覆灭之，其兵力必非犹人而已。纵不足以抵抗欧人，然其朝气方新，威声远播，彼欧人之觇国也，常先名而后实，自非吹而可僵者，亦未至轻召寇仇，为劳师费财之举。"此文解述了"中华民国"，对立宪党人以为"国会成立，笼罩群生，则中国已足以治"加以驳斥，但其中也有狭隘的民族思想。

章太炎在《民报》上发表的文章中，"排满""逐满""仇满"等词句经常发现，有着大汉族主义思想，致每为学者所讥刺，但似需注意下列两点。第一，由于当时斗争的需要，当时清朝贵族的统治腐败卖国，确引起广大人民的反抗。即使革命派，也不乏"排满"言辞。第二，章太炎有的诗文后来没有收入文集，如《逐满歌》。他在武昌起义时写的《致留日满洲学生书》中也说，"所谓民族革命者，本欲复我主权，勿令他人攘夺耳，非欲屠夷满族，使无孑遗，效昔日扬州十日之为也；亦非欲奴视满人不与齐民齿叙也"，"君等满族，亦是中国人民，农商之业，任所欲为，选举之权，一切平等，优游共和政体之中，其乐何似"㉙。这是他在"排满"将成，羁留东京所写，那么，评价他"排满"的局限时，似也不能不加考虑上述言论。

三 组织亚洲和亲会

亚洲和亲会是 1907 年 4 月"由中、印两国革命志士"在日本东京发起组织的，入会的中国人有章太炎、张继、刘师培、何震、苏曼殊、陶冶公、陈独秀、吕复、罗象陶等㉚，印度人钵逻罕、保什、带君也参与其事。会长是章太炎，《亚洲和亲会约章》㉛也出自章氏手笔。

1906 年 6 月，章太炎出狱，东渡日本，担任《民报》主编，他发表了大量政治论文。次年初，章太炎和旅日的印度爱国志士经常往还，研究印度的历史文化和佛教哲学。早在 1897 年，章太炎就受到夏曾佑的影响，"略涉《法华》《华严》《涅槃》诸经，不能深也"㉜。戊戌政变后，章太炎流亡日本，购得《瑜伽师地论》，又以"烦扰未卒读"。"苏报案"发生后，他在狱中"始专读《瑜伽师地论》及《因明论》《唯识论》，乃知《瑜伽》为不可加"㉝。这时，重赴日本，和印度钵逻罕、保什、带氏接触。钵逻罕等向章太炎"道印度衰微之状，与其志士所经画者，益凄怆不自胜"㉞，使他对印度的民族解放斗争深表同情。

1907 年 4 月 20 日，钵逻罕、保什邀请章太炎参加在东京召开的西婆耆王纪念会。西婆耆王是 17 世纪末反对莫兀儿统治，"使印度人得独立"的历史人物，章氏认为"观西婆耆王之反对蒙古，则今当反对英国可知"㉟。但就在这次会上，过去被认为同情亚洲被压迫民族的日本大隈重信却在演说中"惟言英皇抚印度，至仁博爱，不可比拟，而勖印度人以改良社会，勿怨他人，勿谋暴动"㊱，暴露了他的侵略者的真面目。这使章太炎认识到亚洲国家中，有侵略者和被侵略者之分，有的"引白人以侮同类"，有的则遭"他人之剪灭蹂躏"。作为被侵略国家，就应争取独立，"相互扶持"。中、印两国，"扶将而起，在使百姓得职，无以蹂躏他国、相杀毁伤为事，使帝国主义之群盗，厚自惭悔，亦宽假其属地赤黑诸族，一切以等夷相视，是吾二国先觉之责已"㊲。就在这时，发起了"以反对帝国主义而保其邦族"的亚洲和亲会。

亚洲和亲会的正式成立时间，据日本石母田正《续历史与民族之发现》㊳，是在 7 月 20 日左右。他说：

> 明治四十年（1907 年）七月二十日，英国工党领袖哈第（Keir Hardie）来到日本。由日本社会党片山潜、田添铁二等人发起，在锦辉馆举行了欢迎会。在这以前，幸德秋水在中国革命家的社会主义讲习会上作了讲演。恰值此时，世界各国的革命领袖就国际协作问题交换了意见，由中国、日本、印度、菲律宾、安南的领导人在东京成立"亚洲和亲会"，这

是一件划时代的事情。

这个亚洲和亲会是由张继、刘光汉等中国革命家组成的社会主义讲习会的会员们发起的，有日本的金曜讲习会派即"直接行动派"的革命家幸德秋水、大杉荣、山川均等人参加，在青山的印度会馆举行了第一次集会，各民族出席的有安南、印度、中国的同志和日本的社会主义者。

第二次集会是在九段唯一神教的教堂举行的，有中国、日本、印度、安南、菲律宾等国的同志参加。但这次会议上，大杉荣鼓吹了非军备主义。

中国革命军参加这个亚洲和亲会的，除张继、刘光汉之外，还有胡汉民、宋教仁、马宗豫、章炳麟等人，但其主办人则是张继和刘光汉。

当时，朝鲜人表示，如有日本人出席，他们就不参加。结果没有加入。虽说是革命家的集会，对日本人也是心怀疑忌的。朝鲜人对日本的反感竟至如此之甚。

笔者于一九四〇年五月访问土佐和中村镇时，亚洲和亲会的《约章》尚有保存，因此推想幸德秋水当年可能与这个组织有关，后经竹内善朔氏谈话证明，事实确是如此。

这个亚洲和亲会原是亚洲各民族革命家相互聚会、交往、互通声气的亚洲各民族的民主友爱团体。但其中潜在着一种反抗帝国主义的思想，所以日本的田添二一派没有参加，而幸德秋水则在中国民族主义者的倡导下，同安南、印度的民族主义者相互友好往还，这是一件颇具特色的事。

　　文中提到的竹内善朔，在 1948 年应东京中国研究所的邀请而做的一次回忆演讲，专门讲到亚洲和亲会及其《约章》。㉚他说：

　　亚洲和亲会虽自明治四十年（1907 年）夏季以后即已召集过几次集会，但由章炳麟起草的宣言书却到同年秋季方始发表。该会原在张继、刘光汉的积极倡导下筹建起来，却把章炳麟推于上位，以章炳麟的名义发表了宣言书。宣言书用中、英两种文字分表里两面印成，中文定名为《亚洲和亲会约章》，英文定名为 The Asiatic Humanitarlan Brotherhood。这表明了该会的主张：以完成亚洲各国的革命为主旨，进而结成亚洲各国的联合。这个会是以中国革命党为中心，并事先和印度的同志协商后发起的。其成员，如《约章》所述，包括了中国、印度、越南、菲律宾、缅甸、马来亚、朝鲜和日本等国的革命党人。《约章》的内容，恰如"百余年顷，欧人东渐，亚洲之势日微"一语所示，慷慨悲愤，力陈团结的必要，号召排除帝国主义，谋求民族独立，要求邻邦互助，呼吁亚洲各国之人，如果一国发生革命，其他会友就要根据具体情况予以援助。这样，和亲会一语就有了千钧的分量。英文稿是由印度同志起草的，其宗旨与中文稿相同，只是发表的形式和词句稍有差异。据我所知，韩国同志当时没有参加，这是因为他们有个前提，即日本人如果出席，他们就不出席。这一段话是我在第二次集会上听中国同志说的。

　　《约章》是用上等纸张印刷的，用了大约上百斤纸。纸幅的大小为横五十四公分，纵二十公分，即宽约一尺四寸三分多，长约五寸五分，然后横选叠七折，构成细长形状，最后分发出去。纸的表里两面分别印上中文和英文。折叠的方法，乍看起来好像是以中文为主的样子，其实是为了使英文读了方便，而将它印在一张纸上。表里均叠成七页，各有一页印上《约章》名称。其余的地方，英文印成四页，中文则印成五页。

这次聚会的确切日期，我已记不清了，但第一次聚会的地点确是在青山的印度会馆。当时我在担任外国语学校的讲师，推测那里有一个人可能是英文约章的执笔者。我们称他为 D 先生，这位 D 先生是个领袖的人，他和六七位印度人同住在这里，因为在这里召集了首次聚会。记得日本方面出席首次聚会的有堺利彦、山川均、守田有利等人。幸德秋水并没有出席这次聚会。第二次聚会是在九段下的唯一神教教会（现在已经不存在了），即由真名板桥前行，再绕过饭田桥，从右侧拐角数处，第二家或第三家即是。这个教会是由赤司繁太郎担任牧师，因此在这里举行了第二次聚会。出席这次聚会的日本人有堺利彦、森近幸平、大杉荣和我。会场就是由我出面联系的。第一次聚会时仅有中国同志、印度同志和日本的社会主义者参加；第二次聚会，则增加了越南革命党人和一两个菲律宾同志，与会的越南革命党人中，有一个是越南王的叔辈，其余的是四五名青年。他们都是装扮成中国人前来日本留学的，不幸的是朝鲜同志没有一个到会。他这次集会，不幸因张继在第二年即明治四十一年（1908 年）二月离开日本、亡命法国而受到挫折，致使联合亚洲各国革命党人共同奋斗的尝试未能成功。

两份材料对亚洲和亲会的集会、组织情况记载不同：石母田正以为亚洲和亲会的集会在 7 月 20 日左右，在锦辉馆召开；竹内善朔则谓第一次集会时间"已记不清了"，"地点确是在青山的印度会馆"。疑筹议在先，陶冶公所藏《亚洲和亲会约章》，第一行则为"公元一九〇七年四月，成立于日本之东京"，发起起草应为4 月，竹内善朔以为系张继、刘师培发起，"却把章炳麟推于上位，以章炳麟名义发表了宣言书"。查亚洲和亲会是由处于半殖民地、殖民地地位的被侵略国家所组成，因此，凡属遭受帝国主义侵略的亚洲各国，如越南、缅甸、菲律宾、朝鲜等均可入会，而"先以中国、印度组织成会"。可知，它是为争取亚洲民族解放、各"复其故国"的革命组织。《宣言》出自章太炎手笔，章太炎参加筹议，不是一般的把他"推于上位"[40]。

据魏兰《陶焕卿行述》，本年秋，陶成章与"樊光联络印度、安南、缅甸诸志士，在日本东京设立东亚亡国同盟会，以章太炎为会长"[41]。樊氏回忆："东京方面，气势极盛，中国留学生将近七万人，革命雄潮，传播甚广，由东亚各国所来留学生亦不少，有志者并未亲炙，成章先生乃与余于丁未夏组织一东亚亡国同盟会，潜结安南、缅甸、印度、暹罗诸被帝国主义压迫国家之留学生侨民，思想前进者均在内，相互支持，共同革命，推章太炎先生为会长。"[42]东亚亡国同盟会，疑即亚洲和亲会。那么，当时他们除和印度旅日爱国人士联系外，和越南、缅甸等留日学生也有接触，陶成章、樊光也参与联络，会长则是章太炎。

此后，章太炎在《民报》上不断阐扬亚洲和亲会的旨意。

一方面，他无情揭露帝国主义奴役亚洲各国的侵略罪行，"至于帝国主义，则寝食不忘者，常在劫杀。虽磨牙吮血，赤地千里，而以为义所当然"[43]，呼吁"亚洲已失主权之民族，各得独立"。如对英、法殖民者的压迫印度、越南人民，章太炎曾愤怒指斥："小儿诵《梵种万岁》者，辄引至警察署"[44]，"今法人之于越南，生则有税，死则有税，乞食有税，清厕有税。毁谤者杀，越境者杀，集会者杀，其酷虐为旷古所未有"。[45]至于美国殖民者之于菲律宾，则以"援时独立"为名，行侵略之实，"假为援手，借以开疆"。[46]《民报》上还刊登了朝鲜人写的《告韩侨檄》和《檄告外国同胞文》[47]，对亚洲人民的遭受侵略表示同情。

另一方面，章太炎强调亚洲各国民族独立，反抗帝国主义。他说："若就政治社会计之，则西人之祸吾族，其烈千万倍于满洲。"[48]提出"使欧、美人不得占领亚洲，使亚洲诸民族各复其故国"[49]。中国、印度是"东方文明之国"，应该"相互抱持而起"，以"屏蔽亚洲"[50]。争取民族解放，取得独立以后，"在使百姓得职，无以蹂躏他国相杀毁伤为事"，以"维持世界真正之平和"[51]。这种论调，在当时的历史条件下，确实难能可贵。章太炎对亚洲和亲会的筹组和宣传，也功不可没。

《亚洲和亲会约章》是辛亥革命时期的重要文献，它前列序文，后录约章，比较系统地阐述了该会的宗旨和组织情况。

《亚洲和亲会约章》在"宗旨"中标明："本会宗旨在反抗帝国主义，期使亚洲已失主权之民族，各得独立。"它以"反抗帝国主义"载入《约章》，并用中、日、英文刊布，反映了亚洲被压迫民族争取解放的意愿，成为亚洲和亲会的显著特点。

本来，在1905年制订的同盟会纲领中，还只是"驱逐鞑虏，恢复中华，建立民国，平均地权"，缺少反帝内容。时仅两年，"以反对帝国主义而自保其邦族"的亚洲和亲会公开成立，表达了"亚洲的觉醒"。

《约章》还提出了如下几点。

第一，亚洲被侵略各国，先以中国、印度"组织成会"，亦谓"东土旧邦，二国为大，幸得独立，则足以为亚洲屏蔽"。

第二，入会各国，应该"互相扶助，使各得独立自由为旨"。如果"一国有革命事，余国同会者应互相协助，不论直接间接，总以功能所及为限"。

第三，入会会员，应"捐弃前嫌"，"互相爱睦"，虽则各国教术各异，"种族自尊"，但应"相知益深"，共同"排摈西方旃陀罗之伪道德"。②

这些主张，与上揭章太炎在《民报》所论，悉相契合，可知陶冶公所说《约章》为"章太炎先生之手笔"，是可信的；章太炎在《民报》上阐扬的也是亚洲和亲会的旨意。

亚洲和亲会自1907年4月发起组织以来，大约活动了18个月。1908年8月10日出版的《民报》第二十三号，载有揆郑《亚洲和亲之希望》，谓："是故希心大同，仅言社会革命，则联合欧、美同志宜也。东亚多亡国，情状迥异，正宜扶将以为事，而吾以种族之故，政治社会，一切务须更张。事有先急，种族是为要点……亚洲而和亲也，其大有造于将来哉，余引领而望之矣。"知亚洲和亲会这时尚有活动。10月10日出版的《民报》第二十四号，载有章太炎的《清美同盟之利病》，揭露美帝国主义利用传教士进行文化侵略，说是"外人所惎者，莫黄人自觉若"，强调民族觉醒。在《中国之川喜多大尉袁树勋》中又说："继自今，愿尔山东士民，为义和团，无为衍圣公"，同情义和团的反帝，反对"衍圣公"的媚外。等到10月19日，日本政府"徇清政府之请，下令封禁《民报》"，章太炎和同盟会龃龉又深，亚洲和亲会的活动始随之中辍。

亚洲和亲会以"反对帝国主义而自保其种族"为宗旨，对亚洲民族解放斗争，"推我赤心，救彼同病"，注意"互相扶助"，"独立自由"。并且积极鼓吹，展开活动，振聋发聩，颇具影响。

但是，它也存有一定局限。

在民族独立问题上，他们对已经沦为殖民地的国家挣脱帝国主义束缚、争取民族解放，是有所认识的；但对为帝国主义卵翼的半殖民地国家，却又估计不足，如章太炎说，"就政治社会计之，则西人之祸吾族，其烈千万倍于满洲"；又以为"言种族革命，则满人为巨敌，而欧、美少轻，以异族之攘吾政府者，在彼不在此也"。⑤在《约章》的义务中也说，"亚洲诸国，或为外人侵食之鱼肉，或为异族支配之佣奴，其陵夷悲惨已甚"，分为"外人""异族"两类，对帝国主义的民族压迫和国内各民族之间的矛盾有时缴绕，以致对"复其故国"以后怎样办，则感彷徨。章太炎就说："吾侪所志，在光复宗国而已。光复者，义所任、情所迫也。光复以后，复设共和政府，则不得已而为之也，非义所任、情所迫也。"⑥对半殖民地国家认识模糊，不可能把"反抗帝国主义"的斗争进行到底，不可能把反对帝国主义的民主革命进行到底。

在组织方式上，章太炎认为先以中国、印度组织成会，说"支那、印度既独立, 相与为神圣同盟, 而后亚洲殆少事矣"。又说"联合之道, 宜以两国文化相互灌输"⑤, 也就是《约章》中所说: "用振我婆罗门、乔答摩、孔、老诸教, 务为慈悲恻怛, 以排摈西方旃陀罗之伪道德。"他们拿不出新的思想武器, 企图从旧有的"宗教""国粹"中汲取力量, 并视之为"最紧要的"。拿章太炎的话来说, "第一, 是用宗教发起信心, 增进国民的道德; 第二, 是用国粹激动种性, 增进爱国的热肠", 他只能限于"高妙的幻想"。

亚洲和亲会的成员, 也是情况复杂, 组织涣散。钵逻罕不久赴中国, 保什又至美国, 刘师培、何震夫妇正在宣扬无政府主义, 旋即和端方往来。章太炎在宣传、组织方面是起过作用的, 但就在亚洲和亲会成立前一月, 日本政府应清政府的请求, 驱逐孙中山出境, 孙中山在离日前得到日本政府和股票商铃木久五郎馈金15000元, 以2000元留为《民报》经费, 余款悉充军费, 遭到章太炎的非议, 和同盟会产生裂痕。同年, 章太炎又有"南入印度之意"⑥, 以为"我亚洲语言文字, 汉文而外, 梵文及亚拉伯文最为成就, 而梵文尤微妙, 若得输入域中, 非徒佛法之幸, 即于亚洲和亲之局, 亦多关系, 望师一意事此, 斯为至幸"⑦。章太炎还是注意"两国文化相互灌输", 以"关系""亚洲和亲之局"; 还是想用"宗教""国粹"提倡民族主义。这样, 就使亚洲和亲会蒙上一层封建的翳障。他的活动, 也侧重于有"文化"、明"宗教"的几个人, 没有也不可能把亚洲被压迫人民真正团结起来, 这都是他的不足之处。

四 关于"献策"

"献策"一词，见章太炎《复吴敬恒书》"至足下最后献策事"；《再复吴敬恒书》又云："及巡捕抵门，他人犹未知明震与美领事磋商事状，足下已先言之，非足下与明震通情之的证乎？非足下献策之的证乎？"其后，鲁迅在《关于太炎先生二三事》中又说章太炎主持《民报》，"和主张保皇的梁启超斗争，和献策的吴敬恒斗争"等，"真是所向披靡，令人神往"。从此，"献策"就成为章太炎在辛亥革命前与"吴稚晖斗争"的一件掌故。

从1907年《邹容传》发表到1936年章太炎逝世，为了吴敬恒是否"献策"问题，争论了三十年；章太炎逝世后，吴敬恒仍旧断断不已。近几年，学术界对此也有不同意见。究竟吴敬恒在"苏报案"发生前有没有"献策"？由"献策"引起的争论是怎样发生、发展的？又该如何正确评价？这里准备根据前所未见的资料，提出一些看法。

章太炎在1907年3月日本出版的《革命评论》上发表了《邹容传》，其中有云：

> 容既明种界，又任气，视朋辈无足语者，独深信余，约为兄弟。时爱国学社教员吴朓故依附康有为，有为败，乃自

匿，入盛宣怀之门。后在日本，与清公使蔡钧不协，逐归，愤发言革命排满事。而爱国学社生多胱弟子，颇自发舒，陵轹新社生如奴隶。余与社长元培议，欲裁抑之。元培畏胱，不敢发。余方驳康有为政见书，事寝寻闻于清政府，欲逮爱国学社教员，元培微闻之，遁入青岛。而社生疾余甚，问计于胱。会清政府遣江苏候补道俞明震穷治爱国学社昌言革命事，明震故爱胱，召胱往，出总督札曰："余奉命治公等，公与余昵，余不忍，愿条数人姓名以告，令余得复命制府。"胱即出《革命军》及《驳康有为》上之曰："为首逆者，此二人也。"遽归，告其徒曰："天去其疾矣。尔曹静待之。"⑧

"吴胱"，即吴敬恒，文中以为章、邹被捕，是由于吴敬恒告密，即所谓"献策"。

此文刊出不久，吴敬恒即于 1908 年 1 月 1 日致函章太炎：

> 去年恒来巴黎，见君所作《慰丹传》，登诸第十号《革命评论》者，中间以恒旧名，叙述恒与俞君相晤事……恒与俞君相晤，恒亲告于君，君与恒现皆存世，非如慰丹之既没，岂当由君黑白者……如《慰丹传》所云，有所原本，请将出诸何人之口，入于君耳，明白见告。恒即向其人交涉。如为想当然语，亦请见复，说明为想当然……倘不能指出何人所口述，又不肯说明为想当然语，则将奴隶可贵之笔墨，报复私人之恩怨，想高明如君，必不屑也。⑨

章太炎看到此信，当月即复：

至最后足下献策事，则□□□言之，□□语不知得自传闻，抑亲闻诸俞明震者。但仆参以足下之屈膝请安，与闻慰丹语而面色青黄，及□□所谓明震自悔者，有以知□□之言实也。⑩

接着，写了一大段文字，指责吴敬恒的"外作疏狂，内贪名势"。

此函刊出不到两个月，吴敬恒又于 4 月 1 日写《答章炳麟书》⑪。章太炎也写了《再复吴敬恒书》⑫，刊出后吴敬恒又写《再答章炳麟书》⑬。争议的是是否"献策"，杂以詈骂，可知"怨毒之深"。

二十多年后，蒋维乔在《中国教育会之回忆》提到"苏报案"，吴敬恒又写了《回忆蒋竹庄先生之回忆》⑭，并寄交冯自由，冯刊入《革命逸史》第三集，题曰《吴稚晖述上海苏报案纪事》。就在此文刊出的当年，章太炎逝世，当然没有答复。

前几年，又有人对吴敬恒"献策"一案提出讨论。究竟吴敬恒是否"献策"？吴敬恒和俞家父子有什么接触，讲了些什么，有没有"献策"？如章太炎所言是事实，那吴敬恒"献策"自难辞其咎；如吴敬恒没有"献策"，章太炎又为何"诬告"。这里，我想引录未曾发表过的 1907 年 10 月 12 日（九月初六日）吴敬恒在巴黎写给蔡元培的长信，也许对"苏报案"的来由和"献策"问题能够提供一些比较原始的材料。由于此信长达一万四五千字，这里只能稍稍删节。函曰：

民友先生侍右：

近日因完成多种印件繁忙，未能将旧事即写呈，恕之。

今拉杂布陈如左：

答公问第一、二条，先述与公分别后近一月内之略史。

五月二十日　公去青岛。

二十四日　弟之眷属迁住泥城桥东，弟即离社回寓中。……弟惧插身其间，且起厌世意，故绝不到社。……确曾不以枚叔先生之竞争为然，此枚叔先生所未知者，而我之自道其实则如此。乃会逢其适，"有遽归告其徒，天去其疾之言"。然章君行年者，其弟亲批其颊，今复与彼修好，弟之此书，公或寄示行年，曾有如是之言乎？所指论者，无非公言，即弟到社，亦可亲责言于枚叔先生，何日某人来，皆不能忆，因非止一次，约略都在月杪。

闰月二日早　忽有一人送信来，家中人托言外出，因厌世不愿与人相往还。弟在壁缝窥之，其人年四五十，有须而矮，上穿蓝呢小袖褂，不知其为何如人？伊闻不在寓，即置书于家人手而去，弟拆去读之，乃知为俞君省羞简。彼蓝褂者，意其为干仆。

俞君省羞，向不知世界有其人，不记时日（大约终去闰月初二，不过十日半月）。弟住社中，尚未起。舍弟直导一人来，少年丽都，刚二十，新留须，止三茎，东洋学生装，直揭余帐，道殷劝甚至。曰：彼为钮惕生友，俞姓，号省羞，家南京。弟时窘甚，因床上积乱衣、便壶气蒸腾，不堪为生客见。然俞君坦然。余谢体不适，故迟起。伊问惕生有安归消息乎云云。问答数十语，匆匆去，弟仍不知俞姓为何如人。其日饭时伊又来，弟已在客座，同来者二人，一西装，一华装。俞君指西装者曰："此陶君，矩龄先生之令郎"；指华装者曰："此魏君，午帅之孙也"。余唯唯。乃揣俞即俞恪士君之子，委蛇约半点钟。俞君言别。弟曰："体尚未好，恐不能造寓。"伊云："断不必，况我等今晚即行，愿慎言语，毋过激。"余愕然，然心疑彼即指惕生等已遭戮云然（时有此谣）。漫应之。伊又云珍重，遂别。

以上乃与俞君省盦相沈之历史，本日（谓闰月二日），忽得伊之手简，其文云：

"有要事特来沪，与（原注：笃生、铁生、尔和已否东渡。下同）公商议，乞即惠临（英大马路）公兴里第八家进士第杨寓一叙。纯患病不得奉谒，乞恕之。此上。即请台安。俞大纯顿首。初二日。"（今仍将原简附呈，阅讫乞掷还。）

弟之心中，莫名其妙。适朱君仲超来（此人重要——指此案，公亦曾见其人，即前弟在东京逐归，偕公同舟，彼当时为吾寓中支持者也），伊亦莫名其妙。适吾舍弟等皆于此日回无锡，弟与朱君送彼等下船，至铁马路桥。归途，弟言俞从南京来，甚有异，我今便道往彼，君盍与我同去。伊曰甚善。按址觅之即得。比入衖，觉所居无一正当人家，大类妓寮，至约八家地，果见朱条"进士第杨"，立门口望之，大奇。忽见六七小女子，无一不眉清目秀，杂据一座如常熟，各执书读，为之师者，一年约二十余岁青衣之少年。心想女学堂尚在萌芽，何以此处已有此组织，少年即诘余等为谁。弟曰："我姓吴。"伊闻之，又见西装，伊即欣然。余曰："有俞姓在此乎？"伊曰："即请上楼。正相待也。"弟与朱君遂同登楼

（按：下列房间、下层、上层席次，略）。

弟前行，已登楼，从门间望窗前，一人坐，年已四十余，然面目大类省羞君，弟心知此必俞恪士君，私念此十有八九捕人之局，然谅彼亦不敢下此野蛮手段，突出壮士捕我。然到此，亦无可如何。或伊子同来，亦未可定。不及多转念，恪士君起立迎谓曰："贵姓吴，稚晖先生耶？"弟即答曰："然。先生为恪士先生乎？"伊曰："是是，请坐请坐。"又问朱君姓字。弟即问曰："世兄今在何处？"

伊曰："实未来。吾有事，欲与尔商，且请坐，再细谈。"……

伊有云："近来上海风潮太利害，学社果作何事？"弟曰："风潮虽利害，愧皆空言。学社乃讲学，别无何种奇事。"

伊觉说话问得太扁（偏），即曰："自然自然，然外边不知者，皆大惊小怪。"

弟曰："无怪如此，有如近日汤、钮二人之谣言，亦是奇闻。"

伊曰："中国向来谣言多。"

伊又曰："然则外间起如是之谣言者，果何因也。"

弟曰："此无非文字口语，近来激烈者日多，故因之谣言易起。"

伊突然向我曰："龙积之，其人果何如人欤？"

弟笑曰："龙积之者，一阘茸之小官派，若其人官中尚疑其有他，其令激烈党短气。彼去年初见，尚与我伊叔之同年，则其人可知，我不解官中屡欲访缉，究为何事？若龙积之可以捕拿，当无人不可捕拿。"

伊云："原是原是，我将质实言之。现在上海据我看来，无一可捕者。至于口头言语之激烈，我不敢讳，或者尚以我吴稚晖为放肆，我非轻视上海之寓客也。"（弟当时因伊果用野蛮手段，但看伊有胆无胆，如何不防巡捕干涉，故以壮语观其究竟。且人当激昂时，气势稍壮，想不如独引于一身，让他处办，果不能逃，不硬亦无用，故作此语。朱君亲闻之，俞君亦尚话。又漏去一层，当弟坐定，即瞥见送信之黄呢褂人，抱水烟袋坐床上，彼此即点一点头，后知此人大约即进士杨公，盖南京之坐探委员也，故所讲之言，又有杨君闻之。）

伊曰："实情如此。然谣言一多，官场即疑鬼疑神。"

伊皱眉曰："《苏报》近日所言，似乎太过分。"

余笑曰："时势至此，恐言语之激烈，将日甚一日。"

伊曰："诚然。然我不主张激烈，以为此事无益，徒招乱以致外人之干涉。现在惟学问最为紧要，教育稍盛，政治自有改革之一日，暴动万无益处。"

余曰："如官吏之昏昏何？故有人云：造反者，政府造之，使人反也。"

伊曰："我们且不说野话，《苏报》有法使之稍平和乎？梦坡亦旧熟人也。"

余曰："如无可说者，报纸自不说，否则将有第二《苏报》未已。"

伊曰："虽然，此闲话，就目前，必有一办法。"（伊意似迫欲嘱我设法者。）

我曰："梦坡既先生熟知者，报馆事倘外人为言，得勿疑我为受赂。"（余词气示决绝不与闻之意）

伊曰："梦坡脾气，我亦知之审。"又踌躇曰："我昨日曾往彼，惜未遇。"余曰："唯。"

伊皱眉曰："说话似太过分，使人难下台，将如何？"

伊曰："姑置之，鹤卿在上海乎？"

余曰："伊早往青岛，今或已赴德矣。"

伊曰："甚善。"伊即在桌上之靠窗书与纸及信之堆下，出一纸，起立，走至弟一边，弟亦起立。伊曰："我今示你一物，请看。"乃一官中文书，伊执放桌上，弟观之，略云："……两江总督部，……为札饬事……，奉廷寄……，有逆犯蔡□□（台衔）、吴敬恒倡说革命，煽……今札俞道会同该道……严拿务获。……"⑥至其尾，似有正法等字样，未终，伊即随手急折好，一面收起，一面返坐。口中曰："笑话笑话，请坐，再谈。只不过官样文章。"

弟乃故作坦然曰："公事公办，即为之，则应受之，无可逃也。"

伊曰："笑话笑话，我们且再讲要话，闻你曾有往西洋之说。"

弟曰："先生何处闻之？"

伊曰："你有学社贴有手帖。"

余曰："实有此意，望西洋如登天，惟现尚未能也。"

伊曰："如要出去，我想亦好。"（盖至此，各人之神色大定，伊即将此语示意，公文之事作废，你可以自由出洋。）

伊又曰："你想到那一国去？"

弟曰："想到法国去。"

伊曰："不妥不妥，欧洲未善，美洲最好，故小儿亦欲令彼去美。"

弟曰："闻美国学位可买，恐学问不如欧洲，况我有友人告我，法国学费甚廉也。"

伊曰："皆云美国好，故我决意令小儿赴美。"

正抬杠间，楼下之先生，忽托四菜碟及碗筷走上，自陈于小圆桌……⑯

面罢，伊不移坐，及碗筷毕收，仍不动，似有逐客意，我等亦急欲行，遂起立告辞。伊送至梯头，忽又呼我上曰："我们可以常常通通信，你信来，可名吴谨，谨慎之谨，我写俞燕，安燕之燕，即燕子之燕。"弟莫名其妙，漫应曰："唯。"遂出。（惟此结语，至今莫名其妙。……想公现在闻之，亦莫名其妙，后来我亦无半句要通信话，故亦未曾用过。）……

所以全未提及章、邹二公者，我亦不知，活口俱在，可问之也。若枚叔先生所作《慰丹传》中，形容袖中《革命军》等两书，一拿就出，彼等文章虽使人佩服，恐我无此日日佩带身上之记忆力，恐未免大违情理矣。……

闰月四日　礼拜。

公等四条所问，系传闻之误。弟并未于晤见俞君后，即往教育会报告，因一则苏报案之后事，弟不能预知；二则此种捕拿之事，曩年非止一次，公亦曾与弟偕往巡捕房，常时弟之意中，止作又被巡捕房唤问一次，文书中又止有公与弟二名。公既不在，弟又何必以己之私事，向素不相习之人告，（枚叔先生在社中，亦与弟不甚讲话也。）况其时彼恨弟五月十七夜评议会□□之言，果往谈说，一若弟往卖弄有官人卖放也者。况弟当时并不想到，只有余波，及于枚叔先生等。至于积之，适因议政所冲突，亦不通问，况俞君既将我之自认放肆者放过，仅至寻彼言以为腐败者。至于苏报馆，公当知之清清楚楚。自五月朔起，已全归行年代为集稿，我等皆不与闻。况弟乃实话，若弟去向梦坡陈述，若欲和平其说，弟乃出尔反尔，苟不受贿，何至丧心病狂，改其宗旨。如无和平之力，空讲奚为。如为梦坡或受不测计，俞君不云乎，是其旧熟人，彼虽往报馆，彼独不能往第二次乎？故当时弟且并无此等盘算，以为又经一回巡捕唤起而已，其不足挂齿，故亦全无心思，想到去转告他人，向茂堂等告说者。不过当时出了学社，日日与彼等往来，谈说以为笑乐耳。不知后日有如此之关系也。

闰五月五日　傍晚，何君梅士、沈君步洲（沈乃梦坡之甥）急叩弟寓门，入即告曰："拿人拿人。"弟曰："所拿者谁？"彼等曰："现止拿去苏报馆司事陈吉甫一人，闻梦坡先生及章枚叔、邹慰丹、钱宝仁等皆在内。"弟曰："有只拿。"彼等云："我们在彼来，我等再去看。梦坡先生亦嘱请你去商量。"弟乃随即随两君出门，甫至街上，枚叔先生与敦君梦姜自东来，告其故，枚叔先生冷笑，我等邀伊同往，伊未却，五人同行。

然则《慰丹传》所谓"范逎，令其子诣余告警"，梦呓耶？

至报馆，在楼上坐，梦坡先述下午有巡捕来，出票示我等，其上有陈范、陈吉甫、章炳麟、钱宝仁、龙积之、邹容、陈梦甫七人（陈吉甫似为第一名），我等云："陈范已出去。"巡捕指梦坡曰："彼为谁？"杏芬急曰："彼系亲戚。"巡捕曰：

"谁？陈吉甫何在？"曰："亦他往。"（实他往）巡捕去，吉甫即归，巡捕又至曰："吉甫已来矣，不妨随我等去。"于是听巡捕强陈吉甫去。吉甫初不肯行，后习闻巡捕房每传唤人，皆无恙，遂亦坦然随巡捕行。巡捕去又来曰："闻陈范亦已归。"皆曰"实未"。巡捕乃曰："然则彼如归也，今夜必来捕房，否则明日决要来。"皆曰"诺。然则陈吉甫可令暂出乎？"巡捕云："不能。"后设法欲先保出，捕房索铺保二人，并担任保金五千元，于是我等始骇，何至陈吉甫一人值五千元，即铺保，欲请广智、文明两局往，皆不愿，故请公等来商。杏芬云："稚晖先生，我想爹爹先走了好，如往无益。"梦坡云："我想去亦可。"

公，此时在现在言之，公必曰："你何不将一切与俞相见之情形说出。"惟当时我实有为难之情状，我若百忙中光讲历史，恐话未说明，伊等即群起，以为放了你，倒拿我等来出气，或逼我与俞君交涉。我尤为难，此皆我当时胡涂之处，或惟此实我之过。我当时心中，即猛想着俞君之苦心，至今思之，益真切，弟姑妄言之，公亦必以为信然。

盖梦坡后告我，案未发之前，确有一人来馆买书，彼言姓王，与陈吉甫交涉，详问吉甫姓名职业，吉甫厌之。虽告彼，然□□□后问梦坡，梦坡实在馆，亦未使彼托词谢客，伊不高兴，故随□云可在。

公想巡捕既识陈吉甫，岂有不识陈梦坡，竟当面不拿，一奇。

俞恪士既以梦坡为熟人，岂有不知陈范即陈梦浦，乃一牒两名，二奇。

巡捕拿陈吉甫，索保金至五千，何等重大，乃轻将全牒名氏宣露，三奇。

既宣露矣，捕章先生，至于再一日之傍晚。四奇。

其实一无所奇，盖此案不过想拿陈吉甫一人，使余者皆逃，则报馆自然关门，可以销差。其公文则曰："馆主已经逃逸，故捕到司账一人，讯无知情帮同撰述情事，故将报馆发封，陈吉甫具保释放。"

乃不料章先生以入狱为莫大之责任，决不退避，故后来反弄得皇帝请了律师，与百姓打官司，官场也受了说不出的苦处。

此乃弟体察四奇，揣想以为确凿如此，此弟晤俞时，于上文所述之外，尚有另外之枝叶，同来之朱君虽为吾之至友，然彼常不以我之革命为然，所以终相敬爱者，以弟生平鄙陋之事，幸能免去，否则若亲见弟在革命党中害人，必使人齿冷矣。

弟当时虽没有想得如以上之明澈，然约略已提醒到此，彼父女相商于我，我即曰："事固不妨去。"然何为要提陈吉甫？陈吉甫者，素未知名，且绝不相涉也。今乃复索保金五千。况巡捕果不识梦坡先生乎？梦坡曰："靠不住，靠不住。伊以极识我，神情若故意不识者。"弟云："事大奇。或暂避亦可。"杏芬云："我亦说且暂避，人在外，可以料理。"梦坡云："将往何处？吾以为去亦无妨。"弟云："我不敢下断语，然似无益于必去。"何、沈有时开口，亦如我之词气，因断言

竟避，乃畏怯。若云当去，则父女二人实无意肯去，故再三
盘旋。章、姜二人似愈听愈厌者，即起曰："我们先走。"即
怫然去，且带冷笑。弟经此感情，内愧甚，盖心中实欲劝梦
坡使避，至此几欲行，然相顾凄然。方商如何如何，岂可立
走。及章、姜去久，盖趋于避之一方面，遂决议暂避。弟与
何、沈及梦坡先生，共雇四辆东洋车，杏芬及二蔡中之一蔡，
随后亦雇车，竟款徐敬吾君之门。彼在爱国学社后，盖当时
商量，往弟处，因弟或恐续捕，不妥，迁至梦坡新马路寓，
巡捕能知之，不妥，迁爱国学社更不妥，然此外则无可迁，
故款敬吾之门。时敬吾已睡，着衣起，敬吾怒目相向，然究
因避难来者，强点灯，导上楼，其时此楼为学社所租，又新
于社中夺得无数床架藏彼，即教育会中人亦皆住彼。既上楼，
何、沈因敬吾如此，早返社，我等四人上楼（我，梦、蔡、
杏芬），敬吾亦不随上，即归房，楼上睡者枚叔、小徐、相伯
三人。枚叔即骂曰："小事扰扰。平日大言炎炎，小事扰扰。"
其时相伯见火闻声，探头出望，即睡下。小徐亦仰首望一望，
若不见，皆睡。曩夜之事，我终身不忘，觉世间羞耻之事，
无有过于彼时，然无奈何矣。四人互相问答，择一空榻，铺
杏芬等携来之被褥于上，遂令梦坡寝息，我等皆行，恐迟出
敬吾又或起骂也。其时已一下钟，至门外，何、沈二人不放
心，出探，遂由沈君决定，明早迁梦坡于人演译社。

如此情形，此夜弟决无可以贡说晗俞历史之机会。

闰月初六日　早，沈君来我寓，我随至学社，敬吾在彼
高谈阔论，相伯与余寒暄；浩吾入学社门，拱手而言，公等

请暂避，留此身以有待，弟笑而听之。方欲有词，伊足不一停，直向后门去。口中曰：枚叔先生何在？伊即向敬吾宅去。……

其时枚叔先生方在敬吾客座中吃朝饭（似对座为小徐先生），似方冷笑罢者。见我等入，伊忽似极知己，与我辈戏着。笑逐颜开曰："小事扰扰。"我等亦笑逐颜开，不听其语，直趋楼上，就伴梦坡下，径至人演社，至梦坡新寓，遇杏芬，始知捕房又捕陈仲淇、钱宝仁去，出门遇程伯嘉（《晋报》主笔），伊云："我在《中外日报》，遇俞恪士，知此案尚有你，宜速避。"余曰："唯。"适无锡学堂托我买风琴，遂往外浦滩近处，与熟人周旋了一天。夜，何梅士来，告余，枚叔亦捕去矣。弟曰："如何捕去？"何曰："巡捕傍晚来社，适枚叔在账房。巡捕曰：'有数人在你们学堂'。出票至枚叔。枚叔曰：'章炳麟是我，其余皆非我社中人也。'巡捕曰：'然则尔即行矣。'枚叔先生曰'唯'，遂行。"

那自然，枚叔先生之从容，使人五体投地，然情形既如此分明，何必造出许多蛇足之言以自污。

即如彼不满于公者，谓微闻逮捕事，遁入青岛，无论公之往青岛，实因当时内哄，恶闻夜冠之丑争，故隔夜议分离，明日即辞各事决行。又曩年逮捕，岂止一次，即枚叔先生自己，亦与我同入捕房问话。若欲闻逮即遁，早已遁矣。然彼之语气，以为先生独遁，未一警告于彼，故至彼不能遁，此言尤与彼之志节矛盾。彼所谓"诸教员方整理学社未竟，不能去，坐待捕耳"。请第一句先问他，所谓诸教员者何人，仅小徐先生一人，尚新来，未闻特来整理学社。其余相伯，向不为教员，教员既是妄语，则学社未竟一语，当时学社，正在争夺中，无整理之可言，是枚叔之就捕，实是临危不避之大节，何尝是殉身学校之细故。故隔夜在苏报馆闻商避而笑，当晨浩吾先生警告而骂，果有半月前作鄙陋之语告之，曰大祸将至，速速迁避，岂非连其人之祖宗，将遭讥骂。又何怨。枚叔先生之怨，直过于自污，至如彼纯乎止怪先生之预知逮捕，则又可以不辨。即如上说，曩年预知逮捕，岂但一次，知之如何？不知又如何？彼重视最后之一知者，乃因苏报案成为巨案之故。然当其未成巨案之先，同是官场哀求巡捕房拿人，既拿数次，皆儿戏矣，安知此次必为郑重？则当日如秋风过耳，何足有告人之价值。盖苏报案而以陈吉甫作戎首，虽欲不为之儿戏，实不可得，重之"我是章炳麟"一语重之也（弟非敢谓不当使之重），乃既作揣想之词，硬派人知有逮捕，乃明明隔夜当晨告彼，又硬骂人鄙陋，真十八面一齐占到了脾气，人谓章枚叔是疯子，真疯子也。

是日晚间，闻枚叔先生在捕房送手书出，促积之、慰丹皆入。

伊《慰丹传》中，乃匿去手书，仅曰："闻余被系。"然龙积之活口尚在，即护慰丹同逃之张君溥泉亦尚在也。然此乃爱人以德，正是以见枚叔先生之志节，何必匿讳哉！

闰月七日　早，闻积之自投捕房。……

闰月八日　早，闻慰丹往警署报到。……

十二日　省视枚叔等于四马路老巡捕房，慰丹、龙、陈

（仲淇）、钱、陈、陈（吉甫）同在一屋，我与何梅士君在栅外，即详告以"晤俞历史"，举以上所言于公者无异。其时，龙积之及陈吉甫皆点头，慰丹与枚叔微笑。钱宝仁、陈仲淇若莫名其妙者。然我此日胸中之抱歉，亦终身不能忘。盖彼等其时皆失其自由，坐卧一室，而我则指手划脚谈栅外。谈罢，从容自行，虽极表大不忍之意，然受苦者之一方面，心愈激苦。此等感情，实不能为我相对之一方面人释脱。……

在枚叔先生既志节矫然，亦当可怜吴稚晖之不幸而漏网，付之一笑而已。岂可积苦生恨，积恨生怨，造出他人所不曾有者，以泄其忿。且不明揭于本人可见之报纸，用弟现在共知其名，而必用弟旧名，他人所不甚知者。若有意，若无意，登于一日本人所出之《革命评论》报上。弟若以小人之腹，度君子之心，岂非彼因突然公布，恐违于事实者多，致遭不可辨之驳难，故必隐□于不甚留意之报上，使日久，人得其稿，辨者已死已亡，他人欲闻吴朓为何如人，有人即曰似又名某某，遂共骂曰：原来其人丧心病狂，狗彘不食如此。呜呼呜呼！枚叔先生之用心，虽决不如我揣测之甚，然彼之志节伟岸而性情恔刻，心地光明而脾气鄙陋，实有其相反者，以我此书，悬之国门，若云非是，枭我头去。……

十三日 朱君仲超又来，言外间说吴稚晖在上海，俞恪士何不拿，故俞无法，恐出乎，彼亦得之道路之传闻。彼云：你如西洋去，有庄君已赠你四十元在此……

十六日 早，余乘马车掩帘赴龙门船，……是晨九时即开，出口后惊魂始定，……

右书猥琐已极，然言之不尽。又恐传闻多误。如有人言，董君恂士闻人言，弟得俞君而逃，绝不告章，故章等被捉，此又是一种奇谈。诸如此类，想必甚多，故弟拟作陈辩，迟迟不能下笔者，因话头过长，无此日力可供书写，今约略之，拉杂至于甚不成文，已书十许纸，……弟敬恒顿首，西十月十二日。

信凡十三叶，毛笔草书；原件藏于中国第二历史档案馆。每纸书写部分长达四十二毫米，约四十七行，每行十六字左右。末署"西十月十二日"。此信系《革命评论》刊登《邹容传》、蔡元培诘询吴敬恒而发（见后）。查1903年"苏报案"发生后，吴敬恒于6月2日乘轮西渡，住苏格兰十个月，住利物浦一个月，住伦敦十四个月，又往苏格兰住十四个月，住伦敦五个月，又至巴黎有十个月，共五十四个月，当四年六个月，已在1907年。又吴敬恒《与章炳麟书》发于1908年7月1日，此函应写在这封信之前，"西十月十二日"，应为1907年。

吴敬恒《致蔡元培书》，是他接到蔡元培的询问信后所写。

《邹容传》于1907年3月25日在日本《革命评论》第十号发表，旅居德国的蔡元培看到后，即向吴敬恒函询其与俞家父子接触情况，蔡元培原函是：

一，俞明震来沪，为欲封苏报馆乎，抑欲封爱国学社乎？

二，俞与公见面在何日，巡捕房捕人在何日？（捕人忆是闰月初六日，是否？）

三，第二次会审公廨问案者止问《苏报》乎？抑兼问《革

命军》等书乎？（此或已见从前各报）弟忆是"问官询章、
邹以是否苏报馆主笔？彼等佥言：主笔是吴稚晖（此即恨公
而欲限公耳），非吾等，惟吾等各有言革命之书。其时，英吏
以此等书可不必问，而清吏则欲索观，但其书由何处觅来，
则不可知"。未知究竟如何？

四，弟前闻公见俞明震后，曾回教育会告章、邹二君以
"苏报案"将起之消息，而二君曾抗言"宁死不遁"。

五，弟又闻俞明震来时，公已与爱国学社诸君意见不合
而不与闻社事，确乎？①

可知，蔡元培看到《邹容传》后，联想到过去所听到的疑问，
向吴敬恒函询，从而吴敬恒长函作复的。吴敬恒详述"历史"，自
感"猥琐已极"，但下面几点，仍透露一些真况。

第一，章太炎《复吴敬恒书》所云见俞明震"赠面事"及述
俞明震语"奉上官条教"，吴敬恒在信中是承认的。章太炎"入狱
数日"，吴敬恒"来视"，述俞明震语，也确有其事。

第二，章太炎在"苏报案"发生时，责问吴敬恒"畏葸""小
事扰扰"，他在警探临前，直称"章炳麟是我"，英勇就逮，即吴
敬恒也感其"从容"，"使人五体投地"。

吴敬恒断断相争的是《邹容传》中"会清政府遣江苏候补道
俞明震穷治爱国学社昌言革命事，明震故爱朓，召朓往，出总督
札曰：'余奉命治公等，公与余昵，余不忍，愿条数人姓名以告，
令余得复命制府。'朓即出《革命军》及《驳康有为》上之曰：'为
首逆者，此二人也。'遂归，告其徒曰：'天去其疾矣，尔曹静待

之。'"一段。在这一段中，开头几句，即"会清政府遣江苏候补道俞明震穷治爱国学社昌言革命事"系事实，俞明震正是为了"治爱国学社"而来沪，并找吴敬恒谈话的。"明震故爱朓"至"余得复命制府"，也并非完全没有根据，俞明震如果不"爱朓"，为什么专门找吴敬恒谈话，即吴敬恒上述致蔡元培函中也说：俞对吴说："有要事特来。""吾有事，故与尔商。"为什么不与别人"商"而专门找吴敬恒"商"呢？至于末后的"朓即出《革命军》及《驳康有为》上之曰"以下，则可能有些"想当然"。《革命军》《驳康有为》早经刊布，既有单行本，又有《苏报》登载，俞明震奉命查禁《苏报》，当然知道此等书刊，不劳吴敬恒带往，也正由于这样，吴敬恒借以反击。至于最后"天去其疾矣"等，即使吴敬恒与章太炎有意见不合，即使吴敬恒向余明震"献策"，也不致如此信口攻击，自找麻烦。也正由于章太炎这几句"想当然"，吴敬恒屡次反击，并争得一些人的同情。然而，吴敬恒长篇记述和俞明震的相晤，连坐的位置、吃的点心都一一记载，恰恰没有询及章、邹的记载，不得不使人怀疑，他自己虽说："所以全未提及章、邹二公者，我亦不知。"会不会"欲盖弥彰"？至于相约以后两人用"俞燕""吴谨"等密语，又迹近"密探"了。

吴敬恒《致蔡元培书》的发现，使我们看到，吴敬恒确曾与俞家父子往返，确曾专门谈起《苏报》事，似难推脱"献策"的嫌疑。至于章太炎信中所谓与康有为、盛宣怀等的关系，则言之过甚，且与"献策"无关，这里也就不必评述了。⑧

五 《民报》"封禁"和东京讲学

1908 年 10 月，发生了《民报》"封禁"事件。

10 月 19 日（光绪三十四年九月二十五日），日本警视总监龟井英三郎致函"《民报》发行人兼编辑人章炳麟"：

> 明治四十一年十月十日发行《民报》第二十四号，有人告发，违背新闻纸案例第三十三条，遂依同案例之第二十三条，停止其发卖颁布。且记事如《革命之心理》，《本社简章》有与同一主旨事项之记载，皆被停止。合将内务大臣命令相达如右。⑩

说是《民报》"违背新闻纸案例第三十三条"，所举例证是《民报》第二十四号《革命之心理》和《本社简章》。查《革命之心理》，汤增璧撰，笔名伯夔。文章以印度、俄国为"同调"，谓："斯二邦者，其吾之同调乎？""吾所砥守于怀，愿与同志共励者；不忘其本来，其如印度；澹情于功，有如虚无党人。""吾所以取于虚无党人者，虽不以其归墟合吾轨辙，要其方法，设用于中土，奏效神速，必较之斩木揭竿为胜。"认为暗杀了清朝官吏，"虏廷其如孤注，不崇朝崩离"，此即日本政府所指"激扬暗杀，破坏治安"的由来。其实《民报》讲暗杀的文章，不只是《革命之心理》一篇，有的比此文还要激烈。在日本发行的革命刊物，也不乏此类言论。日本政府以《革命之心理》作为"封禁"的原因，实在只是借口。

至于《民报》的《本社简章》，原有九条，二至九条，只是事务性告白。只是第一条"本杂志之主义"六项："一，颠覆现今之恶劣政府；一，建设共和政体；一，维护世界之真正和平；一，土地国有；一，主张中国、日本两国国民的联合；一，要求世界列国赞成中国之革新事业。"关键是"颠覆现今之恶劣政府"一句。然而，此项主义，早在《民报》创刊即行登载，此后每期照录，为何在两年以后，二十四号以后再行"封禁"？为何"前日不禁而今日禁之"？

因此，日本警视总监所指两条，难以成立，并作为《民报》封禁的理由。

日本政府"封禁"《民报》，实际是由于《民报》宣传反清革命日趋激烈，章太炎且发起组织亚洲和亲会，"反对帝国主义"，这样引起了清廷的震惊，也引起了帝国主义者的震惊，从而日本政府和清政府"勾结"，爆发了《民报》"封禁"事件。

1906年12月2日，《民报》举行一周年纪念会，章太炎发表《祝辞》："相我子孙"，"同心勠力，以底虏酋爱新觉罗氏之命。扫除腥膻，建立民国"。⑳接着，又出版了《天讨》增刊，发表《讨满洲檄》，言论日益激烈。他还写了不少"时评"，如《印度中兴之望》《清美同盟之利病》《越南设法佽议员》等，震动了清朝政府和一些帝国主义国家，从而清政府与日本政府勾结，制造了《民报》"封禁"事件。

日本警视总监龟井英三郎的"封禁"通知发出时，章太炎"适往镰仓"，次日返回东京，看到"此命令"，以为"《革命之心理》一篇，无一语与彼三十三条相犯，所谓败坏风俗者无有也，所谓扰害秩序者无有也"。因此于 10 月 21 日致书日本内务大臣平田东助，略谓"《民报简章》六大主义，前经贵内务省认可，今未将此项保证退还，突令不许登载与此《简章》同一主义之事项"，"不能承认"。此书去后，日本内务省饬警视厅，"令其恳切晓谕"。

23 日，章太炎到警察署，署长将上述"命令原件"交阅。章太炎说："吾始终不受此命令书，任君上告长官，言我反抗命令可也。"又致书日本内务大臣，以为"警署本奉命之地，署长特备役之人，权不己操"，"勿庸与之撑拒，当将命令书仍旧携归"。又据署长告言，"此事关于外交，不关法律"。章太炎谓早闻北京传闻，"唐绍仪此次途经日本，将以清、美同盟之威胁日本"云云。自己怀光复之志，《民报》言论，亦与明末李之瑜"违难"日本相同，今后不能"辱我炎黄遗胄"。

此书去后，24 日，"铁道技师高桥孝之助来作说客"，章太炎"以命令书示之"，谓"贵国政府所为，非官吏之行为"。次日，又"移让内务大臣"，"勿令纵横之士腾其游说"。⑦

在此事发生后十余年，章太炎在南通与人答问中，有一段生动的谈话，讲到《民报》"封禁"事件的经过和斗争情况：

问：住民报馆几年？

答：三年，其后为东京巡警总厅禁止出版。

问：何故禁止？

答：此难言也。时前清方遣唐少川赴美（时盛倡联美主义），日人忌之，借禁《民报》以为见好中国起见，亦未可知。

问：禁止出版，有无理由？

答：突如其来，有何理由。

问：既无理由，警厅何以干涉？

答：彼谓我扰乱秩序，妨害治安。

问：何所指？

答：指报中登有《革命之心理》一篇，山西汤某所作。

问：先生辩乎？

答：如何弗辩。彼来传吾时，我方他出。及归，知有此事。即赴地方裁判厅起诉，彼邦辩护士五六辈，亦来助我。

问：先生胜乎？

答：理胜而事不胜。我语裁判长，扰乱治安，必有实证。我买手枪，我蓄刺客，或可谓扰乱治安，一笔一墨，几句文字，如何扰乱？厅长无言。我语裁判长，我之文字，或煽动人，或摇惑人，使生事端，害及地方，或可谓扰乱治安。若二三文人，假一题目，互相研究，满纸空言，何以谓之扰乱治安？厅长无言。我语裁判长，我言革命，我革中国之命，非革贵国之命，我之文字，即鼓动人，即煽惑人，煽惑中国人，非煽惑日本人，鼓动中国人，非鼓动日本人，于贵国之秩序何与？于贵国之治安何与？厅长无言。我语裁判长，言论自由，出版自由，文明国法律皆然，贵国亦然，我何罪？厅长无言。我语裁判长，我言革命，我本国不讳言革命，汤、武革命，应天顺人，我国圣人之言也。故我国法律，造反有罪，革命无罪，我何罪？厅长无言。

问：究竟结果如何？

答：无结果，最后开庭，彼仍判禁止出版数字，判后不容人辩。惟曰：若不服者，可向上级官厅起诉。闻彼承内务省命令，弗能违也。⑦

《民报》"封禁"后，汪精卫刊行《民报》第二十五号、第二十六号，托名"巴黎出版"，实际仍在日本秘密刊行，为章太炎所反对，称之为"伪《民报》"。

《民报》"封禁"，章太炎在日本除继续撰文投寄《国粹学报》发表外，又在东京为留日学生讲学，讲的是"国粹"，也就是《东京留学生欢迎会演说辞》所说"用国粹激动种性，增进爱国的热肠"的"国粹"。

19 世纪末，国内外知识分子，特别是留日学生中，有一股讲究"国学"、创导"国粹"的热潮，章太炎就在日本举办国学讲习会、国学振兴会。"国学""国粹"，总是和传统思想文化有关，章太炎在日本讲学，主要是他自己所说的注目于语言文字、典章制度、人物事迹等传统学说。

于此，得将"国学""国粹"的兴起和章太炎的讲求"国学"做一简单的回顾。

所谓"国学"，《民报》第七号《国学讲习会序》云：

夫国学者，国家所以成立之源泉也。吾闻处竞争之世，徒恃国学固不足以立国矣，而吾未闻国学不兴而国能自立者也。吾闻有国亡而国学不亡者矣，而吾未闻国学先亡而国仍立者也。故今日国学之无人兴起，即将影响于国家之存灭，是不亦视前世为尤炭炭乎？

国学讲习会讲堂

又说：

> 夫一国之所以存立者，必其国有独优之治法，施之于其国为最宜；有独立之文辞，为其国秀美之士所爱赏。立国之要素既如此，故凡有志于其一国者，不可不通其治法，不习其文辞。苟不尔，则不能立于最高等之位置。而有以转移其国化，此定理也。

以"国学"为一国固有之学，并以"国学"的兴亡与国家的兴亡相连。《国粹学报》的主编邓实也说："国学者何？一国所自有之学也。有地而人生其上，因以成国焉。有其国者有其学，学也者，学其一国之学以为国用，而自治其一国者也。""国学者，与有国以俱来，本乎地理，根之民性，而不可须臾离也。君子生是国，则通是学，知爱其国，无不知爱其学学也者。"⑦ "国学""为一国之学"，爱国就要爱"一国之学"的"国学"。

"国学"既是一国固有之学，中国是有悠久历史、灿烂文明的国家，《史记》记录了自从黄帝以来的历史，成为中华民族的象征，此后，尧、舜、禹、汤、文、武、周公历代相传，至孔子而集"国学"之大成，这种传统思想文化，也就是所谓"国学"。它既不同于不是"一国所自有之学"的东西方文化，和其他民族的专制统治思想也有差异。

自从清朝入关以来，汉、满民族存有矛盾。清朝中叶，外国资本主义侵入中国，中华民族和帝国主义存有矛盾。义和团运动以后，清政府媚外辱国、压迫各族人民的迹象已露，强调"一国所自固有之学"的"国学"，是在这样的背景下提出来的。

因而，一些提倡"国学"的人，一会儿说黄帝是中华民族的"初祖"，黄帝是"国学"的象征，是"国魂"。

> 国魂者，立国之本也。彼英人以活泼进取为国魂，美国人以门罗主义为国魂，日本人以武士道为国魂。各国自有其国魂。吾国之国魂必不能与人苟同，亦必不能外吾国历史。若是则可为国魂者，其黄帝乎？近日尊崇黄帝之声达于极盛，以是为民族之初祖，揭民族主义而倡导之，以唤醒同胞之迷梦，论诚莫与易矣。[24]

一会儿说"国学"即"神州之学"，"神州之学"，源于史学，国学即史学，也是儒学。邓实说：

> 神州学术，春秋以前归于鬼神术数，春秋以降归于史，汉以后归于儒，归于儒而无所复归矣。盖自汉以降，神州之教为儒教，则神州之学亦为儒学。绵绵延延，历二千余年，而未有变也。

又谓春秋之季"天下脊脊大乱，而一代学术不与俱亡者，实赖史官保存之力……悲夫！中国之无史也，非无史，无史才也；非无史才，无史志也；非无史志，无史器也；非无史器，无史情也；非无史情，无史名也；非无史名，无史祖也。鸣呼！无史祖、史名、史情、史器、史志、史才，则无史矣。无史则无学矣，无学则何以有国学"㉟。以黄帝为"国魂"，以"国学"为"神州之学"，无疑是有反对清朝政府压迫的民族主义含义；以"国学"为"史学"，也是和章太炎等从"古事古迹"中、从历史记载中看到"民族之可爱"的主张一致。那么，"国学"一词，在 20 世纪初期出现、传播，是在资产阶级革命运动逐渐高涨，反对清政府的斗争不断展开之时，它是有一定的时代背景和特定含义的。

"国学"的范围究竟包括哪些？章太炎在日本期间主持的国学讲习会所讲，主要是："一，中国语言文字制作之原；二，典章制度所以设施之旨趣；三，古来人物事迹之可为法式者。"㊱该会出版的《国学讲习会略说》所收，计有《论语言文字之学》《论文学》《论诸子学》三篇。㊲《民报》另有《国学振兴社广告》："本社为振起国学、发扬国光而设，间月发行讲义，全年六册，其内容共分六种：一，诸子学；二，文史学；三，制度学；四，内典学；五，宋明理学；六，中国历史。"该会刊布的《国学振兴社讲义》第一册，收文三篇。第一篇《诸子系统说》，无署名，与《国学讲习会略说》中的《论诸子学》不同。于"西汉以前胪列诸子，订其得失者，有《庄子·天下篇》《荀子·非十二子篇》《淮南·要略篇》《史记·太史公自序》，若增入《艺文志》，则为五事，《艺文志》出自刘歆《七略》，是亦西汉人说也"。下列五书原文，最后"综论系统"。第二篇《管子余义》，署"章炳麟序"，即《章氏丛书》初编所收。第三篇《中国近代史》，署汪震述。他把诸子、文史、制度、内典、理学、历史等列入"国学"，实际上是把过去经、史、子、集都算入"国学"。也就是说，把传统的固有学术、文化几乎都笼入"国学"范围。

至于"国粹"，指"一国所自有之学"中的应予"保存"的东西。章太炎于出狱东渡、主持《民报》之初，在欢迎会上即说："为甚提倡国粹？不是要人尊信孔教，只是要人爱惜我们汉种的历史。这个历史，是就广义说的，其中可以分为三项：一是语言文字，二是典章制度，三是人物事迹。近来有一种欧化主义的人，总说中国人比西洋人所差甚远，所以自甘暴弃，说中国必定灭亡，黄种必定剿绝。因为他不晓得中国的长处，见得别无可爱，就把爱国爱种的心，一日衰薄一日。若他晓得，我想就是全无心肝的人，那爱国爱种的心，必定风发泉涌，不可遏抑的。"⑧提倡"国粹"，就是"晓得中国的长处"，引发"爱国爱种之心"，救亡图存，"光复宗国"，因此他们标榜"国粹"，并以"爱国、保种、存学"相号召。

以中国固有传统学术文化为"国学"，提倡爱惜中国的历史，从而激起爱国的热肠，对当时的"排满"革命，是起了一定的舆论宣传作用的。

以中国固有传统学术文化笼入"国学"，汲取的又是"黄帝以至周公、孔子之书"，且有以"国学"称之为儒学者，有以"载籍之博曰十三经"者，⑨即使章太炎在《诸子学略说》中抨击"儒家之病"，且诋"孔子之教，惟在趣时"，讥其"诈伪"，也仍以孔子为"史家宗主"。上揭"汉种的历史"中的三项，所谓语言文字、典章制度、人物事迹，又是古文经学派治学之途。这样，固有传统文化之学，仍旧以经学为其核心。

提倡"国学"，保存"国粹"，发扬"国光"，是否对"西学"，亦即"新学"深闭固拒，毫不吸收？从"国学"中激发爱国思想，是否只是反对清朝政府压迫。章太炎一度诋斥儒家，为何"国学"仍以经学为核心？对辛亥革命前的"国粹论"又该如何正确估价？

辛亥革命前夕，"国学"组织的建立，保存"国粹"的提出，确实针对有些人的"观欧风而心醉"⑧，对有些人"始慕泰西"，"继慕日本"以至丧失民族自尊心也示反对，甚至有人还说："西海潮流猛秦火，东风复助为妖祸。"⑨但他们反对"欧风"，是在帝国主义疯狂侵略的情况下反对的，是在中国人学习外国又受到外国人欺侮的情况下反对的。他们提倡"国学"，又是为了"反对帝国主义而自保其邦族"⑩而主张保存"国粹"的。这样，它就有着"救亡图存""恢复中华"的内涵，不能简单化地认为他们这是揭橥国学，就是"深闭固拒"。

同时，他们反对帝国主义侵略，并不是反对西方文明；提倡"国学"，也不是不要西学。章太炎就曾译述日本岸本能武太的《社会学》，在他主持《民报》期间所撰论文，也有不少吸收西方资产阶级社会政治学说的记录；其他倡导"国学"的人，也大都有西学知识，并不是毫不吸收。

《国学讲习会序》已经指出："真新学者，未有不能与西学相契合者也。"又说："今之言国学者，不可不兼合新识。"在序文中，一方面反对"以科学之道"从事"新学"，把新学作为"利禄之阶梯"，甚至"略识西学"，就"奴于西人，鄙夷国学为无可道者"。另一方面也反对"旧体西用"，说是"主张体用、主辅说者，而彼或未能深抉中西学术之藩，其所言适足供世人非驴非马之观，而毫无足以餍西方之意"，可见他们对"新学"并不排斥。

如果说，提倡"国学"的人，对西学深闭固拒，毫不吸收，那他们就和封建顽固派没有区别了。事实上，他们对西学的怀疑，是鉴于甲午战后帝国主义侵略日深，民族危机日急。即便论著中有反对"西学"的话，也要对其具体分析。章太炎就说："兄弟这话，并不像做《格致古微》的人，将中国同欧洲的事，牵强附会起来；又不像公羊学派的人，说甚么三世就是进化，九旨就是进夷狄为中国，去仰攀欧洲最浅最陋的学说。"⑧章太炎反对的是牵强附会地比附西学，章太炎反对的是康有为等的政变后坚持改良、鼓吹立宪。他们对西学并不一概排斥。

或者以为章太炎又曾说过："中西学术本无通途，适有会合，亦庄周所谓'射者非前期而中'也。今乃远引泰西以征经说，有异宋人之以禅学说经耶？夫验实而西长而中短，谈理则佛是而孔非。九流诸子，自名其家，以意取舍，若以疏证六经之作，而强相皮附，以为调人，则只形其穿凿耳。"⑨有人认为他"连用西学证明中学也坚决反对"，其实也不尽然，他自己早就说过"宜憔悴竭思，斟酌西法，则而行之"⑩，章太炎反对的是康有为之流"远引泰西以证经说"，对于"西法"，还是主张斟酌的。

《国粹学报》有些论调，也有与洋务派的"旧体西用"说有近似的地方，如《国粹学报略例》规定："本报于泰西学术，其有新理精识足以证明中学者，皆从阐发，阅者因此可通西国各种科学。"

《拟设国粹学报启》也说："凡国学微言奥义，均可借皙种之学参互考验，以观其会通，则施教易而收效远"⑧，主张"掇彼精英，补吾阙乏"。洋务派旨在维护清朝封建专制统治，而主张"国粹"的一些人，却想从古事古迹中引出爱国的思想，有其反清内容，这是他们的不同之处。

或者以为，提倡"国粹"的人，只是强调"光汉"，既乏反帝内容，又无民主思想。这种说法，也可商榷。诚然，他们强调宣传"国光"，宣扬的主要是"汉文化"，保存"国粹"，也指"汉文化"之可爱，有其狭隘的一面，但他们也不是不反帝。只要看，章太炎在日本主持《民报》，主持国学讲习会、国学振兴社的同时，又举办亚洲和亲会，《约章》中标明"亚洲被侵略各国"，"以反对帝国主义而自保其邦族"，如果"一国有革命事，余国同会者应互相协助"，提出"光复宗国"。他还指出"亚洲诸国，或为外人侵食之鱼肉，或为异族支配之佣奴，其陵夷悲惨已甚"，分为"外人""异族"。尽管他对帝国主义的民族压迫和国内各民族之间矛盾有时缴绕，以致对"复其故国"以后如何办，则感彷徨，认识模糊，不可能把"反对帝国主义"的斗争进行到底；他提倡"民族主义"，又是用"国粹"提出，蒙上一层封建翳障，但也不能说他单纯"排满"，没有反帝。

至于民主思想，在主张"国粹"的人士中，确也表现得苍白无力，甚至迷恋往古，把原始的"民主"和近代的民主界限混淆，有时还一度受到无政府主义的影响，但"抑官吏，伸齐民"的政治主张，还是时有流露。《国粹学报》的主编还把"国学"与"君学"对称，说：

　　夫国学者，别乎君学而言之。吾神州之学术，自秦、汉以来，一君学之天下而已。无所谓国，无所谓一国之学，何也？知有君而不知有国也。近人于政治之界说，既知国家与朝廷之分矣。而言学术，则知有国学、君学之辨。以故混国学于君学之内，以事君则为爱国，以功令利禄之学即为国学。其乌知乎国学之自有真哉。是故有真儒之学焉，有伪儒之学焉。真儒之学，只知有国；伪儒之学，只知有君。知有国则其所学者，上下千载，洞流本源，考郡国之利病，哀民生之憔悴，发愤著作以救万世，其言不为一时，其学不为一人，是谓真儒之学。若夫伪儒者，所读不过功令之书，所业不过利禄之术，苟以颂德歌功，缘饰经术，以媚时君，固宠图富贵而已。㉚

　　以"国学"与"君学"为不两立，"君学者，以人君之是非为是非也，其言顺而易入。国学者，不以人君之是非为是非，其言逆而难从"。认为"国学"不以人君之是非为是非，是"一二在野君子，闭门著书，忧时讲学，本其爱国之忧，而为是经生之业，抱残守缺，以俟后世而已"。因而他对明末顾炎武、黄宗羲、王夫之倍加赞扬，而对"缘饰经术""为时君乐用"的"君学"，则予讥讽。反对"君学"，标榜"在野"，也有其民主含义。

　　提倡"国学"的人，总是以经学为核心，奉儒家为正宗的。这样，他们既有"发扬国光"的民族主义思想和朦胧的民主思想的一面，又有着很大的局限性。

　　或者说，章太炎在《诸子学略说》讲"诸子出于王官"，对儒家、孔子都有批评，似乎不是"以经学为核心，奉儒家为正宗"。
事实是章太炎批评的是"儒家之病"，在于"富贵利禄为心"，批
评的是儒家"湛心荣利""诈伪"不道德。这是对历代封建知识分
子"惯于征辟、科举"，醉心营利，"冒没奔竞"的批判，也是对
当时主张保皇、立宪之徒寄幻想于清政府的批判，是有所感而发
的。至于对"实事求是""史官支流"还是赞同的。时隔三年，他
的学生朱希祖询以《诸子学略说》中所谓"老子征藏古书为孔子
所诈取者"的来源时，章太炎还引征故事，说是"非臆言之"也。⑩
后来，章太炎手定的《章氏丛书》却不把此篇收入，且悔恨"前
声已放，驷不及舌"，"后虽刊落，反为浅人所取"⑩，可见他仍受
儒家思想的桎梏。至于有人以经学为"科学"，说"舍儒以外无所
谓学问，舍六经以外无所谓诗书"⑩云云，更是明白宣示"以儒学
为核心，奉儒家为正宗"了。

辛亥革命前夕，讲究"国学"的颇有人在，《国粹学报》也历
久不衰，章太炎就是《国粹学报》的主要作者之一。他们依附的
是传统固有之学，崇奉的是"史学宗主""明末儒先"，尽管它在
"排满革命"中起过作用，但它毕竟是"国粹"学报，不能说是当
时主要的革命报刊。即使是主编《民报》的章太炎，当他在《民
报》《国粹学报》同时发表文章时，《国粹学报》也适应"国学"
的学风，主要是"国故"方面的论著，远不如他在《民报》上发
表论文的"针锋相对"。

章太炎倡导"国粹"，组织国学讲习会、国学振兴会，又在《民
报》"封禁"前后，在日本为青年讲学，讲的也主要是"国学"。

章太炎在日本讲学五年，他的弟子忆述有异。黄侃、钱玄同

都说是在光绪三十三年丁未（1907 年）。黄侃《先师刘君小祥会奠文》："丁未之岁，始事章君，投文请诲，日往其门。"㉟钱玄同说："丙午，余留学日本，始谒章公。丁未阳历四月二十二日，于章公座上始识刘君，缘章公与刘君彼时皆以党祸避地日本也。"㊱都说是"丁未"，但钱玄同在 1932 年写的《挽季刚》又说："与季刚自己酉年订交，至今已二十有六载。"㊲说是"己酉"，前后记述也不一致。周作人回忆：

> 往民报社听讲，听章太炎先生讲《说文》是一九〇八至九年的事，大约继续了有一年少的光景。这事是由龚未生发起的，太炎先生当时在东京一面主持同盟会的机关报《民报》，一面办国学讲习会，借神田地方的大成中学讲堂定期讲学，在留学界很有影响。㊳

周作人记述章太炎讲学系在 1908 年。章太炎虽有《丁未与黄侃书》曰："前得蕲州方言小志二纸，佳者即采入《新方言》。"在《与刘光汉黄侃问答记》也说："仪征刘光叔申叔、蕲黄侃季刚皆善小学，炳麟为《新方言》，光汉、侃各分疏数事。"此文，章太炎自编的《太炎集》定为"丁未文"，疑这时黄侃虽与章氏相识，但尚未正式讲学。许寿裳《纪念先师章太炎先生》则系于"1908 年"，我以为许寿裳的追忆是可信的。理由如下。

第一，北京图书馆藏有《朱希祖日记》，稿本，其中第二册系"明治四十一年"，即 1908 年日记，记录自 3 月 22 日听章氏演讲，4 月 4 日起听章氏讲段注《说文》，直到 10 月 31 日听章氏讲《广雅疏证》，这是最可靠的原始记录。知正式讲学，应在 1908 年。

第二，除许寿裳外，任鸿隽《记章太炎先生》说他 1908 年至日本听到章太炎讲学。周作人除上面引到外，《秉烛集·纪太炎先生学梵文事》，也说 1908 年听章太炎讲学。

第三，章太炎在 1907 年主持《民报》，写了大量文章，又组织亚洲和亲会，政治活动很忙，不会在 1907 年"四月"已经正式讲学；同时，他的有关文字、音韵专著，也大量结集在 1908 年以后，这些撰著，是和讲学有关的。

第四，章太炎弟子事隔多年，追述有误，是完全有可能的，上引钱玄同就曾自己误记。即朱希祖虽有《日记》记录，但在《口授少年事迹》中也曾误作"丁未"。

因此，章太炎正式讲学，应在 1908 年。⑧早期前往受业的有龚未生、黄侃、朱希祖、朱宗莱、钱玄同、鲁迅、许寿裳、周作人、钱家治⑨，稍后有汪东等。

章太炎的讲学内容，有《说文》《庄子》《楚辞》《尔雅》《广雅》，也就是侧重在文字、音韵、训诂方面的讲授。今将《朱希祖日记》中听讲记录辑附于下：

> 四月四日，"下午，至清风亭，请章先生讲段注《说文》，先讲《六书音韵》，为立古合音之旁转、对转、双声诸例"。

> 四月八日，"下午，至帝国教育会，聆章先生讲《说文序》，先生之讲转注、假借，与许稍异，因举例数多。灯下，阅章先生所著《论语言文字学》一篇"。

> 四月十一日，"下午，至神田大成中学校，聆讲《说文》，讲至五篇部首完"。

四月十五日，"下午，至大成中学校聆讲《说文》，自木部至象部之部首"。

四月十八日，"下午，至大成中学校聆讲《说文》，部首完，讲至王部"。

四月二十二日，"下午……至大成中学校聆讲《说文》"。

四月二十五日，"余独至大成中学校聆讲《说文》草部，讲完"。

四月二十九日、五月二日、五月六日并记："下午，至大成中学校聆讲《说文》。"

五月九日，"下午，至大成中学校聆讲《说文》，至四篇之眉部"。

五月十三日，"下午二时起，至大成中学校聆讲《说文》"。

五月十六日，"下午，至神田大成中学校聆讲《说文》"。

五月二十日，"午后，至大成中学校聆讲《说文》，至五篇上"。

五月二十三日，"下午，至大成中学校聆讲《说文》，至六篇"。

五月二十七日，"下午，至大成中学校聆讲《说文》。"

六月三日、六月六日并记："下午，至大成中学校聆讲《说文》。"

六月十日、六月二十日、七月一日并记："下午，至大成中学聆讲《说文》。"

七月十一日，"八时起，至太炎先生处听讲音韵之学，同学者七人，先讲三十六字母及二十二部古音大略。先生云：

音韵之繁简递嬗，其理象颇背于造化之理，古音大略有二十二部，至汉则仅有六七部，至隋唐则忽多至二百六部，唐以后，变为百七部，至今韵亦如之，而方音仅与古音相类，不过二十余部。又北方纽正，南方韵正，汉口等处则当十八省之中枢，故其纽韵皆正"。"午后，至大成中学校聆讲《说文》，至女部完"。

七月十四日，"八时，至太炎先生寓，聆讲江氏《四声切韵表》，谓江氏分等多不可解，误处甚多，分等之法，宜限乎同韵中之有小小者分之"。

七月十六日，"下午，大雨，至大成中学校聆讲《说文》"。

七月十七日，"上午，至太炎先生寓，聆讲音韵之学，所讲者为钱竹汀舌音类隔之说不可信，说章氏《古音损益说》《古娘日一纽归于泥纽说》《古双声说》"。

七月十八日，"午后，至大成中学校聆讲《说文》"。

七月二十二日，"午后，至余杭先生寓聆讲音韵及《新方言·释词》一篇"。

七月二十五日，"下午，至大成学校聆讲《说文》，至亥部完毕"。

七月二十八日，"上午，至太炎先生寓，重上《说文》，自一部讲起"。

七月三十一日，"上午，上《说文》"。

八月一日，"上午，至大成学校聆讲音韵"。

八月五日，"上午，讲《庄子》，第一次"。

八月八日，"上午，讲《庄子》，第二次"。

八月十二日，"上午，讲《庄子》，第三次"。

八月十五日，"上午，讲《庄子》，第四次"。

八月十九日，"上午，讲《庄子》，第五次"。

八月二十日，"上午，讲《庄子》毕"。

八月二十六日，"上午，讲《楚辞》，第一次"。

八月二十九日，"上午，讲《楚辞》，第二次"。

九月二日，"上午，讲《楚辞》，第三次"。

九月五日，"上午，讲《楚辞》毕"。

九月初九日，"午后，第一次上《尔雅义疏》，在大成学校"。

九月十二日，"十一时至十二时，上历史研究法"。"下午二时起至五时，第一次上《尔雅义疏》"。

九月二十三日，"下午，上《尔雅》及新制《说文》部首均语"。

九月二十六日，"上午，至大成中学聆讲《尔雅》"。

九月二十七日，"下午，至民报社聆讲《说文》"。

十月二十一日，"午后……至大成学校聆讲《尔雅》。闻《民报》二十七号禁止发行"。

十月二十八日，"午后，《尔雅疏证义疏》讲毕"。

十月三十一日，"午后起，讲《广雅疏证》"。

《钱玄同日记》四月四日至四月二十九日所记听讲《说文》七次，与《朱希祖日记》基本相同。还记有五月二日至八月一日到大成学校听讲《说文》十九次。八月五日至二十九日，听讲《庄子》六次。八月二日至九月五日，听讲《楚辞》四次。九月九日至十月二十八日在大成学校听讲郝懿行《尔雅义疏》六次。十月三十一日，听讲《广雅疏证》等。⑦

章太炎讲解《说文》时，逐字讲解，或沿袭旧说，或发挥新义，历四小时不休息，听者亦无倦容。鲁迅听讲时整理有《说文解字札记》，手抄本两册，其一共二十六叶半，藏绍兴鲁迅纪念馆；其二共十八叶，藏北京图书馆，后者记录《说文》第一篇上和第一篇下，从"一"部的"一"字，到"艹"部的"芔"字，共一百三十一字。

章太炎在诸弟子中，推崇黄侃，《新方言》撰成，黄侃拟《后序》，《太炎文录》七辑有《与黄侃书》《与刘光汉、黄侃问答记》等。1908 年，有《三与黄侃书》，讨论文字音韵。又亲致书国粹学报社，推荐黄侃。⑧此后，《国粹学报》庚戌年（1910 年）第四号即刊录黄侃《国故论丛序》，署名"黄刚"。

《民报》被"封禁"，章太炎继续讲学，《章太炎先生答问》谓：先后听讲的学生，有"中国之留学生，师范班、法政班居多数，日本人亦有来听者，不多也"。又称："听者先后百数十人"。实际上，很多是"偶一听讲"，真正在学术上有显著成就的，还是许寿裳所说的"同学八人"。他还回忆听讲情况说：

> 章先生精力过人，博极群书，思想高超，而又诲人不倦。我们八个人希望听讲，而为校课所牵，只有星期日得空。章先生慨然允许于星期日特别开一班，地点在东京小石川区民报馆先生寓室，时间每星期日上午八至十二时，师生席地环一小几而围坐，师依据段玉裁氏《说文注》，引证渊源，新谊

甚富，间杂诙谐，令人无倦，亘四小时而无休息。我们听讲虽不满一年，而受益则甚大。其说字之新颖，兹单举一例以概其余。

单，《说文》大也。章先生以为非本义。《毛诗·公刘》篇，"彻田为粮，其军三单"。单训为袭，是其本义。古文单作丫，象其系联也。"其军三单"者，言更番征调，若汉时卒更、践更、过更之制，今时常备、后备、预备之制。凡禅位、蝉联、禅蝉皆单之借字。其军三单，更番征调，以后至者充前人之缺，与禅位同义，故曰相袭。经训与字义，契合无间。太史公《秦楚之际月表》，曰："五年之间号令三嬗"，三嬗正当为三单，不过所期之质不同而已。……章先生讲《说文》，此其一例。⑩

当然，听讲者有的"并非因为他是学者，却为了他是有学问的革命家"，认为他的"业绩，留在革命史上的，实在比在学术史上还要大"。⑪

章太炎在《东京留学生欢迎会演说辞》中提出的两项办事的方法，除"用国粹激动种性"外，还有一件是"用宗教发起信心，增进国民的道德"。从而，他在日本讲学时，还自拟《佛学手稿》，原件藏于日本京都大学人文科学研究所。讲稿分四部分。

第一部分为："佛法果应认为宗教耶？抑认为哲学耶？"认为"近代许多宗教，各有不同，以常论说来，佛法也是一种宗教，但问怎么样唤作宗教，不可不有个界说"。"总是哲学中间兼任宗教，并不是宗教中间含有哲学。照这样看来，佛法只与哲学家为同聚，

不与宗教家为同聚。""试想种种佛理，无不是从实验上看出来，

不是纯靠理论。哲学反纯靠理论，没有实验，这不是相差很远吗？佛法的高处，一方在理论极成，一方在圣智内证。岂但不为宗教起见，也并不为解脱生死起见，不为提倡道德起见，只是发明真如的见解，必要实证真如。发明

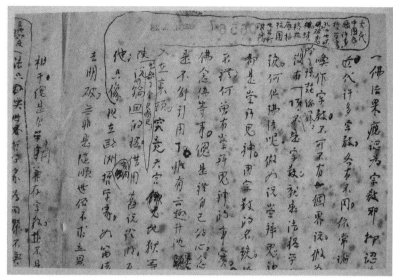

《佛学手稿》（摄片由京都大学名誉教授岛田虔次赠予作者）

如来藏的见解，必要实证如来藏。与其称为宗教，不如称为'哲学之实证者'。""从来著了宗教的见解，总不免执守自宗，攻击异己。"印度"本来专门讲学，原是要彼此辩论。但据着道理的辩，总是愈辩愈精，执着宗教的辩，反是愈辩愈劣"。"若晓得佛法本来不是宗教，自然放大眼光，自由研究。纵使未能趋入实证一途，在哲学的理论上，必定可以脱除障碍，获见光明。"

第二部分为："佛法也有不圆满处，应待后人补葺。"章太炎认为"佛法中原有真谛、俗谛二门。本来不能离开俗谛，去讲真谛。大乘发挥的道理，不过'不法惟心'四个字。因为心是人人所能自证。所以说来没有破绽。若俗谛中不可说心，也就不能成立这个真谛。但在真谛一边，到如来藏缘起宗、阿赖那缘起宗，已占哲学上最高的地位"。但如"植物有命、矿物有知的俗谛，佛

法中不能说得圆满"，认为"现在讲唯心论的，必要破唯物论，依兄弟看，唯心论不必破唯物论，反可以包容得唯物论，只要提出'三性'，就可以说明了。第一是据'依他起自性'"，第二是"据遍计所执自性"，第三是"据圆成实在性"。

第三部分为："印度佛法、支那佛法，本自有异，不可强同，而亦有互相补助之处。""只要各取所长，互相补助，自然成一种圆满无缺的哲学。"

第四部分为："佛法应务，即同老、庄。"认为"佛法本来称出世法，但到底不能离世间法"。"若专用佛法去应世务，规划总有不周。若借用无政府党的话，理论即是偏于唯物，方法实在没有完成。唯有把佛与老、庄和合，这才是善权大士，救时应务的第一良法。"

章太炎还在《民报》上陆续发表《大乘佛教缘起说》《辨大乘起信论之真伪》《龙树萨生灭年月考》等研讨佛学的文篇，致《民报》有"佛声"的批评。他在因"苏报案"入狱后，精读佛经，出狱东渡又勤读西方各种学说，感到"若没有宗教，这道德必不得增进，生存竞争，专为一己，就要团结起来"⑩，而讲究"孔教"的，又"使人不脱富贵利禄的思想"，从而想用"宗教发起信心，增进国民的道德"，讲究佛学，有其一定的时代背景。但要利用佛教，"同发大愿，勇猛无畏"，也毕竟难以实现。这样，他的"用宗教发起信心"，也只能成为高妙的幻想，成为不可实现的幻想。

六 辛亥革命前夕

1908 年《民报》"封禁"以后的一段时间，是章太炎政治生涯的一个重要阶段，他和孙中山闹矛盾，又退处讲学，重组会党，致每为论者所不满。但，这时章太炎是否已经脱离革命？对上述问题又该怎样实事求是地分析？颇有进一步研究的必要。

辛亥革命前夕，章太炎在东京讲学，讲的是《说文》《庄子》《楚辞》《广雅》《尔雅》，"或则阐明语原，或则推见本字，或则旁证以各处方言"⑩，主要是"文字音韵之学"。与此同时，他又写成大量学术著作，《新方言》《国故论衡》《刘子政左氏说》《庄子解诂》《小学答问》《齐物论释》《文始》等书陆续刊行。这些专著，种类繁赜，字数众多，在语文、历史、哲学方面，均有创获，对近代学术产生很大影响。而 1909 年以后，他的政治论文却相对地减少了。

章太炎的正式讲学，据《朱希祖日记》⑩所载，自 1908 年 4月 4 日开始，亦即《民报》第十九期出版以后，这时，他主持《民报》,《排满平议》《驳神我宪政说》《革命军约法问答》等宣传反清革命、揭露立宪党人丑态的文篇，都是讲学以后所发，"匡扶光复"，应无疑义。问题是这些专著都完成在 10 月 10 日《民报》被"封禁"以后，也是章太炎和同盟会发生摩擦之时。那么，退处讲学，是否意味他已"埋首书斋""潜心学术"？是否意味他已脱离革命？这就值得探讨。我认为章太炎的衰退迹象虽渐呈现，但还不能说他已经"埋首书斋"、脱离革命。

《国故论衡》

首先，这些专著虽则刊于《民报》"封禁"以后，实际早已属草，有的且有成稿，并不都是 10 月 10 日以后"埋首书斋"所作。例如《新方言》，是 1909 年 8 月印于日本东京，1910 年又加"修治"，再出"定本"的。而他起草却在 1906 年，即出狱东渡，主持《民报》不久，《丙午与刘光汉书》说："若能精如杨子，辑为一书，上通故训，下谐时俗，亦可以发思古之幽情矣"⑩，即指《新方言》而言。此信写于丙午，即 1906 年。次年，章氏将"近作《新方言》一卷"，寄送孙诒让"就正"⑱，接着，《国粹学报》开始刊载。丁未年（1907年）第十二号章氏《与人论国粹学书》称："《新方言》亦著录讫，自谓精审。"《再与人论国粹学书》又称："即吾作《新方言》亦尚费岁余考索。"⑲可知《新方言》撰于 1906 年，成于 1908 年。《民报》第二十一号附有《博征海内方言告白》："仆前撰《新方言》一册，略得三百七十余条，近复辗转钩考，又发现百余事。"章太炎对《新方言》再加修订，到 1909 年印出。知《新方言》不是《民报》"封禁"后再写。

《国故论衡》，1910 年初版，其中好多篇目早在《国粹学报》登过，如《语言缘起说》，载丙午年（1906 年）第十二、十三号；《古今音损益说》《一字重音说》，载戊申年（1908 年）第七号；而章氏自编的《太炎集》⑱则系为"丙午"文；《古音娘日二纽归泥说》，载戊申年（1908 年）第五号；《古双声说》载同年第六号，《太炎集》均系为"丁未文"；《原经》，载己酉年（1909 年）第十号，而《太炎集》系为"戊申文"。它不全是《民报》"封禁"后所作。

《刘子政左氏说》，1908 年由《国粹学报》连载刊完。查章氏《与人论国粹学书》称："今次得《刘子政左氏说》一卷。"此信载《国粹学报》丁未年第（1907 年）十二号，知 1907 年即已完稿。

《庄子解诂》，1909 至 1910 年由《国粹学报》刊完，章太炎自称："会与诸生讲习旧文，即以己意发正百数十事，亦或杂采诸录"，知是他在东京讲学时所撰。据《朱希祖日记》，章太炎讲授《庄子》凡六次，1908 年 8 月 5 日开始，8 月 20 日结束，《民报》"封禁"，则在 10 月。

《小学答问》，1909 年由钱玄同写刻，1911 年出书，章氏自称系"亡命东京"，与钱夏（玄同）、黄侃等"相聚讲学"而成。据《朱希祖日记》，讲授《说文》凡二十七次，1908 年 4 月 4 日开始，8 月 5 日结束，中间兼讲音韵。9 月 27 日，又讲《说文》一次，也在《民报》"封禁"以前。

《齐物论释》，1910 年"修治"，而撰写则始于 1908 年讲授《庄子》之时。

《文始》，1910 年成书，在《学林》连载，据章氏《自述学术次第》[18]，撰写时间应与《新方言》相近。

由上可知，这些学术专著，"修治"、刊出确在《民报》"封禁"以后，而撰述却早，大都是章太炎初抵日本、主持《民报》时即已属草，且系历年治学积累，决非短短二三年所克遽就。当然，

"修治"定稿，章太炎要花费很大精力，"提奖光复，未尝废学"⑩，政治活动的时间减少了。但他在主持《民报》时"未尝废学"，《民报》"封禁"后也仍"提奖光复"，不能说他学术著作多了，就已脱离革命。

其次，这些著作，属于音韵训诂的"朴学"，而字里行间，仍不乏"提奖光复"之词。如《国故论衡》的《原经》说：

> 国之有史久远，则亡灭之难。自秦氏以讫今兹，四夷交侵，王道中绝者数矣。然猾者不敢毁弃旧章，反正又易，借不获济，而愤心时务时时见于行事，是以待后。故令国性不坠，民自知贵于戎狄，非《春秋》孰纲维是！……孔子不布《春秋》，前人往不能语后人，后人亦无以识前，乍被侵略，则相安于舆台之分。诗云：'宛其死矣，他人是偷。'此可为流涕长潸者也。

文字中渗透争取民族解放的信念，与反清斗争有关。当然，其中含有浓厚的大汉族主义思想和章太炎"用国粹激动种性，增进爱国的热肠"的"高妙的幻想"。但"提奖光复"，还是不渝。又如《齐物论释》，章氏后来追叙写作缘由说："余既解《齐物》，于老氏亦能推明。佛法虽高，不应用于政治社会，此则惟待老、庄也，儒家比之，邈焉不相逮矣。"⑩也不是不注意"政治社会"的单纯学术著作。

这些著作，又多和章太炎在东京讲学有关，《民报》"封禁"后，他仍讲学不辍，讲的确系古籍，确系训诂音韵，但他也讲过历史研究法。⑩ "有时随便谈天，亦复诙谐间作，妙语解颐"⑩，不会不接触时事。鲁迅回忆："前去听讲也在这时候，但又并非因为他是学者，却为了他是有学问的革命家，所以直到现在，先生的音容笑貌还在目前，而所讲的《说文解字》却一句也不记得了。"⑯黄侃也说："其授人以国学也，以谓国不幸衰亡，学术不绝，民犹有所观感，庶几收硕果之效，有复阳之望，故勤勤恳恳，不惮其劳，弟子至数百人。"⑰章太炎并没有忘记"兵革"，他的学生也认为他是"有学问的革命家"。

再次，章太炎在《民报》"封禁"后二三年间，学术著作陆续出版，政治论文是相对地减少了，但并不是没有；只是有些文篇，没有辑入手定的《章氏丛书》，有的文篇虽然辑入，又未标明写作时间或经删削，以致被人忽视。这里试举数例。

1910 年 3 月 10 日，章太炎主办的《教育今语杂志》在东京创刊，作为光复会的"通讯机关"⑱。重组光复会，使"同盟分势"，章太炎不能辞其咎，但当时他的斗争锋芒，还是针对清政府。这点，下文还将申述。即从《教育今语杂志》四册来说，署的是"共和纪元二千七百五十一年"，不是"清帝纪元"，而是明标"共和"。《缘起》说："真爱祖国而愿学者，盖有乐乎此也。"叫人要"爱祖国"，爱"中夏"，除"外祸"，"辟邪辞"（第一册）。它又以"提倡平民普及教育为宗旨"，"演以浅显之语言"，用的是白话文。章太炎在该刊发表的演说和文章有七篇，即：《中国文化之根源和近代学术的发达》（第一册）、《常识与教育》、《论经的大意》（第二册）、《教育的根本要从自国自心发出来》、《论诸子的大概》（第三册）、《庚戌会演说录》、《论文字的通借》（第二册），都是用章氏后来反对的白话文。这些文篇，不如《民报》"针锋相对"，也夹杂不少封建糟粕，然而，忧国反帝之词，仍溢于言表。如《中国文化之根源和近代学术的发达》，说"史学讲人话，教主讲鬼话，鬼话是要人愚，人话是要人智，心思是迥然不同的"，明显指斥康有为、梁启超等宣传保皇、主张立宪的"鬼话"，而要从历史中激起"爱国爱种的心"。《教育的根本要从自国自心发出来》，对"只佩服别国的学说，对着本国的学说不论精粗美恶，一概不录"的盲目崇外，以至"说别国的学说，中国古来都现成的"牵强附会加以批评，和当时政治仍有关联。

1910 年，章太炎在日本主编《学林》两辑，也有诋斥儒家今文学派和程、朱宋学的文篇，如《信史》谓"儒家好今文者"以为"玄圣没矣，其意托之经，经不尽，故著微言于纬"。章氏指出纬书不可信，不能"信神教之款言"。对康有为等宣扬的三统循环论也进行了批判。《程师》借批判廖平以批判康有为的"自拟仲尼"。《思乡愿》对当时士子迷恋程、朱，"数释《论语》，依附《集注》"，认为"不足化民"。《释戴》对戴震在文化高压政策下，"发愤著《原善》《孟子字义疏证》"，"明死于法可救，死于理即不可救"为"具知民生隐曲"。这种对康有为等利用今文鼓吹保皇立宪的揭露，以及对踞于堂庙的程、朱信徒的指摘，都起过一定作用。

辛亥革命前夕，章太炎还写了《诛政党》，对立宪党人口诛笔伐，刊登在立宪党活动的槟榔屿《光华日报》上（详后）。武昌起义消息传到东京，"满洲留日学生""有主张向日本借兵"时，他又作书正告："所谓民族革命者，本欲复我主权，勿令他人攘夺耳；非欲屠夷满族，使无孑遗，效昔日扬州十日之为也；亦非欲奴视满人不与齐民齿叙也"，"若大军北定宛平，贵政府一时倾覆，君等满族，亦是中国人民，农商之业，任所欲为，选举之权，一切平等，优游共和政体之中，其乐何似"⑱。申明反清"民族革命"，在于推翻清朝封建专制政府，并对革命以后建立"共和政体"表示向往。

当然，还应指出，这时章太炎的政治论文确渐减少，革命意志较前衰退。1908 年，他着手编辑《太炎集》，所录以学术论文为多。关于论文的选定标准，他在给友人的信中是这样讲的："仆之文辞，为雅俗所知者，盖论事数首而已，斯皆浅露，其辞取足便俗，无当于文苑。向作《訄书》，文实阂雅，箧中所藏，视此者亦数十首，盖博而有约，文不奄质，以是为文章职墨，流俗或未之好也。" ⑲"论事数首"，指的是《驳康有为论革命书》以及发表在《民报》《复报》等报刊上的战斗作品，章氏以为"无当于文苑"。这些"雅俗共知"，起了重大政治影响的"论事数首"，章氏反以为"浅露"，而诘屈聱牙、索解为难的，却以为可入"文苑"。以往章太炎在中外反动派的严密监视下，用比较隐讳深奥的文字阐述反清思想，是可以理解的；但章太炎在辛亥革命前夕，追求"流俗或未之好"的所谓"传世"之文，写作不再是为了当前的战斗，而想留入今后的"文苑"。这不能不说是一个倒退。不过，上述学术著作构思很早、东京讲学"提奖光复"、武昌起义"重申反清的事实"，也不容不顾。因此，章太炎在《民报》"封禁"以后"潜心学术"的迹象虽渐呈现，但还不能单从学术专著的刊布说他已经"埋首书斋"、脱离革命。

《民报》"封禁"前后，章太炎和孙中山发生矛盾；此后，又和陶成章重组光复会，闹派别纠纷，做了一些对革命不利的事。

但是否可说章太炎已经背离同盟会宗旨，不主张革命了呢？也不能。

章太炎和孙中山的矛盾形成，发端于 1907 年，是由于《民报》的经费和续刊问题引起的。孙中山离日前，得到日本政府和股票商铃木久五郎馈金 15000 元，以 2000 元留为《民报》维持费，余款悉充军费，遭到章太炎的反对。当时孙中山发动武装起义，筹办军饷，需款孔殷；而《民报》经费确也困难。萍乡之役以后，"《民报》已不能输入内地，销数减半，印刷、房饭之费，不足自资"。章太炎所谓"入社则饔飧已绝，人迹不存……持此残局，朝活文章，暮营悬费，复须酬对外宾，支柱警察，心力告瘁，寝食都忘"⑱，似属实情。黄侃说，章太炎这时"寓庐至数月不举火，日以百钱市麦饼以自度，衣被三年不浣，困厄如此，而德操弥厉"⑲，也非虚语。吴玉章回忆："《民报》正遭遇到极大的困难。由于经费不继，章太炎等人几乎有断炊之虞。他派陶成章到南洋去募捐，也无结果，因南洋华侨与兴中会关系较深，而与光复会素少联系。因此章大骂孙中山先生不支持他办《民报》。其实孙中山先生这时到处搞武装起义都遭失败，也很困难。章的埋怨徒然暴露了同盟会内部派系之间的裂痕。看到这种情形，我觉得孙中山先生既无过错，而章太炎也可以原谅。"⑳这样的评价是公允的。在孙中山离日后、《民报》"封禁"前，章、孙矛盾已经存在了，章太炎的埋怨，暴露了内部派系之间的裂痕，但还可原谅。

值得注意的是，章太炎还在主编《民报》，坚持出版，继续文字宣传、展开反清革命，"寝食都忘"，"持此残局"，并没有向清政府妥协，也没有向帝国主义乞怜。特别是《民报》"封禁"时，章太炎责让日本内务大臣平田东助，揭露日、清勾结的阴谋，表示"不受权术笼络"，不变"革命宗旨"，"若以威吓利啖之故，而以《民报》之革命宗旨与满洲政府所赠利益交换，本编辑人兼发行人宁为玉碎，不为瓦全"⑩。他还亲莅警厅，慷慨陈词，不怕坐牢，高呼"革命无罪"⑪。这种精神，也很难能可贵。

然而，孙中山离开日本以后，"东京同盟会颇萧散"，真如"群龙无首"，刘揆一又"望浅，众意不属"。《民报》"封禁"，汪精卫续办，章太炎斥之为"伪民报"，作《伪〈民报〉检举状》，责备孙中山"背本忘约，见危不振"，甚至说是"怀挟巨资"，"干没可知"，公开发表在《日华新报》上，并为新加坡保皇报《南洋总汇报》所转载，影响很坏。章太炎门户之见很深，没有顾全大局，这是他在辛亥革命前夕的很大错误。但在分析错误的形成和发展上，尚需考虑下述两点。

第一，续办《民报》的是汪精卫，章、孙矛盾的加深，和汪精卫的挑拨有关。1909年，陶成章自南洋回到东京，在《致铁仙、若愚书》中说："东京总会名存实亡，号召不尽，全由一二小人诞妄无耻，每事失信，以至于此耳。弟初到之时，即与克强公商议，不料已先入精卫之言（先已有信云），而精卫亦即随之至，以术饵克强，遂不由公议，而以《民报》授之。以精卫为编辑人，由秀光社秘密出版，托名巴黎发行。东京同人概未与闻，为易本羲兄所知，告之章太炎先生，太炎大怒，于是有传单之发。克强既不肯发布公启，弟往向之索回，不肯归还。太炎传单出后，克强屡使人恐吓之，谓有人欲称足下以破坏团体故也。"⑫《致亦逮、柱中书》也说："克公之言，弟未敢妄议其是非，唯精卫之欺妄，弟已亲受之矣。"㉝指出汪精卫在黄兴处的挑拨"欺妄"。黄兴在《致孙中山书》中也谈到续办《民报》"与精卫等商量"㉟；在《为陶成章等诬谤孙中山事致巴黎〈新世纪〉书》又谓："请精卫君来东任其编辑","前已由精卫君将情形函达贵社"。㊱知汪精卫"以术饵克强",挑拨孙、章,增加裂痕；《民报》交给汪精卫续办,复"不由公议",章太炎事前也不知悉,引起不满。汪精卫是在章、孙矛盾中起了推波扬澜的作用的。

第二,续办的《民报》,托名"法国巴黎濮侣街四号为总发行所",实则仍在日本秘密印刷,托名地点即《新世纪》发行所。《新世纪》为吴敬恒主编,吴又向为章太炎所鄙视,《复吴敬恒书》《再复吴敬恒书》就是揭露吴敬恒向敌人"献策"的。吴敬恒借《民报》"封禁"对章大肆攻击,章也益为不满。

《民报》续办前后,《新世纪》对章太炎的抨击是多方面的,例如：1909 年 6 月出版的《新世纪》一〇二、一〇三号,对章氏《驳中国用万国新语说》连续批判。10 月 16 日出版的《新世纪》一一四号"本社广告",谓《民报》第二十五期起,"将以本社为主要之发行所","其文皆由我国大撰述家所论述,其价值久著海内,无烦缕告"。注云："此非指国粹而言,文章当随时进化,同为天演界中之一端,岂有专求于昔人之古训词格,可尽文章之能事者,故好古之陋儒,拘墟于经典而为文,无异侈言商、周之明堂太室,用以研究新世界之建筑术也。"注中"国粹"云云,系讥章氏。12 月 18 日出版的《新世纪》一一六号"本社广告"："《民报》第二十五号已竟告成,由汪君精卫一手所编辑,汉民、民意诸君皆有述作,章太炎氏因未经参与,忽发简欢之牢骚,妄肆诋谋，骂为伪《民报》。东方党人皆不直章君之所为，群起攻斥，因此一段故事，续刊之《民报》一时愈为党界所欢迎。""《民报》续刊，汪精卫君作总编辑，而章太炎君不悦。……实为新奇之竞争。"吴敬恒利用《民报》续刊，孙、章矛盾，从中挑煽，以发私愤，章太炎对此自然不能容忍。

章太炎攻击孙中山，当然不好；汪精卫、吴敬恒的挑煽，也因章太炎本身有弱点，有隙可乘。孙中山所说："陶（成章）之志犹在巨款不得，乃行反噬；而章之欲则不过在数千不得，乃以罪人。陶乃以同盟会为中国，而章则以民报社为中国，以《民报》之编辑为彼一人万世一系之帝统，故供应不周，则为莫大之罪。《民报》复刊，不以彼为编辑，则为伪《民报》。"⑭还只视为内部纠纷。续刊的《民报》，在第二十六号所载"本社谨白"，分析章太炎所以发布《伪《民报》检举状》的原因，也说是"好信谗言"，以"章君凤反对《新世纪》报……""兹闻《新世纪》诸君兼任《民报》发行、印刷之事，故断然反对"，没有说章太炎已经走向革命的反面。

问题是《新世纪》刊登了章太炎写给刘师培、何震的信，说是章太炎和端方有关系，"万金出卖一革命，至为便宜"；1910 年，章太炎又和陶成章重组光复会，造成分裂。这两件大事，却是剖析章太炎在辛亥革命前夕政治态度的大事，不可不论。

关于章太炎写给刘师培、何震的信，未曾看到原件照片，不能断定其中有无篡改，但从信中内容来看，所说"欲出家"、赴印度缺款等等，与章太炎行事相合。至于何震的注则不可靠，因为何震决不会接到章信即行加注，而必定是投敌自首后所加，夸增缘饰，自所必然。这五封信的真伪和章太炎与端方的关系，杨天石等已有专文剖析⑱，这里不拟赘述。只是就信中所谓"欲出家"、赴印度和向清吏借款事，是否可以判定章太炎已经背叛革命，我认为也是不能，理由如下。

第一，五封信写于 1907 年 11 月至 1908 年 1 月间，而在此以后，章太炎仍在《民报》撰文。《民报》第十九号，刊于 1908 年 2 月 25 日，自此至第二十四号，章氏都有文章。试举两文为例。《排满平议》刊于 6 月 10 日出版的第二十一号，文曰："吾侪所执守者，非排一切政府，非排一切满人，所欲排者，为满人在汉之政府。而今之政府，为满洲所窃据，人所共知，不烦别为标目，故简略言之，则曰排满云尔。""今之所排，既在满洲政府，虽诛夷汉吏，亦以其为满洲政府所用而诛夷之，非泛以其为吏而诛夷之，是故诛夷汉吏，亦不出排满之域也"。指出"今之所排"在"满洲政府"。《革命军约法问答》，刊于 7 月 10 日出版的第二十二号，文曰："言种族革命，则满人为巨敌，而欧、美少轻；以异族之攘吾政府者，在彼不在此也；若就政治社会计之，则西人之祸吾族，其烈千百倍于满洲。"事实证明，章太炎没有忘怀革命。

第二，章太炎确曾想到印度出家，没有旅费，向清吏借款，是一大污渍。即便如此，也尚未投敌。陶成章在《致柱中、若愚书》说："太炎作和尚之意实有，至侦探，断断无之。彼居东京，每日讲学，所出入者止学堂，何有官场特派员，昭昭在人耳目，诬妄太炎先生无益也。"即后来发现的刘师培自白书也只说："倘明公（指端方）赦其既往之愆，开以自新之路，助以薄款，按月支给，则国学得一保存之人，而革命党中亦失一绩学工文之士。

以彼苦身励行，重于言诺，往印以后，决不至有负于明公。"㉘没有讲章太炎"得款"后投到端方门下。况且，章太炎即使到了印度，也断不会到印度去帮助清朝，只是使"革命党中亦失一绩学工文之士"。章太炎思想上一度"消极遁世"，行动上却未公开投敌。

至于重组光复会，是否意味章太炎"背叛同盟"呢？我认为关键还要看光复会当时的主要斗争锋芒是什么，是清政府还是同盟会。当光复会加入同盟会后，光复会中徐锡麟"志在光复而鄙逸仙为人"，陶成章"亦不憙逸仙"，李燮和"亡命爪哇"，陶、李深结，"遂与逸仙分势"，裂痕日深，终致重组光复会，和同盟会在南洋争夺势力。但他们还是"鼓吹革命"。㉙陶成章在光复会成立后写给谭人凤的信，谓"必不汲汲扩张，以教育为进取，察学生之有志者联络之，如是而已。又一面经营商业云"和"办暗杀事宜，以振动华侨"，对孙中山的"地方起兵"则示不满，陶成章还主张"将太炎公改为教育会会长方为合宜，盖彼之能力在此不在彼，若久用违其长，又难持久矣"㉚。在革命策略上，不满于孙中山的侧重华南武装斗争；在南洋活动上，"不受同盟会本部节制"，"使同盟分势"，但光复会反的还是清政府，还是以反清"光复"相号召，它没有暌离"驱逐鞑虏，恢复中华，建立民国"的同盟誓言。

章太炎、陶成章对孙中山、黄兴发动攻击，闹到重组会党，是不惬人望的。但在实际行动中，他们还是展开反清斗争，不久，他们对这一段纠纷公案，也认为"不必攻击"。陶成章稍后提出："孙文以后不必攻击，弟意亦然。而弟之意，即意见不同，宗旨不合者，辩正可也，不辩正亦可也，再不可如前者之《中兴报》，日从事于谩骂，不成日报体裁。即个人私德有缺陷者，亦不可多加攻击。盖羞恶之心，人皆有之，多所取怨，于所办之目的宗旨上，毫无所裨益。"⑬把光复会和孙中山同盟会的争论，只看作"意见不同，宗旨不合"，视为内部问题。后来，同盟会在筹划广州黄花冈之役时，光复会即曾"合力筹款"⑭。武昌起义后，章太炎致书孙中山，"同盟之好，未之敢忘"⑭；又追述光复会历史，"二党宗旨，初无大异，特民权、民生之说殊耳。最后同盟会行及岭外，外暨南洋；光复会亦继续前迹，以南部为根基，推东京为主干。仆以下材，同人谓是故旧，举为会长，遥作依归，素不习南州风俗，惟知自守礼教而已"⑮。他和孙中山之间，还只能说是内部派别纠纷。我们不能张目于个人的攻击，把章、孙矛盾扩大化；不能把同盟会内部的冲突看作章太炎已经"背叛同盟"；也不能把资产阶级革命派政治上不成熟的表现，说是章太炎那时已经不革命甚至反对革命了。

武昌起义胜利，章太炎提出了"革命军起，革命党消"的错误口号，反对"以一党组织政府"⑯，并和一些立宪党人在一起，组织中华民国联合会，有他的阶级根源和思想根源，那么，是否章太炎在辛亥革命前夕，早和立宪党人沆瀣一气了呢？也不是的。

武昌起义前夕，章太炎写了《诛政党》，发表在槟榔屿《光华日报》上，以为"朋党之兴，必在季世"，"天下之至猥贱，莫如政客"。中国政党，"非妄则夸"，并"校第品藻"，"发愤笔而诛之"。恰恰"诛"的是立宪党人。由于这篇文章《章氏丛书》刊落，流传绝少，未曾为人注意，有必要引录说明。

章太炎认为当世党人"观其言行，相其文质"，略得七类。

第一类是"治公羊学"。"自鸣得意，谓受殊知，及今犹自焜耀。中更猖獗，欲效高欢故事以弋大官，事机败露，遁逃异国，利夫蒿里丧元者不能起而辨其诬也，则侜张为幻，以欺黔首，身窜绝域之表，心在魏阙之下。见侨商多金，翙翙如鹰隼……贿赂之外，复营菟裘"，指的是康有为骗取华侨捐款，昌言保皇，抵制革命。又说："学未及其师，而变诈过之，掇拾岛国贼儒绪说，自命知学，作报海外，腾肆奸言，为人所收，则更名《国风》，颂天王而媚朝贵，文不足以自华，乃以帖括之声音节凑，参合倭人文体，而以文界革命自豪。"⑱指的是梁启超于 1910 年 1 月在东京创办《国风报》，宣传"国会请愿同志会"成立的意义，号召各地的立宪分子参加，以扩大请愿的声势。⑲章太炎指斥这一类是"曲事大珰，以求禄秩"，"昏淫猖诈，古未曾有"。

第二类是"不争于朝，而争于市"。"既好货殖"，"家既不訾，乃求比封君而抗礼王侯，束帛之币，以赂贵臣，则膺显秩而备顾问，复大结朋党，将隐操政权以便其私"，指的是地主、官僚和民族资产阶级上层的一些立宪党人。1908 年 6 月间，广东士绅代表入京呈递国会请愿书，康有为的"中华帝国宪政会"也联合华侨中的立宪分子，以海外二百余埠华侨的名义上书要求开国会，实行立宪。康、梁等更谋贿赂肃亲王，拉拢良弼等清朝贵族为己用，"束帛之币，以赂贵臣"指此。章太炎斥为"选举徒有空名，民生日即艰苦，王室倾而政出富民"。

第三类是"心醉利禄，一变而谈保皇，宗国幅裂，民生多艰，置夏民而为引弓者谋生计，陈义纵高，权衡已丧，将以媚大长，则尤无耻矣。不輂金于朝贵而要藩镇，与一二党徒，激扬名声，以动听闻，大命一至，若恐弗及"。"高谈佛理，竟在欺世"，"至于告密藩镇，大者钩党，杀多士，贼烈女，以快其私"，指的是蒋智由。蒋曾学过佛典。"杀多士，贼烈女"，指"秋瑾案"告密事。⑲蒋智由和梁启超等组织推动立宪运动的政闻社，章氏曾与之斗争。章太炎斥之为"热中利禄，无由得进，大结党徒，闻政主上"。

第四类是"少游学于欧洲，见其车马宫室衣裳之好，甚于汉土，遂至鄙夷宗邦，等视戎夏"。"上者学文桐城，粗通小学，能译欧西先哲之书，而节凑未离帖括，其理虽至浅薄，务为华妙之辞以欺人，近且倡言功利，哗世取宠，徒说者信之，号为博通中外之大儒"，指的是严复。严复翻译甄克思（E. Jenks）《社会通诠》（*History of Politics*），比附其说，谓"中国社会，宗法而兼军国者也"，断言民族主义不足以救中国，实质上是反对革命，为清政府辩护，立宪党人又予渲染，章太炎曾撰《社会通诠商兑》以驳之。章太炎又说，"下者以六籍之文为诬，而信大秦之教，即奉天生〔主〕圣母矣"，"而乃连结身犯重案之人，以成良莠不齐之党"，指的是马良。马良任政闻社总务员，发表《就任演说》等鼓吹立宪之作，章氏曾撰《驳神我宪政说》《马良请速开国会》等文批驳。本文指斥这一类是"一则服事豪帅以致科第，且得议郎；一则专树朋徒以耀声誉，而求富贵。进无补于国计，退无迹于简编"。

第五类是"习闻苟偷法政者之言，以为国会可以致富强而便驰骋，于是以请开国会之名，号召党徒"。"既游京师"，"行必厚赆"，"而乃凭依权豪，附托显贵"，遂使"识者掩口，海内嗟叹"。指的是政闻社法部主事陈景仁请速开国会，马良复致宪政编查馆

"宣布期限，以三年召集国会"，以及梁启超派他的密友徐佛苏去北京活动。1910 年春，徐佛苏在北京参加了请愿代表团，和当时的请愿代表汤化龙、孙洪伊、林长民等发生联系，开展"国会请愿运动"。章太炎指斥这一类是以"请开国会"为"起富之道"，"是可谓党人之黠者，非真为国家"，"何无耻至于斯也"。

第六类是"既入资政之院，品核公卿，裁量宰辅，讥刺内宠，讪谤朝政，一言才出，直声闻于天下，贵臣动容，黎庶色喜"。"执政病其害己，稍羁縻之，亦帖然以就范围。"等到"爵秩既赐，谤声随衰，贵游一言，则稽首以拜大命，王公一怒，则征营不知死所。甚乃承受意旨，膏唇拭舌，甘祸生民，以效忠政府"。以致"开院一稔，四海困穷，而政府之暴滋甚"。指的是资政员和各省咨议局员。章氏斥为"非权贵适足以要权贵，谤政府适所以求政府"。

第七类是"昵迩豪帅，交欢贵臣，伺候奔走，不惶起处"。"近年朝野竞谈立宪，新党亦稍稍复出"，"观其建铁路于乡里，至言好货者必称其名，贪饕可以想见。"至于"夺齐民之业，借强国之债，逢迎当涂，以得大郡者，其罪更浮于为师傅者矣"。指的是江浙的张謇、汤寿潜以及争粤汉、京汉铁路权利的湘、川、闽、粤士绅。章太炎斥之为"有党若此，速中国之亡而已"。

章太炎认为这七类，虽则"操术各异，而竞名死利，则同为民蠹，又一丘之貉也"。事实上，这七类都是立宪派。跟随革命形势的发展，立宪派的立宪请愿活动也就日益频繁。章太炎在立宪声浪喧嚣一时之际，在海外华侨聚集、立宪保皇分子一度盘踞之所，发表了《诛政党》，把他们的面貌一一揭露，和他们展开斗争。

这时，武装起义时机成熟，清朝统治面临崩溃，章太炎指斥立宪派，却不谈武装革命，说"赫然振作，以恢九服"之后，各政党"内审齐民之情，外察宇内之势，调和斟酌，以成政事而利国家，不亦休乎？"反映了他政治上的彷徨和对群众斗争的不信赖。武昌起义胜利，章氏返国后，章太炎就和立宪分子一起搞他本来"诛"过的政党活动。但章太炎在辛亥革命前夕，却是反对立宪的。

1907 年至 1908 年间，同盟会在华南沿海和沿边地区发动了六次武装起义，光复会也在浙江、安徽发动两次起义。连续不断的武装起义，大为振奋人心，促进了全国革命形势的发展。但起义的失败，使同盟会的力量受到挫折，革命党人内部的分歧和涣散也就明显加深。等到 1910 年广州起义失败后，同盟会一些领导人中间还出现过悲观失望的情绪，"举目前途，众有忧色，询及将来计划，莫不唏嘘太息，相视无言"⑩。一些革命党人丧失信心，不愿从事艰苦工作，企图组织暗杀团体，进行个人恐怖活动；有的还散布不满孙中山的言论，另组团体。这是当时整个阶级斗争形势反映的一个侧面，也暴露了中国资产阶级的软弱性，他们的革命机构也只是一个组织涣散、纪律松弛的政治联盟。章太炎在这一时期，和同盟会闹矛盾，重组光复会，政治文论显见减少，革命意志较前衰退，还做了一些对革命事业不利的事。对此，必须正确指出，恰当评论。

然而，也应该看到，辛亥革命前夕，章太炎反清革命的大方向还是没有变。他与同盟会之间的争论，也只能说是革命派内部的派别纠纷。对历史人物的评价，不能求全责备，而应充分占有材料，根据当时的历史条件和实际情况，予以实事求是的分析。

注　释：

① 蒋维乔：《中国教育会之回忆》，见中国史学会主编《辛亥革命》（一），上海人民出版社 1981 年版，第 488 页。

②《太炎最近文录》，见《章太炎年谱长编》，中华书局 1979 年版，第 210 页。

③ 江介散人：《革命闲话》，见《太平杂志》第 1 号，1929 年 1 月 10 日发行；同上书，第 210 页。

④中央党史史料编纂委员会：《总理年谱长编稿》卷上，1935 年版，第 141 页。

⑤ 见《辛亥革命回忆录》第 3 集，文史资料出版社 1962 年版，第 4 页。

⑥ 民意：《纪七月十五日欢迎章炳麟枚叔先生事》，《民报》第 6 号。

⑦ 章太炎：《东京留学生欢迎会演说辞》，《民报》第 6 号，见拙编《章太炎政论选集》，中华书局 1977 年版，第 269—280 页。

⑧ 许寿裳：《纪念老师章太炎先生》，见《制言》第 25 期。

⑨ 据《民报》第 1 号再版本，所记为 10 月 20 日印刷，据邹鲁《中国国民党史稿》，所记为 11 月 26 日出版。

⑩ 宋教仁：《我之历史》第 5、25 页。

⑪ 孙中山：《民报发刊辞》，见《民报》第 1 号；又见《孙中山全集》第 1 卷，中华书局 1981 年版，第 288—289 页。

⑫ 康有为：《法国创兴沿革》，手稿，上海市文物保管委员会藏。

⑬ 梁启超：《致南海先生书》，见《梁任公先生年谱长编初稿》"光绪三十三年丁未"条，世界书局 1959 年版，第 244—245 页。

⑭ 见《政论》第 1 号，光绪三十三年九月初一（1907 年 10 月 7 日）

出版。

⑮ 章太炎：《记政闻社员大会破坏状》，《民报》第 17 号，收入《太炎文录·别录》卷 2，见《章太炎全集·太炎文录初编》，上海人民出版社 2017 年版，第 393—398 页。

⑯ 见《政论》第 3 号。

⑰ 梁启超：《致蒋观云、徐佛苏及社员诸君书》，见《梁任公先生年谱长编初稿》"光绪三十三年丁未"条，世界书局 1959 年版，第 255—256 页。

⑱ 章太炎：《与马良书》，见《章太炎政论选集》，第 385—386 页。

⑲ 蒋智由《致章太炎书》二通和章太炎《复蒋智由书》，抄件，南京图书馆藏，见《章太炎政论选集》，第 448—455 页。

⑳ 章太炎：《中华民国解》，见《民报》第 17 号；又见《章太炎全集·太炎文录初编》，第 259 页。

㉑ 章太炎：《答梦庵》，见《民报》第 21 号；又见《章太炎政论选集》，第 398 页。

㉒ 章太炎：《说林上》，见《章太炎全集·太炎文录初编》，第 116 页。

㉓ 章太炎：《革命之道德》，见《民报》第 8 号；又见《章太炎政论选集》，第 320 页。

㉔ 章太炎：《东京留学生欢迎会演说辞》，见《民报》第 6 号；又见《章太炎政论选集》，第 276 页。

㉕ 章太炎：《菿汉微言》，见浙江图书馆本《章氏丛书》。

㉖ 章太炎：《答铁铮》，见《民报》第 14 号，见《章太炎全集·太炎文录初编》，第 388 页。

㉗ 章太炎：《箴新党论》，见《民报》第 10 号，见《章太炎政论选集》，第 331、338 页。

㉘ 章太炎:《讨满洲檄》,见《民报》临时增刊《天讨》,1907 年 4 月 25 日出版;又见《章太炎全集·太炎文录初编》,第 198 页。

㉙ 章太炎:《致留日满洲学生书》(1911 年 10 月 10 日);见《革命逸史》第 5 册《清肃王与革命党之关系》一文中;又见《章太炎政论选集》,第 519—520 页。

㉚《亚洲和亲会约章》陶冶公《跋语》,见拙著《乘桴新获——从戊戌到辛亥》,江苏古籍出版社 1990 年版,第 142 页。

㉛ 还在 20 世纪 50 年代,我知道有《亚洲和亲会约章》的英文本和日文本,又从参加过亚洲和亲会的陶冶公先生处抄得《约章》的中文本,陶先生还写有跋语,这里所引,即据陶先生旧藏。

㉜《太炎先生自定年谱》"光绪二十三年丁酉,三十岁"条,见《章太炎全集·太炎文录补编》,第 754 页。

㉝ 章太炎:《自述学术次第》,稿本,上海图书馆藏,见《章太炎全集·太炎文录补编》,第 495 页。

㉞ 章太炎:《送印度钵逻罕保什二君序》,见《民报》第 13 号;又见《章太炎全集·太炎文录初编》,第 375 页。

㉟ 章太炎:《记印度西婆耆王纪念会事》,见《民报》第 13 号;又见《章太炎全集·太炎文录初编》,第 373 页。

㊱ 同上书,第 373 页。

㊲ 章太炎:《送印度钵逻罕保什二君序》。

㊳ 石母田正:《续历史与民族的发现》,东京 1969 年版,见第十章,第 191—203 页。

㊴ 竹内善朔:《本世纪初日中两国革命运动的交流》,日本《中国研究》季刊第 5 号,第 74—95 页。李士岑、曲直译,译文见《国外中国近代史研

究》第 2 辑。

㊵ 另查滝沢诚《权成卿》，载章太炎与武田范之间的一次谈话，其中曾说："我所希望的是在亚洲各国凡有政府者同时革命，被征服者同时独立。宫崎君（溜天）说中国革命一旦成功，日本也将带来变化。但我以为日本革命并非当时之急。我很希望让安南、印度、缅甸等地，从现在的悲惨境地中解脱出来。"并录于此，以供参考。

㊶ 魏兰：《陶焕卿行述》，油印稿，陶本生旧藏，见拙编《陶成章集》，中华书局 1986 年版，第 432 页。

㊷ 樊光：《辛亥革命光复会领袖章炳麟、陶成章合传》，油印稿，上海市政治协商委员会文史资料工作会藏。

㊸ 章太炎：《五无论》，见《民报》第 16 号，1907 年 9 月 25 日出版；见《章太炎全集・太炎文录初编》，第 462 页。

㊹ 章太炎：《印度独立方法》，《民报》第 20 号"时评"，1908 年 4 月 28 日出版，见《章太炎全集・太炎文录初编》，第 381 页。

㊺ 章太炎《亚洲和亲会约章》，见《乘桴新获——从戊戌到辛亥》，江苏古籍出版社 1990 年版，第 142 页。

㊻ 同上。

㊼ 见《民报》第 21 号，1908 年 6 月 10 日出版。

㊽ 章太炎：《革命军约法问答》，《民报》第 22 号，1908 年 7 月 10 日出版，见《章太炎政论选集》，第 432 页。

㊾ 章太炎：《答佑民》，见《民报》第 22 号，1908 年 7 月 10 日出版。

㊿ 章太炎：《印度中兴之望》，《民报》第 17 号"时评"，1907 年 10 月 25 日出版，见《章太炎全集・太炎文录初编》，第 379 页。

(51) 章太炎：《答佑民》，见《民报》第 22 号，1908 年 7 月 10 日出版。

(52)《亚洲和亲会约章》，见《乘桴新获——从戊戌到辛亥》，第 143 页。

(53) 章太炎：《革命军约法问答》，见《章太炎政论选集》，第 432 页。

(54) 章太炎：《官制索隐》，见《民报》第 14 号，1907 年 6 月 8 日出版；又见《章太炎全集·太炎文录初编》，第 82 页。

(55) 章太炎：《支那印度联合之法》，《民报》第 20 号“时务”，见《章太炎全集·太炎文录初编》，第 385 页。

(56) 苏曼殊丁未十月在上海《致刘三书》中云：“前太炎有信来，令曼随行，南入印度，现经费不足，未能预定行期。”见《曼殊全集》第 1 册，第 197 页。章太炎《赠曼殊自题小影》也说：“余自三十岁后，便怀出世之志，宿障所缠，未得自在……当于戊申孟夏披剃入山。”见《越风》第 17 期。

(57) 章太炎：《致苏曼殊书》，见《越风》第 17 期。

(58) 此文原载《革命评论》第 10 号，明治四十年（1907 年）三月二十五日出版，署名“章炳麟”，收入《太炎文录》初编《文录》卷二，修改很大。此后，章氏又就《文录》所载增损为《赠大将军邹君墓表》。见《章太炎政论选集》，第 354 页。

(59) 吴敬恒：《与章炳麟书》，见巴黎《新世纪》第 28 号，1908 年 1 月 4 日出版；又见《章太炎政论选集》，第 382 页。

(60) 章太炎：《答吴敬恒书》，1908 年 1 月 31 日，《民报》第 19 号，1908 年 2 月 25 日出版。并附吴敬恒原函，《太炎文录》未曾录入，“□□□言之”，“□□□”为张鲁望，见《章太炎政论选集》，第 379 页。

(61) 载《新世纪》44 号，1908 年 4 月 25 日出版。

(62) 载《民报》第 23 号，1908 年 7 月 10 日出版，并注曰：“原函见《新世纪》44 号。”

(63) 载《新世纪》第 63 号，1908 年 9 月 5 日出版。

(64) 载《东方杂志》第33卷第1号，1936年1月1日出版。

(64) 以上“官中文书”，书写式样及空格，照原件录出。

(66) 以上谈吃点心情况，略。

(67) 影行手迹见孙常炜：《蔡元培先生全集》“遗墨”。

(68) 蔡元培接到吴敬恒长信后，曾拟《读章君所作〈邹容传〉》，未用真名，经寄交吴敬恒后，吴又函复，以“于驳章枚叔事，不以第三人代表为然”，遂未发表，此后蔡元培又与吴敬恒通函数次（蔡元培：《复章氏所作邹容传》稿及1907年至1908年《复吴敬恒书》，均见孙常炜《蔡元培先生全集》“遗墨”）。又吴敬恒后来发表的《吴稚晖述上海苏报案纪事》，记与俞明震相晤事，甚简略，问答亦与上揭《与蔡名友书》异，如云“俞开口即曰：‘《苏报》闹得太厉害了，梦坡我熟人，余昨往，彼适出门，见其会计陈吉甫，先生等劝其温和乎？太炎先生似乎闹得亦太凶。’余曰：‘二人脾气，恪士先生所知，但朝政如此，亦难怪出言愤激’”等。见《革命逸史》第3集。这些词句，即《与蔡名友书》所未载。

(69) 见巴黎《新世纪》第79号，见《章太炎年谱长编》，第284—285页。

(70) 章太炎：《民报一周年纪念会祝辞》，见《民报》第10号；又见《章太炎政论选集》，第326页。

(71) 章太炎：《为〈民报〉封禁事移让日本内务大臣平田东助书》1—3，见《新世纪》第79号，1908年12月26日巴黎出版；又见《章太炎政论选集》，第484—488页。

(72) 张庸：《章太炎先生答问》，载钱须弥《太炎最近文录》1915年4月国学书室本，见《章太炎政论选集》，第256—265页。

(73) 邓实：《国学讲习记》，见《国粹学报》第19期，光绪三十二年六月二十日（1906年8月9日）出版。

(74) 许文衡：《读国粹学报感言》，见《国粹学报》第 6 期，光绪三十一年六月二十日（1905 年 7 月 22 日）出版。

(75) 邓实：《匡学微论》《国学通论》，见《国粹学报》第 2、3 期，光绪三十一年二月二十日、三月二十日（1905 年 3 月 25 日、4 月 24 日）出版。

(76)《国学讲习会序》，见《民报》第 7 号，1906 年 9 月 5 日出版，见《章太炎年谱长编》，第 216—217 页。

(77)《国学讲习会略说》，日本秀光社印行，1906 年 9 月出版。

(78) 章太炎：《东京留学生欢迎会演说辞》，见《章太炎政论选集》，第 276页。

(79) 邓实：《国学保存会小集序》，见《国粹学报》第 1 期，光绪三十一年正月二十日（1905 年 2 月 23 日）出版。

(80) 同上。

(81) 丘逢甲：《寄赠国学保存会诸君子》，见《国粹学报》第 42 期“题词”，光绪三十四年五月二十日（1908 年 6 月 18 日）出版。

(82) 章太炎：《亚洲和亲会约章》，见《乘桴新获——从戊戌到辛亥》，第 143 页。

(83) 章太炎：《东京留学生欢迎会演说辞》，见《章太炎政论选集》，第 276页。

(84) 章太炎：《与人论朴学报书》，见《国粹学报》第 23 期，光绪三十二年十月二十三日（1906 年 12 月 8 日）出版。

(85) 章太炎：《变法箴言》，见《经世报》第 1 册，光绪二十三年七月初五日（1897 年 8 月 2 日）出版，见《章太炎政论选集》，第 18 页。

(86) 见《国粹学报》第 26 期，光绪三十三年正月二十日（1907 年 3 月 4 日）出版。

⑧⑦ 邓实：《国学真论》，《国粹学报》第 27 期，光绪三十三年二月二十日（1907 年 4 月 2 日）出版。

⑧⑧ 章太炎：《答朱逷仙问老子征藏古书书》，见《制言》第 24 期。

⑧⑨ 章太炎：《致柳翼谋书》，见《史地学报》第 1 卷第 4 期，1922 年 8 月出版；又见《章太炎政论选集》，第 765 页。

⑨⓪ 邓实：《国学通论》，见《国粹学报》第 3 期。

⑨① 见《制言》第 10 期；又见《刘申叔先生遗书》卷首。

⑨② 钱玄同：《刘申叔先生遗书序》，见《刘申叔先生遗书》卷首。

⑨③ 见《制言》第 7 期。

⑨④ 周作人：《民报社听讲》，见《知堂回忆录》，香港永生印刷公司 1980 年版，第 25—27 页。

⑨⑤ 据《钱玄同日记》（稿本，北京鲁迅博物馆藏），章太炎在东京正式讲学时间为 1908 年 4 月，与《朱希祖日记》记载同。

⑨⑥ 章太炎在日本讲学的早年听讲者，《朱希祖日记》和周作人、许寿裳的回忆中都有记载。朱希祖谓"同学者七人"，连他自己，实为八人，即原在大成中学听讲的龚未生、钱玄同、朱希祖、朱宗莱和同住"任舍"的许寿裳、周树人（鲁迅）、周作人、钱家治。

⑨⑦ 据《钱玄同日记》载，1909 年 2 月 20 日至 27 日，讲《汉书》，共十二次；3 月 11 日至 4 月 8 日，讲《文心雕龙》，凡四次；3 月 31 日，讲《毛诗》；4 月 15 日，讲《文史通义》等。

⑨⑧ 见《国粹学报》戊申年（1908 年）第 5 号末后"报告"内"通讯"中，谓："贵报以取材贵广，思得其人，前此蕲州黄君名侃，曾以著撰亲致贵处。黄君学问精专，言必有中，每下一义，切理厌心，故为之介绍，愿贵报馆加以甄采，必能钩深致远，宣扬国光。"

⑨⑨ 许寿裳：《致林》，见《新文学史料》，1944 年 2 月；又见 1983 年第 2 辑《许寿裳先生书简钞》，第 71—72 页。

⑩⑩ 鲁迅：《关于太炎先生二三事》。

⑩⑩ 章太炎：《东京留学生欢迎会演说辞》，见《章太炎政论选集》，第 272页。

⑩⑫ 许寿裳：《纪念先师章太炎先生》，见《制言》第 25 期。

⑩⑬《朱希祖日记》，稿本，北京图书馆藏。

⑩⑩ 章太炎：《丙午与刘光汉书》，见《章太炎全集·太炎文录初编》，第 158 页。

⑩⑮ 章太炎：《与孙仲容书》，见浙江图书馆：《追悼章太炎先生特刊》，《制言》第 30 期有手迹摄片。见《章太炎政论选集》，第 391—392 页。

⑩⑯ 章太炎：《与人论国粹学书》《再与人论国粹学书》，两书均收入《太炎文录》初编《别录》卷二；又见《章太炎全集·太炎文录初编》，第 370—372 页，该全集作《与人论国学书》《再与人论国学书》。

⑩⑰《太炎集》，章太炎于 1908 年手订，抄本，系年编录，北京图书馆藏。

⑩⑱ 章太炎：《自述学术次第》，稿本，上海图书馆藏，见《章太炎全集·太炎文录补编》，第 494—508 页。

⑩⑲《太炎先生自定年谱》"宣统二年庚戌，四十三岁"条，见《章太炎全集·太炎文录补编》，第 762 页。

⑩⑩ 章太炎：《自述学术次第》，稿本，上海图书馆藏，见《章太炎全集·太炎文录补编》，第 495 页。

⑪⑪《朱希祖日记》："一九〇八年九月十二日。"

⑪⑫ 许寿裳：《纪念先师章太炎先生》。

⑪⑬ 鲁迅：《关于太炎先生二三事》，见《且介亭杂文末编》。

⑭ 黄侃：《太炎先生行事记》，原载《神州丛报》第 1 卷第 1 期，后载《制言》第 31 期。

⑮ 魏兰：《陶焕卿先生行述》，油印稿，陶本生先生旧藏，又见《陶成章集》，第 434 页。

⑯ 冯自由：《清肃王与革命党之关系》，见《革命逸史》第 5 集。

⑰ 章太炎：《与邓实书》，见《章太炎政论选集》，第 495 页。

⑱ 章太炎：《伪〈民报〉检举状》，见《章太炎年谱长编》，第 303 页。

⑲ 黄侃：《太炎先生行事记》。

⑳ 吴玉章：《辛亥革命》，人民出版社 1969 年版，第 92 页。

㉑ 章太炎：《为〈民报〉封禁事移让日本内务大臣平田东助书》二，见巴黎《新世纪》第 79 号，1908 年 12 月 26 日出版；又见《章太炎政论选集》，第 484—485 页。

㉒ 张庸：《章太炎先生答问》，见《章太炎政论选集》，第 258 页。

㉓ 手迹，原件无月日，湖南哲学社会科学研究所藏。

㉔ 同上。

㉕ 黄兴：《为陶成章诬谤事致孙中山书》，见《黄克强先生全集》，台湾，1973 年增订本，第 116—117 页。

㉖ 同上书，第 118 页。

㉗ 孙中山：《致吴稚晖书》，见胡汉民编：《总理全集》第 4 集《遗墨》，上海书店出版社，第 66—67 页。

㉘ 见《南开大学报》1978 年第 6 期。

㉙《建国月刊》12 卷第 4 期。

㉚ 魏兰：《陶焕卿先生行状》，见《陶成章集》，第 429—437 页。

㉛ 陶成章：《致石哥书》，1910 年，无月日，手迹。石哥即谭石屏、谭

人凤。

⑫ 陶成章：《致福哥书》，1910 年 11 月 5 日，手迹。

⑬ 冯自由：《华侨革命开国史》，商务印书馆 1946 年版，第 95 页。

⑭ 章太炎：《复孙中山书》，1912 年 1 月 15 日，见《大中华》第 2 卷
12 期；又见《章太炎全集·书信集》，第 84 页。

⑮ 章太炎：《致临时大总统书》，见《大共和日报》1912 年 1 月 28 日；
又见《章太炎政论选集》，第 557 页。

⑯《章炳麟之消弭党见》，见天津《大公报》1911 年 12 月 12 日。

⑰ 槟榔屿《光华日报》1911 年 10 月 26、28、31 日；撰述则在武昌起
义前。

⑱《国会请愿同志会意见书》，见《国风报》第 1 年第 9 期，宣统二年
四月初一日（1910 年 5 月 9 日）出版。

⑲ 章太炎：《复蒋智由书》，见《章太炎政论选集》，第 448—452 页。

⑳ 孙中山：《建国方略》，见《孙中山选集》上卷，人民出版社 1956 年
版，第 180 页。

第七章

反袁前后

一 "革命军起，革命党消"

武昌起义胜利的消息传到日本，在东京出现了散发的《中国革命宣言书》，首指清朝政府的罪恶，继言"江汉廓清，日月再现"，从而"特陈大义，以告我四万万神明之胄"，提出三点。第一，"北方军士"，"谁非昆弟"，不要"自外于人群"，"推白刃于同胞"。第二，袁世凯黜退后，"自谓无复出山"，今"招之即来"，"能无愧乎"？海军都是东南人，不要"制命伪朝，受其驱策"，"当知人心所归，依乎信顺"。第三，"东西友邦"，应"严守中立"。末署"中国革命本部宣言"①。据日本警方调查，"此系章炳麟起草"②。

1911 年 11 月 11 日，章太炎率留日学生十余人由神户乘轮归国，在船上对日本人清藤幸七郎阐述政见，说是："吾等尚未至山呼万岁之时。前此颇为顺利，今后则预计会遭逢难关，必须准备付出非常之苦心。环顾目前中国，无现成之杰出领袖，然时务发展，不能说必不会产生如是伟大人物。一旦华盛顿式的领导人物出现，那就是吾人之幸运；设若一日一出现者是拿破仑式人物，则最终或许竟会导致某种乱世局面。今后，颇有多头共和制度，法国式统一共和制于中国并不相合。"⑧对革命胜利后的建制多有忧虑。

章太炎甫抵上海，《民立报》即于 11 月 16 日刊载其"回国返沪"消息，并撰《欢迎鼓吹革命之文豪》社论，称章氏为"中国近代之大文豪，而亦革命家之巨子也"，希望"同胞奉之为新中国之卢骚"。此后，各报对之颇有报道，他还在上海创刊不久的《民国报》上登出《宣言》九则，对民国建置提出看法，如"首领只当称元帅，不当称大总统"，"各省只应置一都督"等；提出"方今惟望早建政府，速推首领"，以及不赞成在上海设临时政府。还"以一人之见，品藻时贤"，说"总理莫贤于宋教仁，邮传莫宜于汤寿潜，学部莫宜于蔡元培，其张謇任财政，伍廷芳任外交，则皆众所公推，不待论也。海陆军主干者，军人中当有所推，非儒人所能定。若求法部，惟有仍任沈家本"④，所推人选，有国民党，也有立宪派和旧官僚。

没有几天，报纸上登出了章太炎《复武昌谭人凤诸人电》，内称：

> 革命军起，革命党消，天下为公，乃克有济。今读来电，以革命党人召集革命党人，是欲以一党组织政府，若守此见，人心解体矣。诸君能战即战，不能战，弗以党见破坏大局。⑤

这就是震动一时的"革命军起，革命党消"的"消弭党见"

主张，也是章太炎和同盟会、孙中山闹矛盾后返国不
久提出的。12 月 25 日，孙中山返国，感到情况严重，
他说："十二月间，我到上海，有一种很可怪的意气，
此意气为何？即是一般官僚某某等及革命党某某等
人所倡言的'革命军起，革命党消'是也。当时这种
言论的意气充塞日围，一昌百和，牢不可破，我实是
莫名其妙，无论如何大声疾呼，总唤不醒。"⑥ 12 月
30 日，孙中山主持同盟会本会临时会议，对"革命军
起，革命党消"提出批评，宣言说：

章太炎

> 武汉事兴，全国响应……军兴以来，智勇之
> 士，雄骏之伦，与时俱起，廊庙之上，战阵之中，
> 所需正急。吾党宜广益其结纳，罗致硕人，以闳
> 其力。惟必先自结合，以成坚固不破之群。……是则本会之
> 改造，与吾党之联合，固逼于利害，忍而不能舍者。而吾党
> 偏怯者流，乃倡为革命军起、革命党消之言，公然登诸报纸，
> 至可怪也。此不特不明乎利害之势，于本会所持之主义而亦
> 懵之，是儒生阘茸之言，无一粲之值。言夫其事之起，则此晚
> 近之世，吾党之起于各省者屡矣，又何待今日？言夫其成功，
> 则元凶未灭，如虎负隅，成败未可预睹。即曰成矣，而吾党
> 之责任，岂遂终此乎？中心未遂，盟誓已寒，义士所不忍为。
> ⑦

　　此后，孙中山还多次提及⑧，可见"革命军起，革命党消"当
时影响之深。

本来，武昌起义前，同盟会渐形涣散、分裂，同盟会的主要领导人孙中山、黄兴、宋教仁等对武昌起义的迅速到来和革命形势的迅速发展没有思想准备，革命党人和立宪派官僚划不清思想界限，以致许多立宪分子和旧官僚涌入革命行列。立宪分子又从中拉拢分化，促使革命派中原来各派系、集团间的矛盾尖锐，《胡汉民自传》称：

> 国内同志以先生（按：指孙中山）既归，乃共谋建立政府，举先生为总统。时章炳麟、宋教仁已先在沪。章尝倡言，"若举总统，以功则黄兴，以才则宋教仁，以德则汪精卫"，同志多病其妄。章又造为"革命军兴，革命党消"之口号。盖章以革命名宿自居，耻不获闻大计。其在东京破坏军器密输之举，党未深罪之，章仍不自安，阴怀异志。江浙之立宪派人，如张謇、赵凤昌、汤寿潜之属，阳逢迎之。章喜，辄为他人操戈，实已叛党。钝初居日本，颇习政党纵横之术，内依克强为重，外亦与赵、张、汤化龙、熊希龄相结纳，立宪派人乐因之以进，宋之声誉乃骤起，故章炳麟才之。然终以党人故，克强不敢夺总理之地位，钝初始欲戴为总统，已为总理，至是亦不得不服从党议，然仍主张内阁制。[①]

胡汉民是随孙中山返国来沪的，所言除夹杂个人意见外，是有一定依据的，如讲章太炎和江、浙立宪党人的关系，他的组织中华民国联合会也证明了这点。孙中山后来说武昌起义不久，"少数的革命党，就被多数的官僚所包围"，"革命军兴，革命党消"随之而起，"当时的革命党也赞成这种言论"，历史的教训，也是深刻的。

二　从附袁到反袁

1912 年 1 月 1 日，孙中山在南京就任临时大总统，聘任章太炎为总统府枢密顾问，章不愿长驻南京，返回上海，组织了中华民国联合会。

中华民国联合会是章太炎返国后就开始筹组的，1911 年 11 月 19 日《民立报》即刊有《中华民国联合会通告》，言明"以促进中国临时共和政府成立，暂设临时外交总机关为宗旨"。11 月 21 日，《时报》又载《程都督章炳麟来电》，说明组织联合会，"并拟在沪开办《大共和日报》。近以扶助临时政府之成立，远以催促共和政府之完全"。12 月 14 日，《民立报》又刊登《中华民国联合会章程》，其第二条谓："本会以联合全国扶助完全共和政府之成立为宗旨。"

至是，中华民国联合会举行第一次会议，章太炎发表演说："本会性质，对于政府立于监督补助地位"，"中国本因旧之国，非新辟之国，其良法美俗，应保存者则存留之，不能事事更张也"。

章太炎认为"中国旧有之美俗良法，宜斟酌保存者"，即：第一，"婚姻制度宜仍旧，惟早婚则应禁"，"纳妾""应悬为禁令"；第二，"家族制度宜仍旧"；第三，"不应认何教为国教"，"政教分离，中国旧俗，其僧侣及宣教师，不许入官，不得有选举权"；第四，"禁断""本国人在中国境内入外国籍者"；第五，"承认公民不依财产纳税多额，而以识字为标准"；第六，"速谋语言统一，文字不得用拼音"；第七，严禁赌博、竞马、斗牛；第八，禁止"在公共场所，效外人接吻、跳舞者"。⑩

章太炎认为"中国本因旧之国，非新辟之国，其良法美俗，应保存者则存留之，不能事事更张也"。说"专制非无良规，共和非无秕政"，"政治法律，皆依习惯而成"⑪；主张中央"特建都察院"，"限制元首"，地方"废省存道"，而对民主制则示反对；主张"限制财产相续"，又以"夺富者之田以与贫民"为"大悖乎理"。⑫

章太炎过去反对清朝统治，主张建立中华民国，曾任《大共和日报》社长。在该报《发刊辞》中，他对共和的看法是：

> 我中华民国所望于共和者，在元首不世及，人民无贵贱，然后陈大汉之岂弟，荡亡清之毒蝥，因地制宜，不尚虚美，非欲尽效法兰西、美利坚之治也。议院之权过高，则受贿鬻官，莫可禁制；联邦之形既建，故布政施法，多不整齐。臧吏遍于市朝，土豪恣其兼并，美之弊政，既如此矣。法人稍能统一，而根本过误，在一意主自由。民德已偷，习俗淫靡，莠言不塞，奇邪莫制，在位者无能改革，相与因循，其政虽齐，无救于亡国灭种之兆。中国效是二者，则朝夕崩离耳。

章太炎对美、法式的民主政体并不赞成，而对"近见之徒，复欲拥戴虏廷，以持秩序，云共和不可行于中国"⑬则示反对。他还认为"共和政体，以道德为骨干，失道德则共和为亡国之阶"⑭。

南北和议告成，袁世凯上台，章太炎幻想袁世凯"厉精法治"，"以厝中夏于泰山磐石之安"⑮。在用人问题上，章太炎以为"同盟会人材乏绝，清流不归"⑯，反对"政党内阁"，提出"取清时南方督抚有才名者以充阁员之选"⑰。说"汉之良相，即亡秦之退官；唐之名臣，即败隋之故吏"，主张"循旧贯"，用"老吏"⑱，将中华民国联合会与一些小政团合并，改组为统一党，以后更与民社等并为共和党，推黎元洪为董事长。

袁世凯给了章太炎一个总统府高等顾问的空衔。1912 年 11 月，又委任他为东三省筹边使，调出北京，章太炎兴致勃勃地跑到东北去"兴办实业"。

章太炎到任后，设东三省筹边使署于长春，筹备实业基金，集款招股，致函财政部，请将东三省屯垦局存款提作筹边署屯垦经费。⑲章太炎拟《东三省实业计划书》，提出"设立三省银行，以圆易吊，使民易知"，铸造金币。"欲铸金币，又不可不预浚金源，非开办金矿，收买金砂，不足以供鼓铸"。又请"开浚松花江、辽河，去其淤梗"，"以利交通"。还拟"组织报馆"，"设会研究"。这时，他也开始觉察袁世凯的不怀好意，也想趁此机会摆脱袁世凯的控制。就如他后来在《致伯中书》中所说："兄本欲避地东三省，跳出漩涡，而小有发展，政府尚不能相容，惟有决计出洋而已。"⑳

1913 年 3 月 20 日，宋教仁被刺，血的教训使章太炎震醒起来，他沉痛地写下《挽宋教仁》："愿君化彗孛，为我扫幽燕。" 4月，托事南行，南行前与人书中说：袁政府官僚"游宴相牵，势利相动，出囊橐以买议员，受苞苴而选总统，斯乃寇盗所不齿者，夫安足与谋国是？"[21]

章太炎对袁世凯不信任了，依靠谁去对付这个掌握兵权的军阀呢？他所想到的还是清朝的旧军官、民国的新军阀黎元洪。于是章在鄂致电袁世凯，请去梁士诒、陈宧、段芝贵、赵秉钧"四凶"[22]，黎元洪看到宋教仁被刺死，"惧及己，益懔懔"，连到北京去参加正式大总统的选举都不敢，反请章太炎"入都视之"，探听情况。袁世凯设法笼络，5月25日发令"章炳麟授以勋二位"[23]，"冀以歆动"，还假惺惺地说："吾以清运既去，不得已处此坐，常惧不称，亦安敢行帝制？人之诬我，乃至于是。"[24]章太炎在北京住了七天，于6月4日到上海。

就在此时，章太炎对他的东北"实业计划"还很关注，曾"提议设筹边实业银行"，没有经费，想向法国借款，但财政总长不肯盖印，章太炎"实业计划"落空，感到"大抵政府之与我辈，忌疾甚深，骂亦阻挠，不骂亦阻挠"，"故于十八日电致总督及国务院辞差"[25]，决定"奉身而退"，不再在袁政府做"筹边使"了。

这时，袁世凯已通过进一步出卖主权，大借外债，和帝国主义共同策划扑灭革命派的残余势力。他杀气腾腾地叫嚣："现在看透孙、黄，除捣灭外无本领……彼等若敢另行组织政府，我即敢举兵讨伐之。"把"乱贼""逆首"的帽子加在孙中山、黄兴头上，公然发动内战。孙中山等被迫应战，举兵讨袁。从7月12日湖口独立，到9月1日南京失守，反袁失败，孙中山、黄兴重被通缉，长江流域各省尽入袁手。

在这场斗争中，章太炎抱着一种矛盾的心情，他对孙中山的武力讨袁仍不信赖，说"讨袁者亦非其人"㉖，同时，对袁世凯及其爪牙梁士诒、陈宦、段芝贵、赵秉钧等"四凶"又愤怒指斥："四凶不去，终无宁日。委蛇就之，未尝非策，然亦不应时务。本初（指袁世凯）于革命党人无不忮忌，非迁就即能幸免也。"㉗"今日之事，政府贿赂公行，割弃领土，实属罪大恶极。"㉘对袁世凯的"滥借外款，用如泥沙"，也以为"债负已多，抵押已尽，则第二任总统，任令何人不能接手，而己之地位可以永固，其用心阴鸷，正与西太后大同"㉙。但他尚未识透袁世凯投降卖国、复辟倒退的反动本质，甚至还认为袁世凯"帝王思想是其所无，终身总统之念是其所有"㉚。

难道袁世凯的"帝王思想是其所无"吗？他窃占辛亥革命的胜利果实以后，就在寻求帝国主义的支持，妄图复辟帝制。1912年6月，袁世凯公然破坏《临时约法》中关于总统发布令须由内阁副署方能有效的规定，接着，又安插自己的爪牙赵秉钧为国务总理，把内阁完全变成他的御用工具。1913年，袁世凯通令全国"尊崇孔圣"，借"祀孔"之名，行帝制复辟之实。袁世凯不是只想做"终身总统"，而是想做皇帝；不是没有"帝王思想"，而是处心积虑、肆无忌惮地复辟帝制。这时，以孙中山为首的革命党中比较激进的一翼对袁世凯"有推倒民治恢复帝制之决心"已经识破，并加以抵制了。章太炎却为之辩解，说是"帝王思想是其所无"，为之开脱。

非但如此，他还责备孙、黄，特别是污蔑孙中山，说"项城

（指袁世凯）在，或可保长城以内，易以孙、黄，则黄河以北皆失矣"㉛，以孙中山"与项城一丘之貉"㉜，"谓宜双退袁与孙、黄，改建贤哲，仆则承命"㉝，以袁世凯与孙中山、黄兴并举。接着又说："惟有双数袁与孙、黄之恶，使正式选举，不得举此三人。"㉞甚至担心国会选举时，如"同盟会一致选孙，势遂无敌，而中国必有瓜分之祸"。㉟

章太炎要"双数袁与孙、黄之恶"，对袁不满，对孙也不信任。而共和党在袁世凯的授意下，又急电促章入都，章太炎"念京师、上海皆不能避凶焰"，以为共和党"中正稳健"，"惟此一发，不可不为张目"，"为中夏留一线光明"㊱，乃于 8 月"冒危入京师，宿共和党"。他一方面看到"京邑崎岖，道路以目"，以为"吾虽微末，以一身撄暴人之刃，使天下皆晓然于彼之凶戾，亦何惜此屡形为"㊲。另一方面，又认为"共和党势渐扩张，此为可憙"㊳，"连日议员入党者，已增至三十人矣，骥老伏枥，志在千里，况吾犹未老耶"㊴，在家信中表示余勇可贾。但是，袁世凯对章太炎还是不肯放松，对他加紧迫害，不让其自由活动。章太炎被软禁在共和党总部，梁士诒、赵秉钧等还"捏造证据，置章于死"㊵。

章太炎的"反袁"斗争，以失败告终。

可以说，章太炎在民国初年，思想上曾一度彷徨，曾与封建势力相妥协，他也组织政党，展开政治活动，而所依靠和想望的，却非其人。章认为：

> 今欲纠合党会以谋进取，惟取各党中革命人材，纠合为一，辅以学士清流，介以良吏善贾，则上不失奋厉之精神，

下不失健全之体格，而国事庶有瘳矣。㊶

所谓"学士清流"，也就是一些封建士大夫，以及官僚、资本家。又说：

> 若为久远计，凡一政党，非有实业为中坚，即有侠士为后应，无此即不足以自树。非实业则费用不给，而政府得以利用之矣；非侠士则气势不壮，而政府得以威喝之矣。国民党有其一，无其一，共和党则逾不逮，后忧正不知何底也。㊷

"实业"，指资本家；"侠士"，指会党首领和军人。那么，章太炎想依靠的，还是以资本家为中坚、会党首领与军人为后应的军阀政客。正是在这种思想指导下，他很自然地想到了黎元洪。他曾赶到武昌，去找自以为"人望多属"的黎元洪，并多方为之制造"竞选"舆论，说"黎黄陂功业格天，仁声彰著，世无其人，则中国终于左衽矣"㊸。在与人书中对黎元洪也每多誉溢，如说："仆近赴武昌二十余日，黎公以勉就共和理事相劝，仆亦请黎公为统一党名誉总理，交叉相倚，以为联合之图。此本非为党势计，但为明年国会选总统计耳！"㊹说明他去武昌，是劝黎元洪担任统一党名誉总理，为"国会选总统计"的。说黎元洪"道德太高，任人玩弄"㊺，为黎元洪涂脂抹粉。章太炎以为总统改选，"大抵仍宜推举黄陂（黎元洪），必不肯任，然后求之西林（岑春煊）"。"黄陂之廉让，可望责任内阁；西林之果毅，可望廓清贪邪"㊻。黎元洪（黄陂）也好，岑春煊（西林）也好，都是清朝旧官僚、民国新军阀，章太炎对这些人寄予厚望，他已彷徨歧途了。

三　幽居京师，重订《检论》

1913 年 8 月，章太炎"时危挺剑入长安"，一方面看到"京邑崎岖，道路以目"，以为"吾虽微末，以一身撄暴人之刃，使天下皆晓然于彼之凶戾，亦何惜此孱形为"[47]，表示不畏强暴，敢临虎穴；另一方面，又以"共和党势渐扩张，此为可憙"[48]，"连日议员入党者，已增至三十人矣，骥老伏枥，志在千里，况吾犹未老耶"[49]。但是，袁世凯对他还是不肯放弃，对他加紧迫害，不让其自由活动，章太炎被监禁在共和党本部，心情十分烦恼。

当时报纸，纷纷记载章太炎入京被禁情况，且杂以传闻：

> 章太炎前日到京，大为袁世凯所注目，赵秉钧派四巡警出入监视。[50]

> 袁、赵、梁、陈忌章太炎甚深，除派四巡警出入监视外，又授意御用党报纸百端污蔑。时某某数报载章屡次托人向袁疏通无效，现匿居共和党本部不复出，非报熟人不见，窘迫可怜云云。又捏载章致袁书，谓并未与叛徒往来。该报等之意，盖欲形容章之进退失据，以毁其名。然观该报等前日曾载章在共和党演说，措词激烈云云，则可知到京后，态度

明了，必无摇尾乞怜之事，而该报等有意造谣，自相矛盾，实不值识者一笑。⑤

梁士诒因章太炎首斥其奸，目为四凶之一，切齿忿恨，日与赵秉钧、王赓聚议倾陷之策，闻将捏造证据，置章于死。②

章太炎在被"幽禁"之初，心情很不平静，"心烦意乱"，自感"共和党财可支柱，气亦未雄，况诲之谆谆，听者藐藐，则虽焦音喑口，犹不足以救乱扶衰"。③而"此间警备犹严，一切政论，无由发舒"④，"心如鼎沸，虽杜门寡交，而守视者犹如故，且欲以蜚语中伤"⑤，也只有"委心任运，聊以卒岁"。⑥曾一度"求死"反抗，又"内念夫人零丁之苦，外思蛰公（汤寿潜，字蛰仙）劝诚之言，亦不能不抑情而止"，⑦恨极而谓："中国必亡，更无他说"⑧，曾《致袁世凯书》，"欲出居青岛"，也未如愿，只能"于窗壁大书'袁贼'二字以泄愤，或掘树书'袁贼'埋而焚之，大呼'袁贼'烧死矣"。⑨

转瞬已到1914年元旦，他写了一封《致黎元洪书》："时不我与，岁且更新，烈士暮年，壮心不已，以此为公祝。"自感"羁滞幽都，饱食终日，进不能为民请命，负此国家；退不能阐扬文化，惭于后进。桓魋相迫，惟有冒死而行，三五日当大去。人寿几何，亦或尽此"⑩。准备"冒死而行"了。

1月3日，章太炎欲乘车离京，为京警所阻。7日，"以大勋章作扇坠，临总统府之门，大诟袁世凯的包藏祸心"⑪，当时报载：

章太炎来京日久，日前择期出京，已行至车站，将起身矣。送行之人，有张伯烈诸人，忽被人干涉，不许其出京，外间喧传有军警数人将章载去，不知所往，实则截留之后，章遂回寓。……讵意章回寓之后，忽于七号早前往总统府，坚求谒见，适值总统有事与总理谈话，不能晤面。章遂在外与承宣官大闹，谓："总统因何不见，现会何人？"承宣官答言总理。章手执团扇一柄，团扇之下系以勋章，足穿破官靴一，在院内疯言疯语，大闹不休。及至熊总理出后，章又大闹，谓"总统现又会谁？"承宣官答言"向瑞琨"。章大呼曰："向瑞琨一个小孩子可以见得，难道我见不得么？"于是又要见总理及梁秘书长。承宣官答言："今日政治会议开会去了。"章又要见张一麟，张亦往政治会议开会。章又要见各秘书，承宣官无可如何，往各处寻找秘书，各秘书你推我让，均不愿见。㉒

1月13日《时报》也有《章炳麟大闹总统府》，与《申报》略同，惟稍简。《时报》并有《时评》：

> 人谓章太炎疯子，我谓汝曹不放章太炎出京，恐北京人将传染疯气。忆曾译一小说，有一疯人院院长，日与疯人相亲近，后亦遂为疯人。今诸公拥此章太炎哄来哄去，若为一大事也者，得无已传染此疯气耶，可怕可怕。㉓

可见章太炎被"幽禁"京都时间"大闹总统府"影响之大。

章太炎在家书其目中，也述及大闹总统府经过，并嘱其夫人汤国梨切勿"接受袁贿"：

> 吾自一月三日欲行，火车失期，黎公留之。三日至七日

前，向袁氏辞行，知其不舍，欲面见与言，在
承宣处候至七八点钟，袁氏忽派宪兵警察十
余人前来相逼，挟至军事教练处安置。与彼业
已破面，惟有以死拒之。而黎公忽受彼运动，
令陈绍唐、何雯前往上海接君来京，盖以家室
在北，则无南行之虑。前者吾亦欲以是销其疑
忌，今则不复念此矣。陈、何二人，皆招摇撞
骗之徒，乘人之危，冀以自利，油嘴造谣，以
黑为白。此次南来，必受政府财贿可知。如果
欲面谒，即当严拒弗见。彼辈无策，则必请刘
禺生、黄季刚转说，二君亦多过计，其言不尽
可听也。处事有疑，只当请教蛰仙先生，今日
公正人，惟有此公，细密人亦惟有此公，其余
皆不足道也。家居穷迫，宁向亲朋借贷，下至乞食为生，亦
当安之，断不受彼呼蹴之食。陈、何辈若以钱相接济，尤当
严厉拒之。⑭

章太炎夫人汤国梨

家书中严嘱不能受贿。1 月 20 日，章太炎被迁至龙泉寺，仍
被幽禁，袁世凯派子克定送锦缎被褥，为章太炎焚掷，并函袁世
凯，说明自己"始以历史民族主义提倡光复"，"既而文字兴祸，
絷于上海"，今虽被禁，仍旧"九死不悔"。⑮

5 月 23 日，忽致书长婿龚宝铨，说是"来月初旬"，即"陨身
之日"。⑯6 月初，"槁饿半月，仅食四餐"，进行绝食斗争。据说
袁世凯"害怕"了，"因谆嘱京师警察总监吴炳湘，妥为设法劝导

处置，俾不至以绝食陨生"。⑥6月16日，章太炎由龙泉寺被移居西牌楼医生徐某寓中，旋又迁居钱粮胡同。

直到7月以后，他准备将过去撰著修订成集，8月，嘱长婿龚宝铨"速赴沪，将吾所有衣箱什器书籍，一概付运送来京"⑧，心情始稍平静。

章太炎在被"幽禁"之初，康有为正欲"以孔子为国教，配享天坛"，为其复辟活动制造舆论。章太炎看出其别有用心，在1913年9月14日家书中称："近又有人欲以孔教为国教，其名似顺，其心乃别有主张，吾甚非之。"这时"友人来劝讲学"，他特在讲学处的壁上"粘着一张通告"：

> 余主讲国学会，踵门来学之士亦云不少。本会专以开通智识、昌大国性为宗，与宗教绝对不能相混，其已入孔教会而后愿入本会者，须先脱离孔教会，庶免薰莸杂糅之病。章炳麟白。⑩

然后，撰《驳建立孔教议》，首谓"近世有倡孔教会者，余窃訾其怪妄"，"中土素无国教"，"孔子亦不语神怪，未能事鬼"；继言"智者以达理而洒落，愚者以怀疑而依违，总举夏民，不崇一教"，至于"孔子于中国，为保民开化之宗，不为教主。世无孔子，则宪章不传，学术不起，国沦戎狄而不复，民居卑贱而不升，欲以名号列于宇内通达之国难矣。今之不坏，繄先圣是赖，是乃其所以高于尧、舜、文、武而无算者也"；末谓"孔教本非前世所有，则今者固无所废；莫之废则亦无所复矣。愚以为学校瞻礼，事在当行；树为宗教，杜智慧之门，乱清宁之纪，其事不便"⑪。

接着，又撰《反对以孔教为国教篇，示国学会诸生》⑦，对康有为等的"以孔教为国教"说，严词批驳。

第一，章太炎认为"中土素无国教，孔子亦本无教名"，"号以儒教，其名实已不相称"。

第二，章太炎认为"孔教之称，始妄人康有为，实今文经师之流毒"，"推其用意，必以历史记载为不足信，社会习惯为不足循，然后可以吐言为经，口含天宪"。

第三，章太炎认为康有为等"以孔教为国教"，其意并不专在宗教。过去康有为尝云"观革命党之用心，非四万万人去半不止"，事实不是如此，以孔子为"宗主"，"人人当砥足致礼"，那孔子"乃洪钧老祖、黄莲圣母之变名，而主持孔教者，亦大师兄之异号耳。渎乱风纪，乃至于此"。

第四，章太炎认为，今之言孔教者，"寄名孔子，所托至尊，又时时以道德沦丧，借此拯救为说，足以委曲动人"，但"因事生奸，祸害如彼之甚"。"请观陈焕章自谓在美洲学习孔教二十年，张勋以白徒拥兵，工于劫掠，而孔教会支部长，其言果足以质信，其人果有主教之资格耶？"对康有为、陈焕章、张勋等的利用"尊孔"，恋栈旧制，已予讥评。

当然，章太炎和康有为基于古今文学说的不同，两人的孔子观也各不相同。跟随政治形势的变化，康有为的孔子观已由资产阶级"改制"的孔子变为封建的孔子；而章太炎则仍认为孔子是"史家宗主"，是中国文化的保存者。他不是单纯从学说上抨击康有为的孔教说，还指斥康有为的"政教相糅"，"劝人作伪"，那么，他们在民国初年关于"以孔教为国教"的一场论争，也不是一场单纯的学术争论。

由上可知，民国初年，章太炎和康有为在对待民国和复辟的态度上是有区别的，他们对孔子和孔教的看法也是有差异的。

然而，章太炎这时的政论，已没有过去那样的生气勃勃，他在被袁世凯幽禁期间手定的《章氏丛书》已较"醇谨"，先前的革命之作，也多刊落了。

《章氏丛书》是章太炎在 1914 年被袁世凯幽禁时"手定"的，由上海右文出版社于 1915 年出版，共两函，二十四册，包括《春秋左传读叙录》一卷、《刘子政左氏说》一卷、《文始》九卷、《新方言》十一卷（附《岭外三州语》一卷）、《小学答问》一卷、《说文部首韵语》一卷、《庄子解故》一卷、《管子余义》一卷、《齐物论释》一卷、《国故论衡》三卷、《检论》九卷、《太炎文

《章氏丛书》

录》初编五卷（包括《别录》三卷）。右文社《章氏丛书》出书后，章太炎因它错字太多，函嘱长婿龚宝铨设法交浙江图书馆木刻刊行，函中对《检论》《国故论衡》自视甚高，可以交雕，《文集》"且俟后议"，《别录》"不烦亟印"。函云：

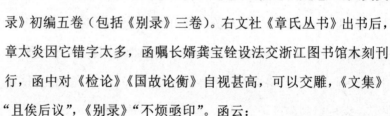

> 心如（按指康心如，《章氏丛书》右文版，即由康氏兄弟发行）处已交来五百圆，想上海家用足支半年，彼欲作甲种再版亦好，但《检论》既可木刻，原稿须速取回，仆处虽有校本，而彼此邮寄，殊属不便。今以原稿存杭，初校、再校即据之互对，终校则取刻本寄京，而仆以自所校本覆对，如

附邮寄，不须再校初校，再校亦有所据，此为至便矣。《国故论衡》原稿亦当取回存杭，此书之作，较陈兰甫《东塾读书记》过之十倍，必有知者，不须自诩也。《检论》成后，此书亦可开雕，大略字数与《检论》相等。（原注："十二万余字"。）幸有杨惺吾所教刻工，以此付之最善矣。《文集》且俟后议，大氐《别录》一种，不烦亟印。《文录》约亦十一二万字，错误甚多，未及校理，如欲动工，必在明年年底矣。商务合股经营甚好。⑫

浙江图书馆木刻的《章氏丛书》，于 1919 年出版，其中《齐物论释》重定本、《太炎文录补编》、《菿汉微言》三种，为右文版所无。

章太炎手定的《章氏丛书》，所收大都是学术专著，《检论》已经"删削"（详后），《太炎文集》也主要收录一些诗文，而先前登在报刊上的富有战斗性的文章，竟多被刊落，如发表在《浙江潮》的《狱中赠邹容》等诗，发表在《苏报》的《狱中答新闻报》、发表在《复报》的《逐满歌》、发表在《民报》的《复吴敬恒书》，以及很多"时评"，《文录》多未收载。章太炎一方面怕人"忿詈相讦"，而多刊落，如《秋瑾集序》，即以为"关系观云（蒋智由）名誉"，而在"删除之中"⑬；另一方面，对《太炎最近文录》刊载了不少《丛书》没有编进的政论性诗文、宣言、演说辞、函札，又极不满意。他所关心的，则是《国故论衡》《齐物论释》等"自诩"之作。《文集》既"俟后议"，《别录》"不烦亟印"。《文录》多少还收录一些革命文字，而《别录》更绝大多数是他在《民报》

上发表的文篇。连脍炙人口、为"雅俗所共知"的《驳康有为论革命书》，浙江图书馆版也赘称"是首本编入《别录》，今姑从右文印本"，"暂时"仍入《文录》。章氏"慕文苑之文"，又对过去政治论文"取足便俗"已有所不取了。章氏在编定《丛书》时，已"粹然"欲为"儒宗"了。

鲁迅说：

> 但革命之后，先生亦渐为昭示后世计，自藏其锋芒。浙江所刻的《章氏丛书》，是出于手定的，大约以为驳难攻讦，至于忿詈，有违古之儒风，足以贻讥多士的罢，先前的见于期刊的斗争的文章，竟多被刊落，上文所引的诗两首（按指刊登在《浙江潮》的《狱中答邹容》《狱中闻沈禹希见杀》），亦不见于"诗录"中。1933 年，刻《章氏丛书续编》于北平，所收不多，而更纯谨，且不取旧作，当然也无斗争之作，先生遂身衣学术的华衮，粹然成为儒宗。⑭

> 先生手定的《章氏丛书》内，却都不收录这些攻战的文章（按：指《复吴敬恒书》《再复吴敬恒书》等），先生力排清虏，而服膺于几个清儒，殆将希踪古贤，故不欲以此等文字自秽其著述——但由我看来，其实是吃亏上当的，此种醇风，正使物能遁影，贻患千古。⑮

这里，准备将章太炎把先前出版的《訄书》"删革"成为《检论》，诊视他这一时期的思想演变。

如前所述，章太炎于 1902 年重订《訄书》，于 1904 年在日本出版。1910 年，章太炎对"《訄书》亦多所修治矣"⑯。今北京图

书馆藏有章太炎《訄书》手改本，即 1910 年改本。他改在《訄书》
重印本"共和二千七百四十五年夏四月出版，七年秋九月再版"
的本子（以下简称为"手改本"）上。按"七年秋九月"，当 1906
年 9 月，这时章氏已在日本，改笔都是蝇头小楷。

　　"手改本"目录增列了不少篇目：《订孔》第二下，注有《原
儒》，《原经》，《六诗说》，
《小疋大疋说》上、下，
《八卦释名》，《孝经说》；
《原法》第五下，注有《原
名》《原五宗》《正见》；
《原兵》第七下，注有《征
信》《秦献》；《订文》第
二十五下，注有《说刑名》
《五朝法》；《弭兵难》第
四十四下，注有《告浙江

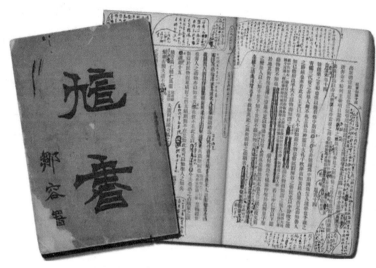

章太炎修改《訄书》的笔迹

人》；《刑官》第三十七下，注有《代议然否论》；《消极》第五十
五下，注有《告王鹤鸣》；《哀清史》第五十九下，注有《国风》
《侂诗》《伤徐锡麟》《告刘光汉》；末后注《告刘揆一》。

　　"手改本"篇目改动、调整的有：《原学》先曾增订，后又全
删；《儒墨》改为《原墨》；《儒道》全删，改为《原道》上、中、
下；《儒法》改为《原法》，改动很大；《儒兵》改为《原兵》；《颜
学》改为《正颜》；《订实知》改为《通谶》下，后又改为《非谶》
下，原来的《通谶》则作《通谶》上；《平等难》改作《商平》；
《官统》中改为《官统》下，注明即《官制索隐》；《官制》下改为

《五术》；《正葛》改为《评葛》；《不加赋难》改为《谴虚惠》；《消极》改为《消道》，后改为《无言》；《别录》甲改题《杨颜钱别录》，《别录》乙改题《许二魏汤李别录》。

"手改本"删去的篇目则有：《族制》第二十，《封禅》第二十二，《冥契》第三十。

"手改本"增列、调整的篇目，大都在报刊上登载过，列表 7-1 如下：

表 7-1 《訄书》"手改本"增列、调整篇目及发表报刊

篇目名称	发表报刊	备注
《原儒》	《国粹学报》己酉第十号，宣统元年九月二十日（1909 年 11 月 2 日）出版	收入《国故论衡》卷下
《原经》	同上	收入《国故论衡》卷中
《六诗说》	《国粹学报》己酉第二号，宣统元年二月二十日（1909 年 3 月 11 日）出版	《国故论衡》卷中《辨诗》
《小疋大疋说》上	同上	收入《太炎文录》卷一
《小疋大疋说》下	同上	同上
《八卦释名》	同上	同上
《孝经说》		《太炎文录》卷一《孝经本夏法说》
《原名》	《国粹学报》己酉第十一号，宣统元年十月二十日（1909 年 12 月 2 日）出版	收入《国故论衡》卷下
《原五宗》		
《正见》		《国故论衡》卷一下《明见》
《征信》	《学林》第二册，1910 年	收入《太炎文录》卷一
《秦献》	同上	同上
《说刑名》		收入《太炎文录》卷一
《五朝法》	《五朝法律索隐》，载《民报》第二十三号，1908 年 8 月 10 日出版；又《学林》第一册有《五朝学》	收入《太炎文录》卷一
《代议然否论》	《民报》第二十四号，1908 年 10 月 10 日出版	收入《太炎文录·别录》卷一

续　表

篇目名称	发表报刊	备注
《告王鹤鸣》	《国粹学报》庚戌第一号，宣统二年正月二十日（1910 年 3 月 1 日）出版	收入《太炎文录》卷二
《国风》		
《俙诗》		
《伤徐锡麟》	《祭徐锡麟陈伯平马宗汉秋瑾文》，载《民报》第十七号，1907 年 10 月 25 日出版	《徐锡麟陈伯平马宗汉秋瑾哀辞》，见《太炎文录》卷二
《告刘光汉》		
《五朝法》	《五朝法律索隐》，载《民报》第二十三号，1908 年 8 月 10 日出版；又《学林》第一册有《五朝学》	收入《太炎文录》卷一
《代议然否论》	《民报》第二十四号，1908 年 10 月 10 日出版	收入《太炎文录·别录》卷一
《告王鹤鸣》	《国粹学报》庚戌第一号，宣统二年正月二十日（1910 年 3 月 1 日）出版	收入《太炎文录》卷二
《国风》		
《俙诗》		
《官制索隐》	《民报》第十四号，1907 年 6 月 8 日出版	收入《太炎文录》卷一
《告浙江人》		
《原学》		收入《国故论衡》卷下，内容有改动
《原道》上、中、下	《国粹学报》庚戌第五号，宣统二年五月二十日（1910 年 6 月 26 日）出版	收入《国故论衡》卷下

表中各篇，都发表在 1906 年以后，最后一篇《原道》上、中、下，发表在 1910 年 6 月出版的《国粹学报》，但《原道》辑入《国故论衡》，而《国故论衡》的初刊本则于"庚戌五月朔日出版"，《訄书》"手改本"把《原道》列入目录，疑早经写成，由日寄沪，发刊反迟。那么，"手改本"增订于"庚戌五月朔日"以前，亦即 1910 年 6 月 7 日以前（内有个别字句为辛亥革命后所补）。

章太炎手改《訄书》，准备增加《原儒》《原经》《六诗说》《小疋大疋说》《卦释名》《孝经说》等自认为"闳雅"的所谓"传世"之文，而对这一时期发表在《民报》等的不少战斗之作不再收入。有的文篇虽仍保留，内容却已调整，如"重印本"《儒道》篇，主要揭露儒家的巧伪，指出："夫不幸污下以至于盗，而道犹胜于儒。然则愤鸣之夫，有讼言伪儒，无讼言伪盗，固其所也。""手改本"把《儒道》删去，改为《原道》上、中、下，《原道》上保留了《儒道》的少数字句，而把上述"伪儒"一段全部删去了。

有的文篇，"手改本"保留了"重印本"的部分内容，但思想已起变化，如《订孔》。《订孔》篇，"手改本"把"孔氏"都改作"孔子"。"重印本"最后几句"虽然，孔氏古良史也"，还只把孔子、左丘明、司马迁、刘歆等写在一起，而"手改本"却增加了一大段："自老聃写书征藏以诒孔子，然后竹帛下庶人，六籍既定，诸书复稍稍出金匮石室间，民以昭苏，不为徒役，九流自此作，世卿自此堕，不曰贤于尧、舜，岂可得哉！校之名实，孔子古良史也。"最后还加有文字"微孔子则学皆在官，史乘亦绝，民不知古，乃无定皋。"这种论调，正是源于儒家古文经学派。

章太炎这时已渐走上用古文来反对今文的老路。"手改本"并未立即刊出，章氏后来手定《章氏丛书》，把《訄书》改为《检论》，就是在"手改本"的基础上"多所更张"的。

1914年，章太炎被"幽禁"时，对《訄书》"重加磨琢"，改名《检论》。8月20日《致龚未生书》六云："仆所作文集，经季刚移写，甚好。唯箧中尚有改定《訄书》，未能惬意，今欲重加磨琢，此稿亦望先期带致也。"9月3日，《致龚未生书》七云："箧中尚有《訄书》改本，亦望速寄，拟再施笔故也。"10月15日，

《致龚未生书》十一又云:"所有文集及自著书,钞副留杭亦大好,唯《訄书》改本一册,尚未大定,可即钞录大略,原本俟德玄来京时,可速带上,拟再有增修也。"可见他对《訄书》的重视。本年《自定年谱》也志:"感事既多,复取《訄书》增删,更名《检论》。"《检论》系在《訄书》"手改本"的基础上再加增删,改动很大。如今根据《检论》卷目,把它和《訄书》重印本的异同表列于下;又1910年章氏曾手改《訄书》,可说是《訄书》到《检论》的过渡本,"手改本"情况,也附注于后。详见表7-2。

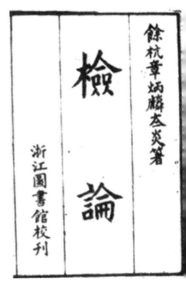

《检论》

表 7-2 《检论》与《訄书》重印本对照情况

《检论》卷次	篇名	《訄书》重印本编次	主要改动情况	附注
一	《原人》	第十六	"葛天"改作"三皇",其余改动不大	手改本与《检论》基本相同
	《序种姓》上	第十七	"地球"改作"员舆",删去"宗国加尔特亚者""上古亚衣伦图"以及"穆传又曰"数段	手改本与《检论》基本相同,多几条注
	《序种姓》下	第十八	末后有改动,全文多修饰	手改本与《检论》基本相同,多两条注文
	《原变》	第十九	末后"合群之义其说在《王制》《富国》;知人之变,其说在八索"二句删,全文多修饰	手改本与《检论》同
二	《易论》(附《易象义》)			
	《尚书故言》(附《造字缘起说》)			

《检论》		《訄书》重印本编次	主要改动情况	附注
卷次	篇名			
二	《六诗说》			原载《国粹学报》己酉第二号，宣统元年二月二十日（1909年3月11日)出版，手改本已列目
	《关雎故言》			
	《诗终始论》			
	《礼隆杀论》			
	《辨乐》	第五十二	开端"民气滞箸，筋骨瑟缩，舞以宣导之，作《辨乐》"数句，《检论》删	手改本与《检论》同
	《春秋故言》			
	《尊史》	第五十六	略有改动	
	《征七略》	第五十七	未改	
三	《订孔》上	第二	析为上、下，改动很大	手改本已有很大改动，但不同于《检论》
	《订孔》下			
	《道本》			
	《道微》	第四《儒道》		手改本删《儒道》，收《原道》上、中、下，《检论·道微》首称："章炳麟次道家师说，先为《原道》（见《国故论衡》），次作《齐物论释》，自以为尽其眇意。遭时不淑，极览古人处死之道，客或斩焉。"于是作是篇
	《原墨》	第三《儒墨》	首段、末段改，又增"附记"	手改本与《检论》同
	《原法》（附《汉律考》)	第五《儒法》	增改很大，末增"著书定律为法家，听事任职为法吏"一段，又增《汉律考》	手改本已有很大改动，又不同于《检论》
	《儒侠》	第六	增改很大，《訄书》原有附《上武论征张良事》，《检论》删去。另增"问者曰：《儒行》所称诚侠士也"一大段	

《检论》		《訄书》重印本编次	主要改动情况	附注
卷次	篇名			
三	《本兵》	第七《儒兵》	开端"甚矣《阴符经》之谬也"数句，《检论》删去，中间增改很大	手改本改名《原兵》，较《检论》为简
	《学变》（附《黄巾道士缘起说》）	第八	"文明以降，中州士大夫厌检括苛碎久矣。"《检论》加一长注，全篇文字改动亦多，又增附录	前半与《检论》同，后半修改后与《检论》异
四	《案唐》			
	《通程》	第九《学蛊》	《訄书》首谓："宋之余烈，蛊民之学者，程、朱无咎焉。欧阳修、苏轼其孟也。"《检论》重作《通程》，基本另拟	手改本《学蛊》有改动
	《议王》	第五《王学》	原文保留极少，内容亦异	
	《许二魏汤李别录》	第六十二《别录》乙	正文少改动，唯《汤斌传》后，章炳麟曰，《訄书》作："呜呼！孔子已失诸宰予，世传与田常作乱，孙、黄于汤斌，亦少弛矣。"《检论》作："往者二程授邢恕、邵雍、章惇，卒为大奸。孙、黄于汤斌，亦少弛矣。"	手改本已改今题
	《哀焚书》	第五十八		手改本略有改动。
	《正颜》	第十一《颜学》	末后《訄书》作"虽然，自荀卿而后，颜氏则可谓大儒矣"。《检论》改，正文也有改动	手改本已改今题，改动处与《检论》同
	《清儒》	第十二	全文改动很大，如删去《訄书》"六艺，史也"下一段，又于方东树《汉学商兑》下"东树亦略识音声训诂，其非议汉学，非专诬谰之言。然东树本以文辞为宗，横欲自附宋儒，又奔走阮元、邓廷桢间，躬行佞谀，其行与言颇相反"等大段注文。《检论》又增"及翁同龢、潘祖荫用事，专以谀闻召诸小儒学者，务得宋、元雕椠，而昧经记常事，清学始大衰"。并增注文，其他修改亦多	手改本有改动，与《检论》异

《检论》		《訄书》重印本编次	主要改动情况	附注
卷次	篇名			
四	《学隐》	第十三	改动很多。《检论》文末增有"章炳麟曰：诸学皆可以驯致躬行。近世有朴学者，其善三：明征定保，远于欺诈；先难后得，远于侥幸；习劳思善，远于偷惰"等一大段	手改本已改，与《检论》大体相同
五	《民数》	第二十一	略有改动	手改本较《检论》增加一段，增几句
	《方言》	第二十四	《检论》文末增有"右《方言》篇，心清庚子、辛丑间为之，时念清亡在迩。其后十年，义师亦竟起于武昌，然正音之功，卒未显著"跋文一段	手改本改动与《检论》有异
	《订文》（附《正名杂义》）	第二十五		手改本改动较多，与《检论》有异
	《述图》	第二十六		手改本有改动，与《检论》有异
六	《正议》			
	《商平》	第二十八《平等难》	有修改	手改本改今题，修改处与《检论》同
	《原教》	第四十八《原教》下	改动较大。《訄书·原教》原分上、下，《检论》录其下篇	手改本改动较大，与《检论》有异
	《争教》	第四十九	《检论》把《訄书》第五十《忧教》八百余字并于本篇之后	手改本有修改，与《检论》有异。《忧教》保留，字句亦有更易
	《订礼俗》	第五十一	《检论》开端加"清既窜西安归，民俗服御，益不衷守，新故者咸莫能正"。《訄书》共列九事，《检论》增加"往世贱木绵非无木绵也"和"古者本有草屦"二事，凡十一事	手改本较《检论》多一长注，其余大体相同
七	《通法》	第三十一	有增损	手改本有修改，与《检论》有异

《检论》		《訄书》重印本编次	主要改动情况	附注
卷次	篇名			
七	《官统》上	第三十二	内容全异，基本重拟	手改本有修改，与《检论》有异
	《官统》下	第三十三《官统》中	有增损。"《考工记》始言九卿或言六卿三孤"一段，即为《检论》所增	手改本即拟将《官制索隐》改作《官统》下，后收入《太炎文录》
	《五术》	第三十四《官统》下	删"议院"一术为"五术"	手改本改今题，有增删
	《刑官》	第三十七	有修改	手改本与《检论》同，多一注文
	《谴虚惠》	第三十九《不加赋难》	有修改	手改本改今题，修改处与《检论》亦有异
	《相宅》	第五十三	《检论》增加一段，说明系录旧文，并有"其后十年，清主退，南北讲解，孙公不能持前议，将建金陵"等一段	
	《地治》	第五十四	《检论》首加"章炳麟在清末作《地治》"	
	《明农》	第四十	有修改	手改本有修改，与《检论》同
	《定版籍》	第四十二	《检论》首加"清之末"三字，末删《均田法》	手改本有修改
	《惩假币》	第四十三《制币》	《检论》开始加"人主虽神明，非能声为律身为度也，钱府虽技巧，非能转尘埃为黄金也"一段，内容亦异	手改本原拟删去，旋又保留，与《检论》有异
	《无言》	第五十五《消极》	《检论》首加"章炳麟在清末为《无言》"数语	手改本改今题，有修改
八	《杨颜钱别录》	第六十一《别录》一	略有修改	手改本改今题，与《检论》有异
	《杂志》	第六十	略有修改	手改本有修改，与《检论》略有异

《检论》		《訄书》重印本编次	主要改动情况	附注
卷次	篇名			
八	《哀清史》	第五十九	《检论》首加"清既遁西安逾二年，章炳麟识其亡征，乃为议曰"数语。另附《近史商略》，对宋、辽、金、元、明五史进行评议，并谓："近史为清史者，初定叙目，观其纰缪，盖亦多矣。"	手改本有增改，删去《中国通史略例》
	《对二宋》			《訄书》原无，撰于 1913 年宋教仁被刺以后
	《非所宜言》			《訄书》原无
九	《商鞅》	第三十五	略有修改，如"张汤、赵禹之徒起"改为"董仲舒、公孙弘之徒起"	手改本有修改，与《检论》同
	《思葛》	第三十六《正葛》	有修改，末谓："章炳麟少时为《正葛篇》，……晚涉世变，益窥古人用心，征之事状，关羽常挠吴、蜀盟好之志，宜不与武侯同心，然其材可辅可用也"一段	手改本改题《评葛》，后又全删
	《伸桓》			《訄书》原无
	《小过》			《訄书》原无
	《大过》（附《光复军志序》）			1914 年撰，《光复军志》撰于 1913 年孟冬
	《近思》			《訄书》原无

　　《检论》好多篇文章的修改，与"手改本"基本相同，如《原人》、《序种姓》上、《原变》、《原墨》、《学隐》、《刑官》、《明农》等。《检论》标题更改的，很多参据"手改本"，如《许二魏汤李别录》《正颜》《商平》《五术》《谴虚惠》《无言》《杨颜钱别录》。也有新增的篇文，"手改本"已经列目，如《六诗说》。因此，《检

论》是在"手改本"的基础上重行增订的，"手改本"可视为《訄书》重印本到《检论》的过渡。但也有好多篇目为"手改本"所无，如《易论》《尚书故言》《关雎故言》《诗终始说》《礼隆杀论》《春秋故言》等。章太炎增补这些儒家经书"故言"，表明他力图使《检论》"补前人所未举"，发明"先圣"之"故言"。这样，《检论》中"国故"增加了，学术性增强了。

《检论》又把《訄书》好多文篇删除："重印本"原有"前录"两篇，即《客帝匡谬》《分镇匡谬》，《检论》刊落了；"重印本"最后一篇《解辫发》，"手改本"还保留，《检论》删除了。新增各篇，又多"感事"之言，言论渐趋消沉，如《非所宜言》谓："言有高而不周务者，不可以议政，虽卑之切于人事，己非其人，非所宜言也。言之，或以距人而自固其奸之宅，亦犹等于犯分陵贤而已矣。"《小过》谓："宅京既久，渐益染其淫俗，诸所以为抗音嘳言者，乃在挟持执政，视财赂为通塞，物或间之，琛币公行，甘言觊生，向者茸技之官，奔亡之虏，游食于北都者，乘其陁危，阳与为好，而阴蠹害其事，于是盟败约解，人自相疑，丑声彰于远近，而大势崩矣。"《大过》谓："民国既兴三年，教学日偷，商贾多诳豫，在官者皆为须臾秩禄，亡久长心"，"今先时创谋者，虽颇凋丧，其他或以小器易满，不能知忧思，而涉变复，知患难者，尚四五人。诚令追迹前事，念始谋之不易，与一身颠沛屏营之状，宜有俶焉动容，潸焉泫涕者矣"。《近思》谓："如曾、左、张（之洞）、刘（坤一）者，上不敢为伯王，而下犹不欲为馈赠割赂之主。此之易行，而犹几不可睹，则中夏之迹，殆乎熄矣！"章氏已有些"既离民众，渐入颓唐"了。

　　《检论》存录《訄书》各篇，内容也多删革，如《学隐》增加
"朴学之善三"，《订孔》对"仲尼名独尊"加以称誉，对儒家的忠
恕之道也予发挥。增加的篇文，在九卷本的第二卷，几乎都是儒
家经籍的"故言"；其余即使有些总结辛亥革命失败的言论，也多
"潸焉泫涕"的"感事"之言。说明"手改本"服膺清儒的迹象已
渐显露。《检论》又增"故言"，想以之改为"传世"的"文苑"
之作，"殆将希踪古贤"，力求"醇谨"了。

　　从《訄书》初刻本、重印本、手改本到《检论》的修订，反
映了章太炎思想递变的迹象，他曾经由赞助维新到投身革命，也
曾经由"拉车向前的好身手"到"既离民众，渐入颓唐"，从而对
他先前所发表的论著有所增衍、修饰、改易、删削。1914 年，章
太炎手定《章氏丛书》，把先前登在期刊上的战斗文章每多刊落，
而注视"流俗或未之好"的"传世"之文，这是很遗憾的。由于
《訄书》是章太炎论政论学的代表作，它的增订又反映了章太炎不
同时期的思想演变，从而比较详细地把它的增订篇文、内容列表
说明，并予剖析。

　　然而，章太炎尽管在民国成立以后，一度对袁世凯有幻想，
也曾攻击过孙中山，而时隔不久，觉察袁世凯"攘窃国柄，以遂
私图"，就愤怒斥责，致被幽禁。释放后，他还参加过反对北洋军
阀的斗争。他"本光复前驱"，以为"中华民国由我创造，不忍其
覆亡"，欲"与天下共击破坏共和者"，毕竟还是"先哲的精神"。

　　民国初建时，孙中山写给蔡元培的信中，曾谈到康、章的
异同：

关于内阁之设备及其组织用人之道，弟意亦如是，惟才能是称，不问其党与省也。但此时则不能不收罗海内名宿，来教所论甚的。然其间尚有当分别论者。康氏至今犹反对民国之旨，前登报之手迹，可见一斑。倘合一炉而冶之，恐不足以服人心，且招天下之反对。至于太炎君等，则不过偶于友谊小嫌，决不能与反对民国作比例。尊隆之道，在所必讲，弟无世俗睚眦之见也。⑦

康有为反对民国，反对共和，章太炎却不是这样，过去和孙中山的矛盾，也只是"友谊小嫌"。孙中山从对待共和、对待帝制的根本问题上厘明康、章他们之间异同，是符合实际的。

注　释：

① 日本外务省档案：《各国内政关系杂纂》支那之部《革命党关系》乙秘第 1714 号，明治四十四年（1911 年）十月十八日接受，秘受，第 3276 号。

② 十月十八日（八月二十七日）日本外务省接到报告："十七日午后四时左右，来小石川区小石向台町三町目四十二番地宫弁钟次郎经营之印刷所。知右件印刷一千份。系章炳麟起草，估计印完分发给其他同志。"见日本外务省档案《各国内政关系杂纂》支那之部《革命党关系》乙秘第 1714 号，明治四十四年（1911 年）十月十八日。

③ 清藤幸七郎：《致内田良平》，见《北一辉著作集》第 3 卷。

④ 见《民国报》第 3 号，1911 年 2 月 1 日出版。

⑤《章太炎之消弭党见》，见天津《大公报》1911 年 12 月 12 日。

⑥《要造成真中华民国》，见黄季陆编《总理全集》，成都近芬书屋 1944 年版。

⑦ 邹鲁：《中国国民党党史稿》，中华书局 1960 年版，第 79—80 页，"吾党偏怯者流"，宜指章太炎。

⑧ 孙中山于 1920 年和 1924 年再次提出，如在 1924 年 1 月 20 日中国国民党第一次全国代表大会开会时说："我们受了满清官僚什么欺骗呢？因为一般同志头脑太简单，见得武昌起义后，各省一致赞成革命，以前反对革命的官僚也赞成革命，由是少数的革命党，就被多数的官僚所包围，那般官僚说：'革命军起，革命党消'，当时的革命党也赞成这种言论。于是大家同声附和，弄到现在只有军阀的世界，没有革命党的成绩"。同上书，第 1 卷，第 319—320 页。

⑨《胡汉民先生遗稿》，释文，中华书局（台湾）1978 年版。

⑩《大共和日报》1912 年 1 月 5 日、6 日，又见《统一党第一次报告》，1913 年京师印书馆铅印本；《太炎最近文录》收入时，文字有更改；又见拙编《章太炎政论选集》，中华书局 1977 年版，第 532—535 页。

⑪ 章太炎：《大共和日报发刊辞》，见《章太炎政论选集》，第 537 页。

⑫ 章太炎：《中华民国联合会第一次大会演说辞》，同上书，第 532—533 页。

⑬ 章太炎：《大共和日报发刊辞》，同上书，第 537—538 页。

⑭ 章太炎：《致伯中书》一，同上书，第 645 页。

⑮ 章太炎：《致袁世凯论治术书》，同上书，第 584 页。

⑯ 章太炎：《上大总统书》，同上书，第 612 页。

⑰《民立报》，1912 年 6 月 25 日。

⑱ 章太炎：《内阁进退论》，见《章太炎政论选集》，第 609 页。

⑲ 章太炎东三省筹边等情况，见《东三省筹边公署档案》，《吉林省政府档案》。

⑳ 章太炎：《致伯中书》三，见《章太炎政论选集》，第 652 页。

㉑ 章太炎：《致伯中书》一，同上书，第 645 页。

㉒《民立报》1913 年 5 月 14 日。

㉓《民立报》1913 年 5 月 27 日。

㉔ 章太炎：《自定年谱》，见《章太炎全集·太炎文录补编》，上海人民出版社 2017 年版，第 773 页。

㉕ 章太炎：《致伯中书》四，见《章太炎政论选集》，第 655 页。

㉖ 章太炎：《致伯中书》九，同上书，第 666 页。

㉗ 章太炎：《致伯中书》三，同上书，第 652 页。

㉘ 章太炎：《致伯中书》九，同上书，第 666 页。

㉙ 章太炎：《致伯中书》八，同上书，第 661 页。

㉚ 同上。

㉛ 章太炎：《致伯中书》二，同上书，第 650 页。

㉜ 章太炎：《致伯中书》八，同上书，第 661 页。

㉝ 章太炎：《致伯中书》九，同上书，第 666 页。

㉞ 章太炎：《致伯中书》十，同上书，第 670 页。

㉟ 章太炎：《致伯中书》二，同上书，第 650 页。

㊱ 章太炎：《致伯中书》十一，同上书，第 672 页。

㊲ 章太炎：《致伯中书》十三，同上书，第 675 页。

㊳ 章太炎：家书 1913 年 8 月 17 日。

㊴ 章太炎：家书 1913 年 8 月 26 日。

㊵《民立报》1913年8月23日。

㊶ 章太炎：《致伯中书》一，见《章太炎政论选集》，第644页。

㊷ 章太炎：《致伯中书》十四，同上书，第677页。

㊸ 章太炎：《与上海国民党函》，同上书，第680页。

㊹ 章太炎：《致伯中书》二，同上书，第650页。

㊺ 章太炎：《致伯中书》十二，同上书，第673页。

㊻ 章太炎：《致伯中书》八，同上书，第661页。

㊼ 章太炎：《致伯中书》十三，同上书，第675页。

㊽ 章太炎：家书1913年8月17日。

㊾ 章太炎：家书1913年8月26日。

㊿《民立报》1913年8月18日。

(51)《民立报》1913年8月20日。

(52)《民立报》1913年8月23日。

(53) 章太炎：家书1913年9月2日，见《章太炎年谱长编》，中华书局1979年版，第449页。

(54) 章太炎：家书1913年9月14日，同上书。

(55) 章太炎：家书1913年9月18日，同上书，第450页。

(56) 章太炎：家书1913年9月28日，同上书，第451页。

(57) 章太炎：家书1913年10月17日，同上书，第452页。

(58) 章太炎：家书1913年11月4日，同上书。

(59)《癸丙之间言行轶录》。

(60) 徐一士：《章炳麟被羁北京轶事杂记》，《逸经》第11期，1936年8月5日出版，见拙编《章太炎年谱长编》，第466—467页。

(61) 鲁迅：《关于太炎先生二三事》。

㉒《章太炎大闹总统府详情》，《申报》1914 年 1 月 13 日。

㉓《时报》1914 年 1 月 13 日"时评"二《特请章太炎》。

㉔ 章太炎：家书 1914 年 1 月 12 日，见《章太炎年谱长编》，第 469 页。

㉕ 许寿裳：《纪念先师章太炎先生》，见《制言》第 25 期；又见同上书，第 471 页。

㉖ 见《章太炎书札》，抄本，温州图书馆藏；同上书，第 474 页。

㉗ 徐一士：《章炳麟被羁北京轶事杂记》，同上书，第 475 页。

㉘ 章太炎：1914 年 8 月 11 日、16 日《致龚未生书》，龚觉生旧藏；同上书，第 478 页。

㉙ 见《古史辨》第一册顾颉刚《自序》引；同上书，第 456 页。

㉚ 见《章太炎政论选集》，第 688—693 页。

㉛ 章太炎：《示国学会诸生》，同上书，第 694—697 页。

㉜ 章太炎：《致龚未生书》十五，手迹，龚未生先生藏，见拙编《章太炎年谱长编》，第 509 页。

㉝ 章太炎：家书 1915 年 5 月 9 日、26 日，同上书，第 499 页。

㉞ 鲁迅：《关于太炎先生二三事》，见《且介亭杂文末编》。

㉟ 鲁迅：《因太炎先生而想起的二三事》，同上书。

㊱《太炎先生自定年谱》"宣统二年庚戌，四十三岁"，见《章太炎全集·太炎文录补编》，第 763 页。

㊲ 孙中山：《复蔡元培书》，1912 年 2 月 12 日，见《孙中山全集》第 3 册，中华书局 1982 年版，第 19 页。

第八章

政坛徘徊

一　出游南洋

1916 年 6 月 6 日，袁世凯死。7 日，副总统黎元洪代理大总统，章太炎"作书请见，并求解警"。接着，他致国会议长汤化龙等电说："国事多艰，殷忧犹在，叛人未戮，昏制未除"，自己"尚在羁囚，无能陈力，转危为安，唯望诸公精进"；①又致电军务院抚军岑春煊、参谋李根源、秘书章士钊："义师云合，独夫殒命，非独天祚中华，固由人谋之力"，"转危为安，端赖诸公努力"。②

6 月 10 日，章太炎"始得出入自便"③。

6 月 24 日，岑春煊电复章太炎"预期与公一夕谈为至快"④。章太炎于 7 月 1 日，回到上海，3 日，浙江国会议员开会欢迎，章太炎"起立演说"，以为"今日中国，尤不宜有政党"，说是"痛念前尘"，竟至"失声哭"。⑤接着，他即准备应岑春煊之邀，前往肇庆。

这时，袁世凯虽死，他的旧羽直系冯国璋、皖系段祺瑞仍握实权，在帝国主义操纵下，相互间又进行争权夺利的斗争。章太炎一度把希望寄托在西南军阀岑春煊身上，从而南行，于 8 月底至肇庆。

这时，岑春煊正在和龙济光混战，不以"国事为重"。结果，龙济光出走，陆荣廷进入，朱庆澜为省长，当时报载"两广都司令岑春煊现因粤事经已解决，所有军事手续，一律收束完竣，故特定期一号即将都司令部宣告撤销"⑥。

章太炎"见南方无可与谋者，遂出游南洋群岛"。9 月 29 日，由香港抵达新加坡，受到华侨的热烈欢迎。当地报纸纷纷登载，誉为"中国文豪"，著名侨商陈楚楠、简英甫、胡仲选、陈永福等二十余人亲往迎接。⑦他由新加坡而至槟榔屿，由庇能而至怡保、吉隆坡、爪哇等地，多次发表演说，主要内容如下。

第一，赞扬南洋华侨对祖国的关怀，无论政治改革、排满革命，都做出贡献。并报告国内政治情况，他说：

> 人在异乡，本有同舟共患之势，南洋各地本无所谓朋党也，以康长素及孙中山、陶焕卿等，迭次南来，渐有所谓党会；而一般热心之华侨，各以爱国热忱，奔走呼号，不遗余力。其后有保皇党、同盟会、光复会三派，辛亥以后，保皇党已无复存，其余承各党员之嘱咐复改组为国民党、共和党，最后又有进步党。入其间，在发愿入党者各有深心，然争端亦因之而起。夫各党并立，彼此以政见不同，互招异议，此固无可讥议者，然前此南洋各党之机关报所攻讦者，与国家大计，或有重要的关系，往往于今个人私德上，指摘谩骂，

致使此党，化公愤而为私仇。且人之私德既无实证，初则指斥小过，终复加以诬蔑，而是非混淆，黑白挠乱，此于道德智慧，皆进步阻碍之最深者。兹幸共和再造，凡我华侨，无论属于何党，要其愿入党会之心，皆因爱国而起耳。目下党见已渐消除，有互相提携之望，斯则鄙人惬心慰志之事也。

继言"消除党见"，谓："抑鄙人犹有言者，清除党见，非即不党之谓，盖欲清除各党之畛域，而成一大民党也。兹北京议会中，各党已渐联合，此间各党苟能联合进行，则南洋各岛，当永为吾中华民党根据也。"⑧

第二，指出袁世凯虽死，"而帝制党在"，勉励华侨应知民国建立之不易，"抚今追昔，不忘疮痍"。他说：

> 袁亡而帝制党在，一类阴险反侧之徒，或仍附帝党为恶。且今之帝党，其仇疾民党，有甚于清之亡国大夫矣。清之亡国大夫，虽无禄位，犹足自保，不必与民党为难。今之帝党，自知恶积罪盈，永难齿于人类，非与民党相仇，急图报复，必无存活之理。试观现时政界人物，虽有民党，亦有帝孽，将来权势偏倚，借压人民，吾人民何以自处，是不得不于最欣喜之国庆纪念日略为虑及也。……民国二年之失败，正坐此耳。从今以后，遂永无民国二年之覆辙耶？则不能保也。要知中华民国四字，断绝之日已久，使袁氏至今尚在，八十日后，即是帝国纪念日矣。今日所以复睹中华民国者，皆从流血拼命而来，譬爱子失而复得，手足断而后续，既得既续之时，不能不追念方失方断之苦。愿诸君抚今追昔，不忘疮

痰，毋使今日之国庆纪念，复为民国元年之国庆纪念，庶几庆祝不在一时，而可与千古矣。⑨

第三，反复强调华侨应重视教育。他在南洋多次报告，讲得最多的是重视教育，筹设中学，了解中国史地、文化。如说：

> 南洋各岛华侨，不下数百万，谁无子弟，谁甘奴隶，欲子弟不沦为奴隶，则教育尚已。近知华侨所设小学，已达百余所，毕业亦颇有人，但小学知识究属有限，今欲高大生徒之志趣，非筹设中学不可，中学生徒额设二百名，每年经费不过三四万，事尚轻而易为，其校长及教员，须敦请祖国学行优良者为之，所有课程，可就教育部规定者，斟酌地方情形，略为变通办理，而于本国历史、本国地理及普通法学，尤宜注重。盖海外办学与内地办学不同。内地办学，务使生徒知世界大势；海外办学，并宜使生徒知国内情形。故中国地势、物产、风俗人情与夫历代之活动兴亡，及圣贤豪杰各事业，均宜深晓，知前者则不至视归祖国为畏途，知后者则能发起志愿，不甘下就。至于普通法学，更为自为保卫所必需，有此知识，人自不敢以非法加我矣。诸君子热心爱国，对于教育一项，如能筹设中学，俾底于成，则为福南洋子弟，当非浅鲜。⑩

他在吉隆坡演说，也强调教育，主张推行普通语，设立中学，养成侨胞之永久爱国心，说：

> 兄弟南来，虽为日无多，亦略识此间状况。今日所切望

于南洋侨胞者，大兴教育是矣。何者？非教育不能养成侨胞子弟之永固爱国心，非教育不能破除资本家贫富阶级之陋习，非教育不能作在外谋生之保障，非教育不能望享外国法律平等之看待。夫教育之道非一端，而以国民教育为要素。海外侨民之教育之道非一端，而以国民教育为要素。海外侨民之教育与国内平民教育又稍殊。近年南洋教育虽略有进步，然尚须研究一个完全办法，方不负出资兴学者之苦心。凡教育之最要者，莫如多设小学，而侨民小学之最要者，必须用普通语为教授，而尤其要者，则宜从速筹办中学，诚以中学乃国民教育之人才制造厂也。我国人尚有一种天然之积病，在乎言语不能统一，交通上既形窒碍，感情上亦生出许多误会。在国内南北省如是，在海外各埠亦然。至南洋侨胞，以闽、粤人为最众，惟常以方言不同，交接亦不甚亲洽，广府语与客语差别，甚或有谓客家非广东人者，此团体所以不能固结，而社会与国家，亦均受情形之牵累也。查马来半岛所设之小学，不下数十，各以方言为教授尚多，苟循此不改，终难望多得普通知识之侨民，故今日欲改良教育，非从小学入手，一律以国语教授不可。欲造成共和国民资格，非从速筹办中学不可也。

又说：

吾向闻南洋华侨子弟，偏重西文，多有不识祖国为何名，本身为某省某县人者，此非其子女之过，实为父兄者不讲国民教育之过。惟设立中学，则有地理历史之教科，使知其身与祖国有密切关系，自能感发其爱国心，而养成其国民之资格也。前时革命党人南来，提倡救国主义，虽已唤起一般华侨之爱国心，然热诚为党人所唤起者在一时，若今后少年人之爱国心为中学所养成者，则永久不变也。吾故谓非教育不能养成侨胞子弟之永固爱国心者此也。⑪

章太炎在槟榔屿访游极乐寺时，又演讲小乘、大乘之区别。

章太炎自称这次南行的主要目的是"联络党派"。当时有报载，他自称：

> 余此行以联络党派为最大宗旨，拟将旧之国民、进步、共和各党，组合为一大团体，名曰中华民党联合会，会中设三大本部：一设于北京、一设于上海、一设于星洲，设支、分部于各处，而三大本部之中，复设一总机关以统辖之。所以要设三本部者，因恐将未有第二袁氏出而解散其本部，则支、分部同归于尽。癸丑之役，可为前车。若有三本部，则北京之本部，纵令为野心家所解散，而上海、星洲之本部，固无恙也。上海之本部，万一不幸而被解散，则星洲之本部，系中国势力所不及之地，仍无恙也。本部无恙，则支、分部不致同时瓦解。⑫

章太炎这次南洋之行，在侨胞间起了很大影响，他每次演讲之后，报刊上总有各种反映，如《振南报》谓："章太炎先生之抵叻也。商、学界开筵欢迎者连日不绝，亦有多持冷观态度者。"⑬如谓："章太炎先生之来滨，都人士咸愿望见文旌以为荣。"⑭如说：

"章君炳麟为我国文学泰斗，闻其大名者，咸欲睹其风采……当时大发伟论，约有二小时之久，洋洋万言，难以尽录，要不外注重教育、化除意见等，语多动听，切中华侨兴利除弊之旨。"⑮

章太炎的南洋之行，时间虽短，但也颇具影响，因他在《太炎先生自定年谱》中仅有"余见南方无可与谋者，遂出游南洋群岛，岁晚始归"三句，其他记载也缺，致鲜为人知。今据南洋当时报纸试作叙述，以补缺漏。

二　护法之役

章太炎在辛亥革命前后，和孙中山发生矛盾，由非议孙中山到重组光复会，由"同盟旧人"到和立宪党人沆瀣一气，由反对孙中山到为袁世凯所利用。1917年，他又和孙中山合作，参加了护法运动。

1917年7月，张勋复辟时，孙中山即号召护法。段祺瑞在日本帝国主义的支持下，重任北京政府的国务总理，拒绝恢复《临时约法》和国会，孙中山即以维护《临时约法》为号召，于同月率驻沪海军到广州，联合"暂行自主"的滇桂军阀，于8月在广州召开国会非常会议，成立护法军政府，孙中山被选为大元帅，领导滇军、粤军以及部分桂军、黔军、湘军、川军等抗击北洋军阀段祺瑞的军事进攻。在这护法之役中，章太炎随同孙中山南下，参加了这项运动。

章太炎在辛亥革命前和孙中山有过争论，由非议孙中山到重组光复会，函电相争，影响不好。民国成立，孙中山任临时大总统，聘任章太炎为总统府枢密顾问，他在《复蔡元培书》中，谈到他的"组织用人之道"：

> 关于内阁之设备及其组织用人之道，弟意亦如是，惟才能是称，不问其党与省也。但此时则不能不收罗海内名宿，来教所论甚的。然其间尚有当分别论者，康氏至今犹反对民国之旨，前登报之手迹，可见一斑。倘合一炉而冶之，恐不足以服人心，且招天下之反对。至于太炎君等，则不过偶于友谊小嫌，决不能与反对民国作比例。尊隆之道，在所必讲，弟无世俗睚眦之见也。⑯

康有为反对民国，反对共和，章太炎却不是这样，过去和孙中山的矛盾，也只是"友谊小嫌"。孙中山从对待共和、对待帝制的根本问题上厘明康、章他们的异同，是符合实际的。但，这时章太炎不肯和孙中山合作，不愿长驻南京，返回上海。2月中旬，在讨论建都问题时，章太炎主张建都北京，拆了孙中山、黄兴的台，5月，黄兴条陈国民捐及劝办国民银行办法，章又以为"勒迫必自之生"，加以反对。南北和议告成，袁世凯上台，他幻想袁世凯能"厉精法治"，"以厝中夏于泰山磐石之安"。⑰中华民国联合会与一些小政党合并，改组为统一党，以后更与民社等并为共和党，推黎元洪为理事长，接着，任东三省筹边使，直到宋教仁被刺，章太炎对袁世凯不信任了，再行反袁又被幽禁。数年的动荡，他又回归到和孙中山合作。

当章太炎在 1916 年由京南返时，孙中山也在上海，曾两电黎元洪"规划约法，尊重国会"；章太炎也认为"约法、国会，本民国固有之物，为袁氏所摧残"，主张维护。⑱此后，他多次和孙中山一起参加会议，如 7 月 11 日，出席黄兴为准备北上两院议员举行的饯行宴会；7 月 15 日，出席驻沪粤籍议员的欢迎会；7 月 28 日，出席孙中山招待中日两国人士的宴会。他大都"起立发言"，基本主张与孙中山尚相契合。8 月，章太炎南赴肇庆，"视云阶"（岑春煊），更"出游南洋群岛，岁晚始归"。孙中山又致电黎元洪，认为章太炎"硕学卓识，不畏强御，古之良史，无以过之，为事择人，窃谓最当"，推举章太炎为国史馆长⑲。

1917 年 3 月，段祺瑞召集督军团在北京开会，商讨对德宣战。5 月 7 日，国会讨论参战案。10 月，段祺瑞组织"公民请愿团"等，包围国会，殴辱议员。章太炎与孙中山两次联名致电黎元洪，要求严惩"伪公民犯法乱纪之人"，"严惩暴徒之名"，"勿令势要从旁掣肘"。⑳6 月 7 日，张勋率兵北上，与段派集议，电黎"调停须先解散国会"。孙、章联电陆荣廷等南方各省督军、省长，指出"调停战争之人，即主张复辟之人；拥护元首之人，即主张废立之人"，"叛人秉政，则共和遗民必无噍类矣"。㉑又联名致电陈炯明，"国会为民国之命脉，调和乃绥寇之资粮"，"今者群益鸱张，叛形已著，黄陂（黎元洪）与之讲解，实同降伏"。㉒

7 月 1 日，张勋复辟。3 日，章太炎和海军总长程璧光等"集议孙公邸中"，"协议扫穴犁庭计划"。㉓接着，章太炎与孙中山、廖仲恺、朱执信、何香凝乘海琛舰由上海启程赴广州，于 7 月 17

日抵粤。

章太炎随同孙中山抵粤后，"有人以其于西南大局甚有关系，特投刺请谒，询问来粤之宗旨，及讨逆之计划"。章太炎答以：

> 余此次偕孙中山来粤，所抱之希望颇大，简言之，即切实结合西南各省，扫除妖孽，新组一真正共和国家，但不知西南各省，有此能力遂此希望否？至中国今日是非不明，顺逆不分，搅得一团充分之大糟，那还成一个国家？而南北各省，讨逆之声，日震于耳鼓，几成一种之普通口头语，试质之讨逆者之心理上，确能判别得顺逆二字清楚否？盖先判别谁是逆不逆，始可认定讨不讨。至在今日是非不明之时代，将以何物为判别顺逆之标准，此我国民不得不研究也。夫共和国家，以法律为要素，法存则国存，法亡则国亡，合法者则为顺，违法者则为逆，持一法字以为标准，则可判别一切顺逆矣。故讨逆之举，即为护法而起，惟不违法之人而后可以讨逆，否则以逆为顺，或以逆讨逆，成为大逆不道之世界如今日者。今日救亡之策，即在护法，护法即先讨逆。余此次与孙中山来粤，即欲切实结合多数有力者，大起护法之师，扫荡群逆，凡乱法者必诛，违法者必逐，然后真正共和之国家，始得成立。所谓法治精神，人民幸福，庶有实见之一日。㉔

说明此次"偕孙中山来粤，所抱之希望极大"，"讨逆之举，即为护法而起，惟不违法之人而后可以讨逆"。

永丰、同安、豫章三舰抵达黄埔，孙、章一起前往迎迓，广东各界开欢迎海军大会，孙中山、程璧光到会，章亦参加。

9 月 1 日，国会非常会议选举孙中山为中华民国军政府大元帅，章太炎任护法军政府秘书长，《大元帅就职宣言》就是章太炎起草的。《宣言》中说："民国根本，扫地无余，犹幸共和大义，浃于人心，举国同声，誓歼元恶"，誓"与天下共击破坏共和者"。㉕

章太炎随孙中山南下后，往来于香港、广州，想争取龙济光等参加护法军，后因护法军政府中派系斗争激烈，章太炎"欲西行"，孙中山劝以"不当先去以失人望"。章表示愿为军政府去争取外援，到云南联络唐继尧。当他抵达昆明后，和孙中山函电往返，孙中山希望章太炎"时慰箴言"，劝唐继尧"即日宣布就元帅职"，"分兵东下"；章也多次向唐进言，促唐东下，但"唐终托故不出"。

护法军政府后来成为南方军阀的政权，孙中山也被排挤，但章太炎起草的《宣言》，读之至今犹感虎虎有生气。他被"幽禁"解脱不久，即奔走南方，怀环国是，也是值得称道的。

三　联省自治

1919 年，反帝反封建的"五四"运动爆发，人民革命运动逐渐发展，章太炎的思想逆转了，由反对军阀割据逐渐演变为赞成军阀割据，主张"联省自治"。

"联省自治"，是湖南军阀谭延闿、赵恒惕提出，并得到西南、中南一些军阀响应，而为章太炎赞同宣扬的。

1920 年 6 月 11 日，湖南南军随吴佩孚后撤，逐步前进，湘督张敬尧无力抵抗，由长沙逃往岳州。12 日，南军赵恒惕占领长沙，章太炎《自定年谱》称："病中闻湘军克长沙，喜甚，跃起，以电贺组安。且言云阶于此，为能晚盖。"组安，即谭延闿，章太炎的《致谭延闿电》发于 6 月 15 日，原电为：

> 迭承通电，知贵军累战皆捷，近闻收复长沙，敌师鼠窜，湘川南岳，重秀而明，非特为湖南雪此沉冤，亦为扬子江全域争存人格。自克强云亡，石屏继逝，常恐直道将泯。得公振起，大义复申，遂听凯声，曷胜免藻。是役也，西林前日误湘之罪，似亦可以晚盖。果如新沐弹冠，勿滋旧秽，张魏公初附汪、黄，后更与会之立异可也。匡维之责，犹在大贤。㉖

章太炎对谭延闿加以赞扬。

7 月，谭延闿发表治湘宣言，主张"湘人治湘"、湖南自治。不久，谭延闿又派专使来沪，迎接章太炎赴长沙。11 月 1 日，又通电全国，提出"此后各省以武力戡祸乱，不如以民治奠国基，仍宜互结精神，实省自治"。又以湘军全体将领名义通电宣布，湖南将以率先实行自治，"以树联省自治之基"。

章太炎紧接着在 11 月 9 日的北京《益世报》上发表《联省自治虚置政府议》，一开始就说："民国成立以来，九年三乱。近且有借名护法，阴谋割据者"，对以前参加的护法运动已经怀疑了。

他又说："自今以后，各省人民宜自制省宪法，文武大吏，以及地方军队，并以本省人充之，自县知事以至省长，悉由人民直选；督军营长以上各级军官会推。"以为"近世所以致乱者，皆由中央政府权藉过高，致总统、总理二职为夸者所必争，而得此者又率归于军阀"，"今宜虚置中央政府，但令其颁给勋章、授予军官之职；其余一切，毋得自擅。军政则分于各省督军，中央不得有一兵一骑。外交条约则由各该省督军省长副署，然后有效。币制银行则由各省委托中央而监督造币，成色审核、银行发券之权，犹在各省"。他把行政、外交、军事、财政等权力放在各省，"政府虽存，等于虚牝，自无争位攘权之事"。

他认为"中央政府权藉过高"，"所以致乱"，主张"虚置中央政府"，"军政则分于各省督军"，甚至外交"事涉某省者，皆由该省督军省长副署负其责任"。这种政治主张，恰恰符合部分军阀政客为保持地方割据、反对民主革命的需要。

次年 1 月 3 日，章太炎又发表《与各省区自治联合会电》，主张"使地方权重而中央权轻"，以为"各省自治为第一步，联省自治为第二步，联省政府为第三步"。㉗

1 月 7 日，四川刘湘等通电"四川自治"，章太炎又致电刘湘、但懋辛："自湖南先言自治，而贵省以高屋建瓴之势，应于上游，风声所播，东被海壖。此后下江各省，岂甘后人"，誉为"非特川省一方之福，而我扬子江人皆被其赐矣"。㉘

此后，他又拟撰多篇力言联省自治的文稿，如《各省自治共保全国领土说》㉙，谓："自古幸成单一国家者，以力征服，以德怀濡，必更三四十年而后定之，然不久亦无不分离者"，至于"今之人，德固不古若也，力亦不古若也"，"假令有古人之才，而兵械又足以济之，则人民必无孑遗，而帝制又将再起。是故以义则

不容成单一国也"。又有《弭乱在去三蠹说》㉚，谓："今之曾居元
首者，无过三种人才，一者枭骜，二者夸诞，三者仁柔耳。……
枭骜者处之，则有威福自专之患，而联邦或为所破；仁柔者处之，
则有将相上逼之虑，而联邦不为分忧；夸诞者处之，势稍强则或
与枭骜者同，势稍弱则又与仁柔者同矣。"民国成立以来，自袁世
凯"枭骜"窃国，到此后的历任总统，或者"夸诞"，或者"仁柔"，
以致军阀混战，权不己操，章太炎也是有所感而言之的。但他这种
"联省自治"，却又走向了另一极端，反而符合了军阀割据者的需要。

　　章太炎主张"联省自治"，是希望"联省自治"能削弱以致取
消中央集权。他把民国以来的战乱频繁，归结为中央集权，以为
有中央集权还不如没有为好。说"近世所以致乱者，皆由中央政
府权藉过高，致总统、总理二职为夸者所必争，而得此者，又率
归于军阀"，他没有认识到军阀混战，"争位攘权"，是中国推翻帝
制后社会经济的变动等因素造成的，是帝国主义侵略中国扶植各
自的代理人造成的，反而归罪于中央政权的存在，他的思想已跟
不上形势的发展了。

　　章太炎的"联省自治"，反映了他对当时北洋政府霸占中央政
权的不满，但又和他不久前追随孙中山的统一主张背道而驰。孙
中山在广州就任非常大总统时，章太炎就以为"非法"，并以"联
省自治不可反对为献"㉛，这样，便只能符合一些不愿屈从北洋统
治的地方军阀的需要。继湖南之后，四川、贵州、浙江等省也曾
相继宣言自治，章太炎也随着致电、致函，不断鼓吹，当然，这
种"联省自治"是不会久长的，章太炎也只是为地方军阀所包围
利用，反映了他思想上的逆转而已！

四　"辛亥同志俱乐部"

　　1924 年 1 月 20 日，中国国民党第一次代表大会在广州开幕，孙中山担任主席，到会代表一百六十四人，其中有共产党人李大钊为大会主席团成员。

　　1 月 23 日，中国国民党第一次代表大会通过《宣言》，接受了中国共产党提出的反帝反封建的主张。在《宣言》第一部分中，总结过去革命斗争的经验，分析和批判了当时社会上流行的各种错误的政治流派，包括立宪派、联省自治派、和平会议派和商人政府。《宣言》第二部分以革命精神重新解释了三民主义。《宣言》第三部分包括对外、对内政策，主要内容为取消不平等条约、确定人民的自由权利、改善人民生活等。1 月 30 日，中国国民党第一次代表大会选举中央执行委员和监察委员，执行委员中有廖仲恺、胡汉民等，共产党人李大钊、毛泽东等也被选入。

　　章太炎却在这时，致电湖南省议会，叫他们坚持"省自治之说"，说是"湘省自治，万不可任其取消"㉜，还在上海主持联省自治会，致函各省"热心联治"㉝，他不满意中国国民党的改组和《宣言》，反对国共合作，与周震麟、管鹏、焦子静、茅祖权、田桐、居正、冯自由、马君武、但焘、谢良牧、刘成禺等发出了《护党救国公函》，反对国共合作，攻击共产党。《公函》首先指出"吾国原始民党以同盟会为最先"，"众志成城，赫然振发，于是有辛亥光复之役"；民国成立，"同盟余烈犹未全衰"；等到袁世凯覆亡，"民党已四分五裂，幸各党皆有同盟旧友为之纲纪"；自从"护法至今"，"各省意志，常非一轨，甚乃抗兵相攻，自生仇衅"；"为是感念旧交，力遡来轸，冀以同盟旧人，重行集合团体"云云㉞。这个《护党救国公函》是为了反对国民党改组而发，是为了反对共产党加入而发。

或者认为《护党救国公函》尚乏明确反共言论，不能以此认为章太炎已经"反共"。事实上，冯自由在引录此函时已经说明：

> 民十三，国民党改组容共……章太炎、田桐、居正、周震麟、马君武、管鹏、但焘、焦子静、谢良牧、茅祖权、刘成禺及余等事先已怃然忧之，乃于民十三冬假上海南阳桥裕福里二号章寓开会讨论挽救之策，咸主张非号召同盟旧人，重行集合团体，不足以匡济危局，群推太炎撰稿领衔。㉟

说明《护党救国公函》是因为"国民党改组容共"而"请求孙总理设法取缔"，号召"同盟旧人，重行集合团体"的。

或者以为章太炎之所以"撰稿领衔"，是受了冯自由等的怂恿，从而反对国共合作。查冯自由确由粤来沪，暗中活动，报纸上也有冯自由来沪活动的记载，此后居正等亦来沪上，"乃于民十三冬，假上海南阳桥裕福里二号章寓开会讨论"，由章氏领衔写出，应该说，冯自由等是给予章太炎以影响的。㊱章太炎受人影响，举笔疾书撰文通电，也是时有所见，但从这篇《护党救国公函》来说，却不是单纯受了别人的影响。

章太炎这时力主"联省自治","联省自治"既为中国国民党第一次代表大会所批判，那么他在这次大会之后发表的反共言论，也说明他的"护党救国"，不是单纯的受人怂恿，不是他的"偶然执笔"。

1925 年 2 月 10 日，章太炎在《致李根源书》中说："此间自中山入都以后，同人即知其难久，有愿将辛亥同志重寻旧盟者，鄙意亦以为然。"㊲十几天以后，在上海"聚辛亥同志"，"设立一俱乐部"。㊳他与张继商酌，"嫌同盟会未能包涵，先设辛亥革命同志俱乐部，盖并光复、共进诸会及滦州派与同盟会同冶于一炉，然后不嫌狭隘"㊴。当时报纸也有记载：

> 章太炎、唐少川等组织之辛亥同志俱乐部，筹备多时，业已宣告正式成立。现规定每星期聚餐一次，以资交换意见。昨据章君语人云："此次组党活动，酝酿甚久，其初各方意见，拟即乘时合组一党。据唐君少川意见，以为不妨即命名国民党，但以其恐与现在之国民党相混，未能成立。又有人主张袭同盟会之旧名者。但以此次组合，既系集合南北革命同志，南方同志如光复会、共进会等，虽俱与同盟会直接间接有关；而北方如冯玉祥、张绍曾辈，则与同盟会可谓丝毫无关。故经众商定不如命名稍取混统，其先拟名辛亥革命同志俱乐部，后径将革命二字删去。现在此种组织，尚为初步，至正式组党，尚须有待，因同志北行者多，拟俟返沪后再商"云。㊵

此后，即以辛亥同志俱乐部的名义发出议政电函，如 5 月 3 日，草《为辛亥同志俱乐部纠正段祺瑞废止法统令通电》㊶。

章太炎和人一起组织辛亥同志俱乐部，其中心主张还是"联省自治"，反对改组后的国民党。

章太炎"联省自治"主张向往的是中南、西南，特别是湖南，湖南省长赵恒惕也就邀请章太炎"赴长沙主考知县"，辛亥同志俱乐部唐绍仪等设宴欢迎，讨论"大局"，"有重要之讨论"。④

9月22日，章太炎抵达汉口，萧耀南等往其寓处谒晤。过岳阳时，吴佩孚"亲赴站迎迓"。到长沙，赵恒惕率官员至车站迎章，招待周到。

他一到长沙，就"声明在考试县长期内，谢绝各界酬酢"。所拟考题为《宰相必起于州部》，策题为《问区田防旱，自汉迄清行之有效，今尚适用否》④。考试情况，当时报纸有详细报道：

> 考试程序，分甄录试、初试、复试，甄录试、初试以笔试行之，复试以口试行之。甄录试目，为论文及关于地方行政之策问两项。初试试目，则为宪法大纲、现行行政法令、设案判断、草拟文牍四项。复试则由主试委员任意口试。各项科目，须均满七十分以上，方能取录。现在章委员长既到，遂定二十六日举行甄录试，由省长亲自莅场，点名给卷，其考试规则，已先期公布矣。——"县长考试，于今日（二十六日）举行甄录试"④。

甄录试取一百六十二人，出"联省实行，制定国宪，对于国会制度，应采两院制乎？拟采一院制乎？试说明之"等四题，"初试之后尚有一次复试，即以口试行之"，"其取录名额，决定不过六十人，以免仕途拥挤"。④10月4日，考试完毕，取录三十人。

次日，章太炎又在湖南省议会演说"联省自治"。他关心的还是国
民党第一次代表大会批判了的"联省自治"。

如上所述，章太炎组织辛亥同志俱乐部，是为了反对国民党
第一次代表大会的决议，既对"决议"的反对"联省自治"不满，
又对"决议"的联共联俄不满。他从湖南回到上海后，更在演说
中公开反对共产党，视共产党为"俄党"，肆予攻击。

或者认为《醒狮》是反对共产党的刊物，怀疑"记录有误"，
其实章太炎的反共言论，并不只见于《醒狮》一处，并不只是在
上海国民大学所讲《我们最后的责任》中看到。在他写给友人的
信件和文章中也时有所见，如在本年 12 月 22 日《复罗运炎书》
说北方"共产之说，已见实行"，叫嚷要除"赤化"。㊼

非但如此，他还和人组织"反赤救国大联合"，以章太炎、徐
绍桢、邓家彦三人为理事，通电全国各报刊。㊽在第一次干事会上，
章太炎主席，讨论"宣言草案"，说什么"居今之世，反对赤化，
实为救国之要图"，提出"三事相期许：一曰保持国家独立，凡一
切侵略、一切诱惑、一切强权均须排除，依国际平等之原则，与
各友邦携手互助；二曰发展民治精神，凡不正当之势力、不合理
之政治、不安宁之状况，力求革除，团结民众，共趋法律轨道之
上；三曰实行社会政策，以调和劳资之冲突，普及适宜之生计，
改良工人之待遇，俾假借共产学说者，无由施其煽惑"㊾。此项"宣
言"，经讨论修改后公布。

4 月 28 日，"反赤大联合"又开干事会，到有章太炎、冯自
由等，讨论组织分会章程草案及草拟《致驻北京苏俄大使加拉罕
电》。在所拟《反赤救国大联合宣言》中，一开始即称"自赤俄假

社会革命之名，行对外侵略之实"⑩。8月13日，又发出通电，反对北伐。

章太炎有深厚的民族主义思想，自称"民族主义如稼穑然，要以史籍所载人物制度、地理风俗之类为之灌溉，则蔚然以兴矣。不然，徒知主义之可贵，而不知民族之可爱，吾恐其渐就萎黄也"⑪，所以他重视历史，强调民族主义。他在这一时期反对共产党，反对"国共合作"，一方面是和他的民族主义思想有关，和当时苏联与共产党的关系有关，因而他说共产党可称之为"俄党"；另一方面也由于当时国内形势的发展，使他不能适应，并且越走越远，从而在中国国民党改组提出"联共、联俄"后不能接受。孙中山提出北上宣言，主张废除不平等条约及召开国民会议，"以谋中国之统一与建设"，并主张先召集一预备会议，以决定国民会议之基础条件及选集方法。预备会议限由实业团体、商会、教育会、大学、各省学生联合会、工会、农会，共同反对曹锟、吴佩孚各军及政党等代表组成。章太炎再次发表"改革意见"，重申"行政委员制"，"其员额少则五人，多则七人，不必兼领部务"。他说："辛亥以前，吾辈所辛苦经营者，正为排满耳，其于民主共和，固非其所汲汲也"；"而以再立帝制，适为专制肇祸，是故归之共和，非盲从法、美政制也。今者人情所向，亦不过为扑灭曹、吴，曹、吴既败，而合法政府无自产生。又观曹、吴所以能为乱者，则北洋派之武力统一主义为之根本。今不去其根本，而徒以解决曹、吴为快，后有北洋继之，则仍一曹、吴也。是故归之行政委员制，以合议易总裁，则一人不能独行其北洋传统政策，非盲从瑞士、苏俄政制也"。⑫没有多久，章太炎发出《护党救国宣言》，组织了辛亥同志俱乐部。

章太炎和当时的革命形势不适应，却在湖南返沪之时，对自称浙、闽、皖、赣、苏五省总司令的孙传芳有兴趣了。他准备和江、浙等五省旅沪士绅组织"五省协会"，"其目的似在辅助及监督五省总司令之行动，一面以五省人民之力，以建议五省兴革之事"。㉝他还亲赴南京，担任修订礼制会会长，和孙传芳"起立致辞"。

章太炎反对国共合作，反对北伐，终致在地方军阀的包围下，成为他们的"护法大将"，他也认为"今日国内的问题"，在于"注意如何打倒赤化"㉞，以致企图组织"反赤救国大联合"，步趋向右了。

五　学术陵替

章太炎政坛徘徊，思想右倾，学术的建树也远不如前，他慨叹当时"学术之陵替"，而他自己的学术，却也陵替了。

章太炎在这一时期，政治活动不少，还组织和参加了一些政治团体，相对来说，学术上却渐陵替；当然，他也曾组织过和参加过学术团体和活动。

1917 年 3 月，章太炎在上海发起亚洲古学会，"欲联同洲之情谊"，"沟通各国之学说"，以"研究亚洲文学、联络感情为宗旨"。

他在第一次大会上发表演说：

> 今欲保存吾洲之古学，惟有沟通各国之文字为着手，然此事殊难，行之匪易，予拟当创一种共用之语，以为彼此联络情谊之准备。如是则古学可兴，而国家亦可得其裨益。⑤

4月8日，亚洲古学会开第二次大会，通过章太炎所拟"暂定简章"，阐明学会是"以联合同洲情谊、昌明古代哲学为宗旨"。学会"责任"有四："一，本会有将亚洲书籍互相输送之责任"；"二，本会有劝导亚洲人士互相敬爱之责任"；"三，亚洲大事，本会有通信于亚洲人之责任"；"四，有侮慢损害亚洲各国及亚洲人者，本会有劝告匡正之责任"。章太炎在会上发表演说"就佛教上略加研究"，谓"同洲宗教虽殊，而以道德为根本，则颇属一致，是其精神上之关系，诚有不能磨灭者。发挥而光大之，夫岂其难。今者亚洲古学会之发起，其为全洲思想界联络之一大枢纽欤"。⑯

5月下旬，亚洲古学会开第三次大会，"议决发行机关杂志"，以章太炎为总编辑。⑰

7月1日，亚洲古学会开第四次会，决定发刊《大亚洲》杂志，拟分六门：第一，图画；第二，论说；第三，纪事；第四，时评；第五，杂著；第六，古籍提要。⑱旋因章太炎随孙中山赴粤，亚洲古学会未见续开，《大亚洲》也未见刊行。

章太炎在东京主持《民报》时，曾发起组织亚洲和亲会，这时又在上海组织了亚洲古学会。前者在"宗旨"中明确指出："本会宗旨，在反抗帝国主义，期使亚洲已失主权之民族，各得独立。"而亚洲古学会则旨在"联同洲之情谊"，"研究亚洲文学"，和过去鲜明的反帝不同了。章太炎在辛亥革命时期，讲究佛学，是有缺点的，但他还是要"用宗教发起信心，增进国民的道德"，现在却主要是对佛学哲理的讲解了，这不能不说是渐渐"退居于宁静的学者"。

章太炎这时也曾做过杂志的社长，这就是《华国月刊》。《华国月刊》1932 年 9 月 15 日在上海创刊，分"通论""学术""文苑""小说""杂著""记事""公布""余兴"等栏。由他任社长，他的学生汪东任编辑兼撰述，刊登了章氏诗文颇多。他在所撰《华国月刊发刊辞》中说："挽近世乱已亟，而人心之俶诡，学术之陵替，尤莫甚于今日"，当今"居位者率惛不知学，苟闻其说，则且视为迂阔而无当。学者退处于野，能确然不拔，自葆其真者，盖又绝鲜"。自称："往者息肩东夷，讲学不辍，恢廓鸿业，卒收其效。民国既建，丧乱娄更，栖栖南北，席不暇暖。睹异说之昌披，惧斯文之将队，尝欲有所补救，终已未遑。"对汪东的创办刊物表示嘉赏，以为"党国故之未终丧，迷者之有复，驰骛者之喻所止，谓兹编之行，速于置邮，宜若可以操券"⑨。他回顾"往者息肩东夷"，讲学办报，感慨当前"丧乱娄更"，想"甄明学术"，但是，他已没有东京讲学、办报时的锋芒，而感慨时务，"哀莫大于心死"，叹息"学术之陵替"，他自己的思想也渐"陵替"了。

这里还可以从下述事例中，看到他的"学术之陵替"。他在 1906 年出版的《国粹学报》连载《诸子学略说》上，曾说"孔子之教，惟在趋时，其行义从事而变"以至"孔子讥乡愿，而不讥国愿，其湛心利禄又可知也"等"批孔"之辞，其实他是针对康有为等的以孔子为素王有感而发的。后来，此文也没有收入《章氏丛书》。

《诸子学略说》刊出后，章氏学生黄侃曾向他询问，文中"孔子窃取老子藏书，恐被发覆"，出自何典，章氏只是支吾其词。1921年，柳诒徵又在同年11月出版的《史地学报》第一卷第一期上发表《论近人讲诸子之学者之失》一文，对《诸子学略说》进行批评，章氏见报后，回复柳诒徵，略谓：

> 顷于《史地学报》中得见大著，所驳鄙人旧说，如云"孔子窃取老子藏书，恐被发覆"者，乃十数年前狂妄逆诈之论，以有弟兄啼之语，作逢蒙杀羿之谈，妄疑圣哲，乃至于斯。是说向载《民报》，今《丛书》中已经刊削，不意浅者犹陈其刍狗，足下痛与箴砭，是吾心也。感谢感谢……
>
> 鄙人少年本治朴学，亦唯专信古文经典，与长素辈为道背驰，其后深恶长素孔教之说，遂至激而诋孔。中年以后，古文经典笃信如故，至诋孔则绝口不谈，亦由平情覈论，深知孔子之道，非长素辈所能附会也。而前声已放，驷不及舌，后虽刊落，反为浅人所取。⑳

应该说，章太炎对过去行文偶有失实进而纠正，这是可贵的，也正是专信古文的"朴学"实事求是的风范。但当年他批判康有为（长素），却是生气勃勃的，如今却因个别失检，而深感"前声已放，驷不及舌"，也说明了他的"学术之陵替"。

章太炎毕竟是"朴学大师"，他的"学术之陵替"，却也符合了一些军阀、官僚以至"怀旧"的知识分子的需要，这里可以举出下列两例。

其一是应孙传芳之聘，"参与投壶"和担任修订礼制会会长。

鲁迅在《关于太炎先生二三事》中评述章太炎说："既离民众，渐入颓唐，后来的参与投壶，接收馈赠，遂每为论者所不满，但这也不过白圭之玷，并非晚节不终。"有些人没有细绎文意，认为章太炎参加过孙传芳主持的"投壶古礼"，其实不然。

投壶，本来是古代宴会的礼制，也是一种游戏，以盛酒的壶口作目标，用矢投入，以投中多少决胜负，负者须饮酒。1926 年，盘踞苏、皖、浙、赣、闽五省的军阀孙传芳为了提倡"复古"，想用"中国固有文化"的"礼制"来"感人心而易末俗"⑥，和江苏省长陈陶遗在南京发起"投壶古礼"。事先拟订《投壶新仪缘记》，说"吾国以礼乐为文化之精神，今欲发扬文化，非以修明礼乐不可。但礼乐之范围至广，求其在今日最可通行者，莫如投壶"⑦，公布了"投壶新仪"顺序，由司相引主人出立东阶下，大宾、众宴在西阶下立定，再依次鞠躬、送酒、歌诗、投壶、鼓吹、宴舞等。

投壶礼是在 1926 年 9 月 6 日举行的，据当时报刊记载："大宾本请章太炎，因有事未能来，临时改请姚子让，大僎为杨文恺，众宾为宁垣诸要绅，下关、浦口两商埠督办、国省立学校校长、五省军民长官代表等。众僎为江宁镇守使、南京卫戍司令、师旅长、总部各处长、政务财政教育实业各厅长、警务处长、省会警察厅长、简任阶级之各局处长等，连同各界参观人士，约共二百数十人。"旋即行投壶。礼⑧可知虽曾邀请章太炎"参与投壶"，章实未去。

那么，鲁迅是否"传闻失实"呢？也不是的。"参与投壶"，并不等于"参加投壶"，鲁迅在其他著作中也提及此事，如《趋时和复古》说："后来'时'也'趋'了过来，他们就成为活的纯正的先贤，但是，晦气也夹屁股跟到……孙传芳大帅也来请太炎先生投壶了。"《致曹聚仁》说："太炎先生曾教我小学，后来因为我主张白话，不敢再去见他了，后来他主张投壶，心窃非之。"⑭只说孙传芳"请"章太炎投壶，和章太炎"主张投壶"，没有说他亲自"参加"。

然而，章太炎虽未参加投壶，却曾应孙传芳之邀，于"投壶古礼"举行后两天，即8月8日，到南京担任修订礼制会会长。9日，在联军总司令署参加修订礼制会成立会，孙传芳主席，章太炎"起立致辞"，其言曰：

> 我国古昔，甚尊视礼制，自君主政体革命后，知识界即屏而不谈。在洪宪时代，颇有议及之者，然其主张，尊卑之分太严，我辈实不敢赞同，以过犹不及，流弊易生，势必成为帝制之糟粕也。今日之学校，既置礼教于不讲，而强权者黩武相竞，又迄未得睹统一之效，在此种潮流中，修订礼制，固为当务之急。然实亦甚非易事，鄙见以为不必过尊古制。古制在今日，多有窒碍难行者，而一般社会之习惯，则已博访周知，尽量容纳。鄙之无甚高论，将来议有端绪，著为典章，务使一般社会览而易知，知而易行，使国民知我国尚有此礼制，为四通八达之大路，则礼制终有观成之日。总而言之，一欲易于遵行，一欲涤尽帝国主义而已！⑮

当然，这里也得具体分析，章太炎不赞成"过尊古制"，主张礼制要"易于遵行"。减损繁文缛节，并以之"涤尽帝国主义"。

但他恋栈于"礼教之国",夤缘于军阀之门,不能说不是"白圭之玷";而章太炎在辛亥革命时期"用国粹激动种性,增进爱国的热肠"的"高妙的幻想",又经缘饰,鲁迅自然要"心窃非之"了。

其二是他应江苏省教育会之约,在上海讲授"国学"。

1922 年 4 月至 6 月,章太炎应江苏省教育会之邀,在上海讲授"国学",共十讲,每星期一次,4 月 1 日开讲,"听者共约三四百人"。首讲《国学大概》,一为"国学之自体",包括"经史非神话""经典诸子非宗教""历史非小说传奇"诸节;二为"治国学之法",包括"辨书籍真伪""通小学""明地理""知古今人情之变迁""辨文学应用"等,分三次讲完。接着讲《国学之派别》,分"经学之派别""哲学之派别""文学之派别"诸节。最后讲《国学之进步》,分"经学以比类知原求进步""哲学以直观自得求进步""文学以发情止义求进步"。

章太炎在沪讲学,报纸大肆宣传,又有记录登出,当时颇有评议,如邵力子有《志疑》一文,以为"太炎先生似乎有两种积习未能全除:一,好奇;二,恶新"。邵力子认为章氏"要讲古今人情变迁随处皆可引例,何必创为'郡县时代治国不必齐家'的奇论",又说:"太炎先生很有不满意于白话文和白话诗的表示。固然,他和别的顽固派不同,他知道无韵的新体诗也有美感,他知道《尚书》是当时的白话文,他知道白话文能使人易解,他并非一概抹杀。但我正因为他知道了这些而还要特别提出不慊于白话文和白话诗的话,所以说他不免有恶新的成见。""近年来,很有人怕白话文盛行,国学即将废绝,其实看了国学讲演会底情形便可释此杞忧。国学讲演会的听众,据我所知,很有许多人是积极地主张白话文的。做白话文与研究国学决不相妨，太炎先生一定能知此理罢！"⑥

裘可桴在《政治制度和政治精神》中对章太炎"治国者必先齐家"的诠解也提出异议，说"从太宗本身看，《传》第九章里'其家不可教而能教人者，无之'一语，也不能根本打破"。又说："太炎先生说，经史所载都是照实写出的白话，足见太炎先生很重视白话文。不过他的意见，是说现在的国语，只能描摹北方人口语的真相，不能描摹南方人口语的真相，这也是实在情形。我只祝颂太炎先生享二三百年的高寿，那时会议席上，人人能操国语，没有一些土白，笔录的人一定把口语的真相，描摹尽致，那时太炎先生必不说这话了。"⑦

章太炎的讲演，《申报》有记录⑧，曹聚仁也将记录整理，于当年11月1日由上海泰东图书局铅字排印，以《国学概论》为题出版，较《申报》为详，间有《申报》所录而为《国学概论》刊落的。此外，另有张冥飞笔述的《章太炎先生国学讲演集》，1924年平民印书局版。

章太炎的演讲，当时起过影响，曹聚仁、张冥飞整理的《国学概论》等也流传甚广。应该说，这次讲演，对国学的渊流、派别、特点等详加剖析，对研究中国哲学、史学、文学的人是很有教益的，其中也有他本人的很多治学心得，不乏真知灼见。记录的刊行，也是一份很好的古籍遗产，但和辛亥革命前的东京讲学相比，听讲的人和东京讲学时学员因慕章太炎是"有学问的革命家"而前来受业不同，却是在军阀混战、内忧孔急的情况下在上海受业，因而听讲的人既远不如东京讲学时学员的成就，而且日渐减少。如第一次讲学，"报名者竟有六百余人之多，临时到会者又有一二百人，而该会会场狭小，仅能容纳三百五十余人，致后到者均不及招待"⑩，因而第二次讲学，即移至可容纳一千人之中华职业学校附设职工教育馆内开会"⑪，但是，到 6 月 1 日第九次讲学时，听讲者仅七八十人⑫，人数逐渐减少。听讲的人最初为章太炎的声誉所吸引，并非真的要学习"国学"，因而这次讲学，究竟培养了多少人才，也就很难统计了。

再从江苏省教育会所以举办这次讲学的目的来看，他们的讲学"通告"是这样写的：

> 敬启者：自欧风东渐，竞尚西学，研究国学者日稀，而欧战以还，西国学问大家，来华专事研究我国旧学者，反时有所闻，盖亦深知西方之新学说或已早见于我国古籍，借西方之新学，以证明我国之旧学，此即为中西文化沟通之动机。同人深惧国学之衰微，又念国学之根柢最深者，无如章太炎先生，爰特敦请先生莅会，主讲国学，幸蒙允许。⑫

说是为了"欧风东渐"，"深知西方之新学说或已早见于我国古籍"，准备"借西方之新学，以证明我国之旧学"。这种论调，与张之洞等的"旧体西用"说又何其相似。主持讲学的人是因"欧风东渐"，"研究国学者日稀"，而设此讲席，章太炎也是在这样的情况下应邀演讲，和过去东京讲学时的背景、效果迥不相同了。

章太炎解脱"幽禁"以后，尽管南北奔走，怀环国是，但他的思想已逐渐迎不上形势，特别是 1924 年中国国民党第一次代表大会提出"联共、联俄"主张以后。他的学术也已"陵替"了。

但是，这一时期，他学术上也有一件在当时起过影响的大事，那就是他所拟定的注音字母的颁布。

章太炎手迹

先是，章太炎在讲授文字音韵时，为了便于切音，撷取篆字或籀文的偏旁，手定纽文三十六、拘文二十二，作为教学的工具。1921 年，章太炎曾开读音统一会；1915 年，又设注音字母传习所。1916 年 8 月，北洋教育界人士发起国语研究会。1917 年 2 月 18 日，在宣武门外学界俱乐部，开会讨论进行方法，莅会者皆研究教育社会有名之人，议定名"中华民国国语研究会"㊁。蔡元培实预其事，并将简章抄呈教育部立案。1917 年 3 月 16 日奉批："研究本国语言选定标准，以备教育界之采用，用意深远，洵可嘉许，所呈简章九条，亦切实可行，应即准予备案。"㊂

当读音统一会召开，章氏弟子鲁迅、许寿裳等出席了会议，他们联名在会上提议以章氏手定的切音工具作为注音符号，这五十八个符号略加增删以后，就被确定为一套全国现行的注音符号。它对统一汉字读音有过不少的贡献。至是，教育部通电各地，"将注音字母正式公布，以便传习推行"，内云：

查统一国语问题，前清学部中央会议业经议决，民国以来，本部鉴于统一国语，必先从统一读音入手，爰于元年特开读音统一会讨论此事。经该会会员议定，注音字母三十有

九，以代反切之用，并由会员多数决定常用诸字之读音，呈

请本部设法推行在案。四年，设立注音字母传习所，以资试

办，迄今三载，流传漫广。本年全
国高等师范校长会议议决，于各
等师范学校附设国语讲习科，以
专教注音字母及国语，养成国语
教员为宗旨。该议决案已呈由本
部采录，令行各高等师范学校遵
照办理。但此项字母未经本部颁
行，诚恐流传既广，或稍歧异，有
乖统一之旨，为特将注音字母正
式公布，以便传习推行，为此训令
该厅遵照，公布周知。㉟

《现代汉语词典·汉语拼音方案》(商务印书馆 2016
年版)

注音字母是给汉字注音的，在字
典上或课本上用来给汉字注音是适用
的，但它每个字母却像一个独立的汉
字，不便于草写或连写，如ㄑ、ㄋ、ㄎ、
ㄊ、ㄅ，正体还可以辨别，草写起来就
容易混淆。同时，一部分字母代表两个
音素，拼写起来也有限。尽管如此，它一直沿用了三十多年，在
汉语拼音字母诞生以前，仍不失为一套勉强能行的拼音工具。

注音字母的颁行，正是章氏被"幽禁"前后、学术陵替之初
讨论和颁行的。

注 释：

① 章太炎：《致国会诸议员电》，见《申报》1928 年 6 月 13 日；又见《章太炎政论选集》，中华书局 1997 年版，第 739 页。

② 章太炎：《致军务院电》，同上书，第 740 页。

③ 章太炎：《复〈中华新报〉编辑吕复书》，见《中华新报》1916 年 6 月 28 日"紧要新闻"。

④ 岑春煊：《电复章太炎》，见《中华新报》1916 年 6 月 28 日"公电"、《太炎先生克日南归电》。

⑤《欢迎章太炎先生纪闻》，见《中华新报》1916 年 7 月 4 日"紧要新闻"。

⑥《时报》1916 年 10 月 3 日。

⑦ 新加坡《国民日报》1916 年 9 月 30 日。

⑧《章太炎先生演说辞》，见新加坡《国民日报》1916 年 10 月 4 日。

⑨《章太炎先生演说志》，见新加坡《国民日报》1916 年 10 月 17 日。

⑩《章太炎先生演说辞》，见新加坡《国民日报》1916 年 10 月 4 日。

⑪《章先生吉隆演说记》，见新加坡《国民日报》1916 年 10 月 31 日。

⑫《章太炎在爪哇言论》，见《国民日报》1916 年 11 月 9 日。

⑬《欢迎章先生余谈》，见《振南报》1916 年 10 月 4 日。

⑭《章太炎先生演说》，见新加坡《国民日报》1916 年 10 月 10 日。

⑮《怡保欢迎章太炎》，见新加坡《国民日报》1916 年 10 月 20 日。

⑯ 孙中山：《复蔡元培书》，1912 年 1 月 12 日，见《孙中山全集》第 3 册，中华书局 1982 年版，第 19 页。

⑰ 章太炎：1912 年 3 月《致袁世凯论治术书》，见《章太炎政论选集》，

第 584 页。

⑱　章太炎：1916 年 7 月 3 日在浙江国会议员欢迎会上演说，见《中华新报》1916 年 7 月 4 日。

⑲　《中华新报》1916 年 12 月 14 日。

⑳　《时报》1917 年 5 月 12 日。

㉑　《时报》1917 年 6 月 10 日。

㉒　同上。

㉓　《时报》1917 年 7 月 4 日。

㉔　《章太炎之讨逆解》，见《时报》1917 年 7 月 28 日。

㉕　见《章太炎政论选集》，第 744—745 页。

㉖　《申报》1920 年 6 月 18 日"本埠新闻"《章太炎致谭延闿电》。

㉗　《申报》1921 年 1 月 6 日《章太炎与各省区自治联合会电》。

㉘　《申报》1921 年 1 月 15 日"本埠新闻"《章炳麟复重庆刘、但电》。

㉙　手稿，潘承弼藏，见《章太炎政论选集》，第 754—755 页。

㉚　手稿，潘承弼藏，同上书，第 756—759 页。又，1922 年 6 月 25 日《申报》又载章太炎的《大改革议》，以为"一，主联省自治；二，主联省参议院；三，主委员制"。

㉛　《太炎先生自定年谱》"中华民国十年"，见《章太炎全集·太炎文录补编》，上海人民出版社 2017 年版，第 806 页。

㉜　《申报》1924 年 3 月 21 日"本埠新闻"《章太炎劝湘省坚持省宪》；原电见《申报》，1924 年 3 月 24 日"国内要闻"《长沙通讯》。

㉝　《申报》1924 年 7 月 29 日"本埠新闻"《联治社筹备会记》。

㉞　《章太炎等之护党救国公函》，见冯自由：《革命逸史》初集，中华书局 1981 年版，第 61—63 页。

㉟ 同上。

㊱ 1925 年春，章太炎组织辛亥同志俱乐部，冯自由也组织了中国国民党同志俱乐部，发出宣言，见后。

㊲ 章太炎：《致李根源书》五一，见《近代史资料》，1978 年第 1 期，下同。

㊳ 徐仲荪：《纪念太炎先生》，见《制言》第 25 期。

㊴ 章太炎：《致李根源书》五三。

㊵《申报》1925 年 3 月 8 日 "本埠新闻"《辛亥同志俱乐部正式成立》。

㊶《申报》1925 年 5 月 8 日 "本埠新闻"《辛亥同志俱乐部通电》。

㊷《申报》1925 年 9 月 16 日 "本埠新闻"《章太炎即日赴湘》。

㊸《申报》1925 年 9 月 28 日 "国内专电"《长沙电》。

㊹《申报》1925 年 9 月 30 日 "国内要闻"《湘赵考试县长之郑重》。

㊺《申报》1925 年 10 月 5 日 "国内要闻"《湘南考试县长之初复试》。

㊻《醒狮周报》第 58 号，1925 年 11 月 14 日出版。

㊼《申报》1925 年 12 月 23 日 "本埠新闻"《章太炎复罗运炎书》。

㊽《申报》1926 年 4 月 11 日 "本埠新闻"《反赤救国大联合通电》。

㊾《申报》1926 年 4 月 16 日 "本埠新闻"《反赤大联合干事会记》。

㊿《申报》1926 年 5 月 2 日 "本埠新闻"《反赤救国大联合宣言与通电》。

51 章太炎《答铁铮》，见《民报》第 14 号，见前。

52《申报》1924 年 11 月 15 日 "本埠新闻"《章太炎再发表改革意见书》。

53《申报》1925 年 12 月 3 日《五省协会成立有待》。

54《申报》1926 年 1 月 31 日《章太炎与梁士诒之时局观》。

55《时报》1917 年 3 月 5 日《发起亚洲古学会之概况》。

56《时报》1917 年 4 月 9 日《亚洲古学会第二次开会纪事》《时评》。

57《时报》1917 年 5 月 22 日《亚洲古学会之例会》。

㊸《时报》1917 年 7 月 2 日《亚洲古学会开第四次常会记事》。

㊹ 章太炎：《华国月刊发刊辞》，见《华国月报》创刊号；又见《章太炎政论选集》，第 779—780 页。

㊺ 章太炎：《致柳翼谋书》，见《史地学报》第 1 卷第 4 期，1922 年 8 月出版；又《诸子学略说》发表在《国粹学报》，这里误为《民报》。同上书，第 763 页。

㊻ 孙传芳在江苏修订礼制会上"致辞"，见《申报》1926 年 8 月 12 日"国内要闻"《江苏修订礼制会记详》。又本年 1 月 13 日章太炎 59 岁生日，孙传芳和江苏省长陈陶遗送对联、酒、餐，并派员代表致祝，见《申报》1926 年 1 月 14 日"本埠新闻"《章太炎昨日寿辰之热闹》。

㊼《申报》1926 年 8 月 2 日"国内要闻"《孙陈提倡之投壶新仪》。

㊽《申报》1926 年 8 月 8 日"国内要闻"《宁当局举行投壶新仪记》。

㊾ 见《鲁迅书信集》，人民文学出版社 1976 年版，第 380 页。

㊿《申报》1926 年 8 月 12 日"国内要闻"《江苏修订礼制会纪详》。

66 曹聚仁整理：《国学概论》，上海古籍出版社 1997 年版，第 72—74 页。

67 同上书，第 78—79 页。

68《申报》记录章氏十次演说，我已辑入《章太炎年谱长编》，第 667—688 页。

69《申报》1922 年 4 月 4 日《愿听章太炎先生讲学者注意》。

70《申报》1922 年 4 月 8 日《章太炎今日继续开会》。

71《申报》1922 年 6 月 11 日"本埠新闻"《章太炎九次讲学纪》。

72《申报》1922 年 3 月 29 日《省教育会请章太炎先生讲国学》。

73《时报》1917 年 3 月 10 日《国语研究会之现状》。

74《时报》1917 年 4 月 17 日《教育部允准国语研究会备案》。

75《时报》1919 年 1 月 8 日《公布注音字母》。

第九章

不是晚节不终

一　苏州讲学

1927 年 1 月 3 日，章太炎六十寿辰，作《生日自述》："蹉跎今六十，斯世孰为徒？学佛无乾慧，储书不愈愚。握中余玉虎，楼上对香炉。见说兴亡事，挐舟望五湖。"①

2 月 17 日，北伐军占领杭州；18，占领嘉兴。上海发动第三次武装起义，参加总罢工的工人约三十六万人。孙传芳部上海防守司令李宝章用野蛮手段屠杀起义工人和群众。这时寓居上海的章太炎却很少公开露面，报上也不见他的"通电""宣言"，先前担任的国民大学校长也已辞退②，只有"以新僧运动为标语之法苑开幕"时，章太炎始一到会，报载：

> 前日（二月十三日），以新僧运动为标语之法苑开幕，记者承邀，乃乘兴往观……二时开会，到会者有章太炎……六十余人。先由新僧奏佛乐，太虚法师率中外信徒上香祝福。

次由太虚致开会，太炎演说，当以佛教之大施主义以救人救世。西人夏士别利及日人田山水心相继宣讲，以时间过长，各处函电祝词数十通，均不及宣布。③

章太炎在《生日自述》中所说"学佛无乾慧，储书不愈愚"，真在那里"学佛"了，想"以佛教之大施主义以救人救世"了。报纸上看到章太炎列名的另一"启事"是"今经名相昆云使者蔡北仓先生"，夸奖蔡北仓是"素研相术""吉凶祸福，所言皆能实验，无一空谈"，和他一起署名的有太虚法师和信佛的丁福保。④章太炎在"苏报案"发生被捕入狱后，因别的书籍不易送入，而佛学著作却可阅读，从而"学佛"。出狱东渡，主编《民报》，也写了一些佛学论文，致有人讥为"佛声"，但那时他是生气勃勃地为反清革命而斗争的。这时年事已高，壮志渐消，只是研究学理，"见说兴亡事，拿舟望五湖"了。

章太炎

当然，章太炎致力最深、时间最久的还是儒家经籍。晚年，对《春秋》、礼制又予潜研。

章太炎早年在诂经精舍跟随俞樾就读时，曾撰《春秋左传读》，自称："余幼专治《左氏春秋》，谓章实斋六经皆史之语为有见……

方余之有一知半解也，《公羊》之说，如日中天，学者煽其余焰，簧鼓一世，余故专明《左氏》以斥之。然清世《公羊》之学，初不过一二人之好奇，康有为倡改制，虽不经，犹无大害，其最谬者，在依据纬书，视《春秋经》为预言，则流弊非至掩史实，逞妄说不止。"⑤ 此后，章太炎治《左氏》不辍，自称：

> 治《春秋》近四十年。始虽知《公羊》之妄，乃于《左氏》大义，犹宗刘、贾。后在日本东京，燕闲无事，仰屋以思，乃悟刘、贾诸公，欲通其道，犹多附会《公羊》，心甚少之。亟寻杜氏《释例》，文直辞质，以为六代以来，重杜氏而屏刘、贾，盖亦有因。独其矫枉过正之论，不可为法，因欲改定《释例》而未能也。民国以来，始知信向太史。盖耕当向奴，织当问婢，《春秋》本史书，故尽汉世之说经者，终不如太史公为明白……又知《左氏春秋》本即孔子史记，虽谓经世鲁史，传出孔子可也。简练其义，成此《答问》，虽大致略同杜氏，然亦上取荀、贾，以存大义，刘、贾有得，亦不敢轻弃焉。⑥

按，《春秋左氏疑义答问》，收入《章氏丛书续编》，后又由章氏国学讲习会排印单行本。从上述《与吴萤斋书》中，可知他治《左氏》，本专信汉代刘、贾经说，不信杜氏，后来知西晋"杜氏《释例》，文直辞质"；更信《左氏》为史书，"刘、贾有得，亦不敢轻弃"。不完全为西汉刘、贾所囿，主张实事求是。

章太炎在《与徐哲东论春秋书》也谈自己治《春秋》经过，说：

《春秋左传读》乃仆少作，其时滞于汉学之见，坚守刘、贾、许、颍旧义，以与杜氏立异，晚乃知其非。近作《春秋左氏疑义答问》，惟及经传可疑之说，其余尽汰焉。先汉贾太傅、太史公所述《左氏》古文旧说，间一及之，其《刘子政左氏说》，先已刻行，亦间牵摭《公羊》，于心未尽慊然。⑦

章太炎治《春秋》，宗《左传》，不信《公羊》。戊戌政变后，康有为仍用《公羊》以言改革，章氏更予诋斥。晚年，章氏论《春秋》也有发展。1935 年，廖平弟子李源澄曾函章氏，说"《礼》与《春秋》，如车依辅，《礼》如法令之条文，《春秋》如理官之判词"，章氏复以"自揣平生所获，与井研绝殊，然亦相知久矣"。"井研"，即廖平。章太炎早在 1899 年，即撰《今古文辨义》，对廖平经说提出异议，并"甚愿廖平之大变也"，前面已经谈到。今见李源澄所言，复以"《春秋》因时制亦成其例，非特《左氏》知此，虽《公羊》亦知之"。"《公羊》虽不窥国史，于旧传犹有所闻，是以其言云尔。"至于"仲舒之徒，未尝参考《左氏》，乃云文家五等，质家三等，以就其改制之说，岂独诬《春秋》，亦诬公羊子矣"。"乃如王鲁改制之说，又《公羊》本文所无有。汉世习今文者，信其诬罔，习为固然。《白虎通》多采今文师说，《五经异义》虽备古今，要其所谓古文说者，亦特不本经传，而本师家新义。由是言之，以《礼》证《春秋》，亦何容易。"⑧

没有多久，接李源澄书，表示"不惑于改制三统之说"，又复一书，谓："《左氏》之与《公羊》，其书自有优劣，而足下重微言，轻实事，以《春秋》是经非史，以《左氏》为档案，是犹有睞赵、庄、刘之见也。"以为"以《春秋》是经非史者，悉晚世经师之遁辞，自刘逢禄始张大之，足下何取焉"。"《春秋》者，夫子之文章，非性与天道也。成在垂殁，讲授日浅，即有之，安得所谓微言？"⑩知章氏晚年，研究《左传》较前有发展，但对今文学者的"张大"微言，还是诋斥的。

章太炎对《尚书》《礼记》也继续探究，撰有《古文尚书拾遗》以及探究《丧服》《儒行》等文篇。

章太炎晚年又在苏州讲学。

1932年，金天翮、陈衍、李根源、张一麐在苏州发起讲学，由金天翮致书章太炎，请莅苏讲学。秋，章太炎由沪赴苏，初在公园县立图书馆讲学，勉励青年要学范仲淹的"名节厉俗"、顾炎武的"行己有耻"。接着，在沧浪亭欢迎大会上讲《儒行要旨》《大学大义》《经义与治学》《文章源流》等，约一个月。章太炎以为"扶微业辅绝学之道，诚莫如学会便"。于是听讲人士决定组织国学会。章太炎在1933年1月写的《国学会会刊宣言》述其事：

> 余去岁游宛平，见其储藏之富，宫墙之美，赫然为中国冠弁，唯教师亦信有佳者，若于薰莸杂糅，不可讨理，惜夫圣智之业而为跖者资焉。或劝以学会正之，事绪未就，复改辙而南，深念扶微业、辅绝学之道，诚莫如学会便。其秋，苏州有请讲学者，其地盖范文正、顾宁人之所生产也，今虽学不如古，士大夫犹循礼教，愈于他俗。及夫博学屛守之士，亦往往而见……昔范公始以名节厉俗，顾先生亦举"行己有耻"为士行准。此举国所宜取法，微独苏州，顾沐浴膏泽者，

莫苏州先也。于是范以四经而表以二贤。四经者，谓《孝经》《大学》《儒行》《丧服》；二贤者，则范、顾二公。⑩

他特别提出"范以四经""表以二贤"，范仲淹、顾炎武"以名节厉俗"，谈"行己有耻"，在外患日深、内政孔忧的情况下，有利于激励名节；对《孝经》《大学》《儒行》《丧服》的学习，也旨在使学者注意旧道德的培养。

1933 年 1 月，国学会在苏州成立，"以讨论儒术为主，取读经会隶之时有所见，录为会刊"，推李根源为主任干事。章太炎时寓上海，亦列名会籍，并撰宣言以明"源起"，说："斯会也，其于中国，犹大山之礨空而已，尚未得比于五季之睢阳、衰晋之凉州诸子也。持以弘毅，何遽不可行远。凡事有作始甚微，其终甚巨者。仲尼云：'人能弘道'，与会诸子，其勉之哉！"⑪

国学会成立后，章太炎虽仍寓上海，仍往来苏州、无锡，多次讲学。如 3 月 14 日，在无锡国学专门学校讲《国学之统宗》，说："今欲改良社会，不宜单讲理学坐而言，要在起而能行。周、孔之道，不外修己治人，其要归于六经"说"专讲气节之书，于《礼记》则有《儒行》"，《儒行》之外，《孝经》《大学》《丧服》也需诵读，这四种书，"实万流之汇归"⑫。强调诵读《儒行》等"四书"。

章太炎本来对宋学并不赞同，这时也有所改变，曾在无锡国学专门学校讲《适宜于今日之理学》，以为"理学之范围甚大，今日讲学，当择其切于时世以补偏救弊者而提倡之"。无锡本东林学派发源之地，如今无锡，"工厂如林"，商业繁盛，"吾意设教者当取白沙一派"，⑬推崇明儒陈献章。

1934 年秋，章太炎由上海迁居苏州，冬，以"与国学会旨趣不合"，在苏州发起章氏国学讲习会。次年 4 月，又在苏州举办章氏星期讲演会，每期听者颇多，有讲演记录印行。

9 月，《制言》在苏州创刊，章太炎任主编，章氏国学讲习会发行。章太炎撰《发刊宣言》，以为当前"国学所以不振者三"，一是"毗陵之学反对古文传记"，二是"南海康氏之徒以史书为

章太炎在苏州寓居时的书房

帐簿"，三是"新学之徒以一切旧籍为不足观"。前二者指庄存与、刘逢禄复兴的今文经学和康有为的援今文以言改良，三是指胡适、顾颉刚的"疑古惑经"。自称，"集国学会时"，"未尝别作文字"，如今《制言》创刊，"稍以翼讲学之缺"⑭，准备将所撰诗文，刊登《制言》。

9 月 16 日，章氏国学讲习会正式开讲，发起人为朱希祖、钱玄同、黄侃、汪东、吴承仕、马裕藻、潘承弼等，赞助人有段祺瑞、宋哲元、马相伯、吴佩孚、李根源、冯玉祥、陈陶遗、黄炎培、蒋维乔等。章氏自述办学经过和宗旨说：

余自民国二十一年返自旧都，知当世无可为，讲学吴中三年矣。始曰国学会，顷更冠以章氏之号，以地址有异，且所招集与会者，所从来亦不同也。言有不尽，更与同志作杂志以宣之，命曰《制言》，窃取曾子"制言"之意。⑮

会址设于苏州锦帆路五十号，以"研究固有文化、造就国学人才为宗旨"⑯。讲习期限二年，分为四期，学程为：

第一期：《小学略说》《经学略说》《历史学略说》《诸子略说》《文学略说》

第二期：《说文》《音学五书》《诗经》《书经》《通鉴纪事本末》《荀子》《韩非子》《经传释词》

第三期：《说文》《尔雅》《三礼》《通鉴纪事本末》《老子》《庄子》《金石例》

第四期：《说文》《易经》《春秋》《通鉴纪事本末》《墨子》《吕氏春秋》《文心雕龙》规定"凡有国学常识，文理通顺，有志深造者，无论男女，均可报名听讲"。在讲习会筹备期间，曾得到段祺瑞、吴佩孚等的支持。段祺瑞谓："勾吴之地，复见邹鲁之风，裨益人心，转移风俗，权舆于此，遥听之余，钦佩何似！"⑰吴佩孚认为："当兹道德陵夷，学术芜杂，人心维危，所关至巨。太炎先生经术湛深，今之马、郑，嘉惠士林，予以津逮，于学术心术，影响甚多。"⑱马相伯且撰文唱导云："值风雨如晦之秋，究乾坤演进之道，体仁以长，嘉会为群，网罗百家，钻研六艺，纲纪礼本，冠冕人伦。行见郑公乡里，蛮触不知；董子帐帷，贤良多策。欣斯盛举，乐我遐龄。"⑲

章氏国学讲习会初设时，据沈延国称：

> 各地学子，纷纷负笈来苏。据学会中统计，学员年龄最
> 高的为七十三岁，最幼的为十八岁，有曾任大学讲师、中学
> 国文教师的，以大学专科学生占大多数，籍贯有十九省之不
> 同。住宿学会里，约有一百余人。由先生（章太炎）主讲，
> 并由门人朱希祖、汪东、孙世扬、诸祖耿、王謇、王乘六、
> 潘承弼、王牛、汪柏年、马宗芗、王绍兰、马宗霍、沈延国、
> 金毓黻、潘重规、黄焯任讲师，并且增设特别演讲，请先生
> 老友王小徐、蒋竹庄及家君（指沈瓞民）等担任，会务由章
> 夫人、孙世扬总其事。每星期二，先生躬亲讲席，宣扬胜义。
> 对于"经学""史学""子学""文学"作有系统的讲述，最后
> 教授《尚书》，句句精审。⑳

章太炎晚年著书讲学，"既离民众，渐入颓唐"了。

颓唐，是对当前政治的不满意、不适应，而逐渐消失了过去
的革命锐气，并不意味他已走向反面。颓唐，是对事物看不顺眼
而不愿多问政治，也不意味他已"两耳不闻窗外事"。颓唐，也会
在政治上颓唐，而学术上却不"颓唐"，每想另有作为。颓唐，也
会在一度颓唐之后，遇到灾难深重之时又不"颓唐"，转而大声疾
呼。章太炎晚年，赋诗自述："见说兴亡事，拿舟望五湖。"㉑ 在
苏州讲学，组织国学会，欲"甄明学术，发扬国光"。1933 年，刻
《章氏丛书续编》于北平㉒，"所收不多，而更纯谨，且不取旧作，
当然也无斗争之作，先生遂身衣学术之华袞，粹然成为儒宗"。

然而，对章太炎晚年的"颓唐"，也得具体分析。

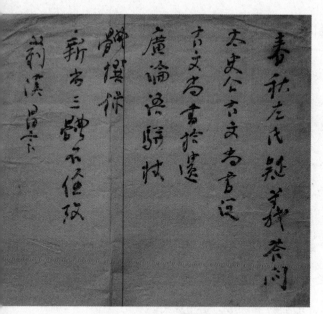

章太炎手迹（《章氏丛书续编》所收书目）

章太炎在日本帝国主义侵略日深、民族危亡日急的情况下，讲古籍、创读经，还作了《论读经有利而无弊》的报告，失去了过去的革命朝气，转而叫学子潜心古籍，过去"七被追捕，三入牢狱，而革命之志终不屈挠"的朝气已渐消失，与此相较，可说是颓唐了。然而，他之所以"讲古籍、创读经"，也有其"不得已"之处，也有其时代特点。不能只看《论读经有利而无弊》的标题，而应考虑他作这篇报告的时代特点及其报告内容，进而认真考察，不能简单地从报告命题就说他"尊儒倒退"。

且先从《论读经有利而无弊》的报告内容来看。㉓

《论读经有利而无弊》"分三段论之"。一为《论经学之利》，首谓"儒家之学，不外修己、治人，而经籍所载，无一非修己、治人之事"，"是故无论政体如何改易，时代如何不同，而修己之道，则亘古如斯"，"要之，读经之利有二：一、修己；二、治人。治人之道，虽有取舍，而保持国性实为最要"。

二为《论读经无顽固之弊》，认为"经学本无所谓顽固"。"经史本以记朝廷之兴废，政治之得失，善者示以为法，不善者录以为戒，非事事尽可法也"，"若夫经典利民，自有原则，经典所论政治，关于抽象者，往往千古不磨，一涉具体，则三代法制，不可行于今者自多。即如封建之制，秦、汉而还，久已废除，亦无人议兴复者"，"今谓读经为顽固，证于何有？验于何有？且读经而至于顽固，事亦非易，正如僧徒学佛，走入魔道者，固不数数见也，何为因噎废食而预为之防哉"。

三为《论今日一切顽固之弊，反赖读经以救》。认为"有知识之顽固者"，是"泥古不化之谓"；"有情志之顽固者，则在别树阶级，不与齐民同群，声音颜色，拒人于千里之外"。前者"易开"，后者"难料"。最后以为"救之之道，舍读经末由"，如《论语》"已可陶熔百千万人。夫如是，则可以处社会，可以理国家，民族于以立，风气于以正。一切顽固之弊，不革而自祛，此余所以谓有千利无一弊也"。

他认为"儒家之学，不外修己、治人"，"经籍所载，无一非修己、治人之事"，诵读经籍，有利于修己、治人。从总的纲领、"保持国性"来说，是不变的；而"一涉具体"，则随着时代不同，自有更易。照此说来，他不是迷恋经籍，泥古不变，而是在继承传统道德的基础上，考虑当前的时代特点而"修己、治人"的。他不是说古代的制度"事事尽可法也"，而是认为"一涉具体，则三代法制，不可行于今者自多"，可知他不是完全迷恋古制，不是泥古不变，而是注意时代特点的。

他认为"经典利民，自有原则"，并不是叫人无"原则"地盲目崇拜。他讲读经，以为"经史本以记朝廷之兴废，政治之得失"，从而引史为鉴。这是他尊奉的古文经学家"经史"之说。他在主持《民报》时曾说："故仆以为民族主义如稼穑然，要以史籍所载人物制度、地理风俗之类为之灌溉，则蔚然以兴矣。不然，徒知主义之可贵，而不知民族之可爱，吾恐其渐就萎黄也。"㉔章太炎"想从经史中找寻鼓吹民族主义的根据。晚年讲学，除论述读经有利而无弊"外，又多次演讲"历史之重要"。他在苏州教导学生学习范仲淹、顾炎武，也是希望他们继承范仲淹的"名节厉俗"和顾炎武的"行己有耻"。这在国难深重、外敌入侵的情况下，鼓励"名节""知耻"，无疑是有益的。章太炎即如在晚年的强调学习《儒行》《孝经》《大学》《丧服》"四书"，也是基于民国以来，军阀混战，道德败坏，有所感而企图从"四书"来"移风易俗"的。这种想法，虽较古旧，似也不能不考虑他提出此说的社会背景。

这里，还可从章太炎晚年的强调读史看他的"经世之念"。

一方面，章太炎一贯主张利用史籍宣传民族主义，当日本帝国主义蚕食鲸吞、步步进逼之时，呼吁爱国爱史，号召救亡御侮。他从历史上证明日本侵占的土地是中国的领土，是霸占，是侵略。早在所写《台湾通史题辞》中就曾强调"台湾者，实中国所建置"㉕，对《马关条约》后的"割台"深表愤慨。日本帝国主义发动侵华战争，制造"九一八事变"，扶植"伪满洲国"傀儡政权，章氏"以历史及掌故等言，证明东三省属中国"，指斥"日本攻东三省，实明知取非其有，故遁其辞曰自卫；又不可，乃文其罪而造满洲国。人民不服，而有义勇军，非明明伪造耶"。㉖日本进窥热河，章太炎又与马相伯发表联合宣言，"根据史实证明与满洲无关"，并"申达日内瓦，昭告世界"，从历史上证明"东三省为中国领土，不容分割"。㉗

另一方面，章太炎宣讲"历史之重要"，呼吁爱国爱史。如他在 1933 年 3 月一次讲演中说："夫人不读经书，则不知自处之道；

不读史书，则无从爱其国家。即如吾人今日欲知中华民国之疆域，东西南北究以何为界，便非读史不可；有史而不读，是国家之根本先拔矣"，"昔人读史注意一代之兴亡，今日情势有异，目光亦须变换，当注意全国之兴亡，此读史之要义也"。他以"疑古之史学"，"专在细微之处吹毛求瘢"，是"魔道"。当前民族危亡，要"爱其国家"，"注意兴亡"，才是"读史之要义"㉘。

1934 年，章太炎又讲演《论读史之利益》，说"旧史致用之道有二：上焉者察见社会之变迁，以得其运用之妙；次则牢记事实，如读家人旧契，产业多寡，了如指掌"。接着，对中国边疆史地从历史上进行考察，说明东三省早为我国领土，愤怒地指出："民国以来，国人对于史事亦甚疏忽矣，或且鄙夷旧契，不屑观览，甚有怀疑旧契者，于是日蹙百里，都在迷离惝恍之中。使人人而知保守其旧契，家国之事，当不至此。"㉙章太炎又有《略论读史之法》，以为应"先明史之本体，次论史之优劣，三示读史之宜忌"。并以"妄论古人之是非""借古事以论今事"为"读史之所忌"㉚，要求激发民族感情，救亡御侮，说："若自人民言之，今日权不在民，固无救亡之道，惟民族主义，日日沦浃胸中，虽积之十百年，终有爆发之一日。宋亡民不能救也，逾七八十年而香军起；明亡民不能救也，逾二百七十年而民国兴，此岂揭竿斩木之为力哉？有民族主义在其胸中，故天下沛然响应也。"㉛还是想用史籍宣传民族主义。

章太炎强调读史，他的史学思想，是和其政治活动紧密相连的，他晚年哀痛国土沦丧，揭橥爱国爱史，自称："鄙人提倡读史之志，本为忧患而作。顷世学校授课，于史最疏，学者讳其伦陋，转作妄谈，以史为不足读，其祸遂中于国家。"⑩章太炎鼓吹民族主义，反对帝国主义，不失为一个爱国的史学家。

二　抗日救亡

　　章太炎较早孕有民族主义思想，在东京讲学、主编《民报》时，组织亚洲和亲会，提出了"反对帝国主义以自保其种族"的口号。民国成立后，外患日急，军阀混战，各派军阀的背后，又为不同帝国主义者所操纵，章太炎虽很难认识他们相互勾结的本质，但对帝国主义国家欺压中国人民，却是坚决反对的，即使在他政坛徘徊的时刻，也是如此。1925 年 5 月 30 日，上海英租界巡捕开枪镇压游行群众，章太炎于 6 月 1 日与人联名致电北平临时执政、国会非常会议等：

　　　五月三十日，上海各校学生因反对外人越界筑路及加码头捐事，游行演说，至英租界，被拘四十余人，因复拥至南京路英巡捕房，要求释放。英捕交涉未已，任意开枪，伤学生及路人二十一名，当场死者四人，重伤致毙者七人……是则租界吏役擅杀华人，一切可以保护治安借口，恐虽专制君主，亦无此残戾也。某等以为，英捕而不治罪，固不足以肃刑章；英捕而果治罪，亦未必足以防后患。惟有责成外交当

局，迅速收回租界市政，庶几一劳永逸，民庆再生……㉝

章太炎对英国巡捕的暴行极为愤慨，提出"迅速收回租界市政"。

1931 年，日本帝国主义占领我国东北，章太炎在与人书中，对当时政府官僚的畏葸怠玩极为不满，说：

> 东事之起，仆无一言，以为有此总司令、此副司令，欲奉、吉之不失，不能也。东人睥睨辽东三十余年，经无数曲折，始下毒手，彼岂不欲骤得之哉，因伺衅而动耳！欲使此畏葸怠玩者，起而与东人争，虽敝舌瘏口，焉能见听，所以默无一言也。㉞

又说：

> 东方事，鄙人仍守前议，以为辽西、热河必不可弃，弃则河北皆危。张学良始则失地，今幸固守锦州，亡羊补牢，可称晚悟。㉟

"九一八事变"后，日本帝国主义侵占辽宁、吉林、黑龙江等省。至 1932 年 1 月，东北全境沦陷，章太炎和一些社会知名人士联合通电，呼吁抗日救亡，收回失地。1932 年 1 月 13 日，其与熊希龄、马相伯等组织中华民国国难救济会，发表通电："联合全民总动员，收复失地"，指出"国为四万万人民公器，国民党标榜党治，决非自甘亡国"，请求"负起国防责任，联合全民总动员，收复失地，以延国命。"㊱

1月19日，章太炎又与张一麐、沈钧儒等联名发出通电，"请国民援救辽西"，说东北"义勇军以散兵民团合编，妇女老弱，皆充负担之役"，"若举国尽然，何患敌之不破。而当局素无斗志，未闻以一矢往援"，"然则国家兴亡之事，政府可恃则恃之，不可恃则人民自任之"。㊲

1月28日夜间，日本侵略军向上海闸北一带进攻。驻守上海的十九路军在全国人民抗日高潮的推动下，奋起自卫，开始了淞沪抗战。章太炎《书十九路军御日本事》，论曰："自民国初元至今，将帅勇于内争，怯于御外，民闻兵至，如避寇仇。今十九路军赫然与强敌争命，民之爱之，固其所也。"㊳

章太炎目睹日本帝国主义侵略，民族危机极为严重，大书篆轴："吴其为沼乎！"愤怒之下，2月23日，北上见张学良，报载："章太炎二十三午携眷由沪乘四川轮来青，定二十四日赴济转津。"㊴在天津，与段祺瑞"从容论事"㊵。2月29日，至北平。

章太炎手迹

3月4日，《大公报》记者访问章太炎，章氏认为"政府当局意志散漫，迄无一定之'计划'"，"对日本之侵略，惟有一战"。报载：

（北平特讯）章太炎先生自民五政变赴沪，专事著述，不问政治。近以国难日急，十九路军抗日沪滨，举国振奋，收复东北失土，此正其时，特于上周重来旧都，访问绥靖主任张学良氏，代东南民众呼吁出兵。记者昨日上午十一时访章氏于花园饭店旅次，叩询一切。昨章氏正与友人纵谈，比见记者，欣然委座。兹将其所谈及记者所问各点，汇记如次：

年来政情不安，外侮逼至，东北首先沦陷，淞沪又落敌手，政府当局意志散漫，迄无一定之计划。军事一部分，关系秘密，当然不能发表。对外方针，无论如何，必须昭告国内国外，庶军民知所遵循，而各国亦可综而为力。乃自沪战发生后，因首都南京感受威胁，于是西迁洛阳。为谋抵抗不得已而出此，民众当无间言，但二中全会，议决又以西安为陪都，则对外恐陷于示弱。国难会议之召集，为征集国内各方救国意见，共抒国难，立意固佳；然政府自己毫无办法，结果恐议论一场，无补于实际。个人观察，今后之政府内部，惟有力使充实，以免真正走到日人讥我"无组织"之地步。对日本之侵略，惟有一战。中国目前只此一条路可走，不战则无路，惟坐而待亡。战胜无论已，不幸则衄，至少亦可转换世界之视听，予以同情之援助。国际间表示始终无力者，实即基于我之方针不定，如以昔日外交上太唱高调，更使各国态度模棱，不敢遽作表示也。本人此次来平，曾分访张汉卿、吴子玉诸氏，全国舆论界应一致督促政府共促此事之实现。本人在平拟作较长时间之勾留，最近期内，暂不返沪云云。④

　　章太炎在北平，曾至燕京大学和北京师范大学演讲。在燕京大学讲的是《论今日切要之学》，以为"今日切要之学"是：第一，求是；第二，致用。说："明代的知识分子，知今而不通古；清代呢，通古而不知今。所以明人治事的本领胜过清人，因为明人还能致用，清代虽要致用亦不可能。"㊷号召青年洞察目前的社会经济和历史的演进，以拯救国家的危亡。

　　为北京师范大学研究院的历史科学门及文学院的国文系和历史系讲《清代学术之系统》，略谓：

> 清代的诗本不甚好，词亦平平，古文亦不能越唐宋八大家之范围，均难独树一帜。至于学力方面的学术，乃清代所特长，亦特多；如小学、经学、史学、算学、地理学等，均甚有成绩。

　　接着，讲述清代地理、算学、史学、小学、经学等。㊸为了策动华北各地将领抗日，章太炎试以历史上的爱国将领和民族英雄故事"去打动他们"。

　　先是，日本帝国主义侵占东北制造的傀儡政权"满洲国"，于3月9日在长春成立，扶溥仪为"执政"，年号"大同"（1934年3月自称"满洲帝国"，"执政"改称"皇帝"，年号"康德"），郑孝胥任"总理"。3月14日，国联派调查团来华，由李顿率领，国民党政府派的国联代表团代表是顾维钧。4月17日，章太炎致函顾维钧："仆谓服务外交者，非徒以辩论坛坫，亦当稍存节概。洪皓、左懋第，或囚或杀，未尝有悔"，请效他们的"以死自矢"，认为顾维钧此行，"为日人所忌，其极不过一死耳。牺牲一身，而

可以彰日人之暴行，启国联之义愤，为利于中国者正大，岂徒口舌折冲，所可同比耶"。㊹

5月末，章太炎南返，经过济南至青岛，曾在青岛大学演讲，对"行己有耻，博学于文"两句意见详加论述，"尤对'耻'字发挥意见颇多，引证亦多"㊺。这也是因为国难当头，特别提出"行己有耻"，鼓励保持民族气节。

这时，日本帝国主义者侵略日深，自发动"九一八事变"，侵占东北三省后，1932年12月8日，又炮击山海关，热河危急。日帝胡说"热河为满洲国之一部分"，章太炎与马相伯发表联合宣言（即"二老宣言"），从历史上确证"东三省属中国无疑"，指出"论古来历史，汉时已有辽东（原注："今锦州"）、玄菟（原注："今东边道"）二郡；明时亦设辽东都指挥司，驻沈阳。是其地原为中国内地，非同藩属"。指斥"日本攻东三省，实明知取非其有，故遁其辞曰自卫；又不可，乃文其罪而造满洲国。人民不服，而有义勇军，非明明伪造耶"。㊻

《申报》登载此《宣言》后，末谓：

> 案此为中国第一流学者联合对外宣言，将能代表其数千弟子、名教授、科学家及教育界正服务者。为拥护中国固有主权，向全世界作公正宣言，证明东三省当属于中国，尚希全国同胞，一致奋起自救。㊼

此项宣言，影响颇大。

2月18日，章太炎又与马相伯联合宣言，据当时报载：

暴日强占东三省后，向国际诬称，满蒙本非中国领土，
学者泰斗马相伯、章太炎二氏前曾发表一宣言，根据史事，
加以申斥。兹日寇进窥热河，又诬称热河为满洲之一部分，
马相伯、章太炎二氏，昨日复联名发表宣言，根据史实，证
明热河与满洲无关……该宣言将电达日内瓦，昭告世界。

下录"宣言"，略谓："热河不得为满洲国之一部分，较东三省更易明
白。"⑱

3月3日，日本侵略军侵占承德，章太炎有《呼吁抗日电》：

国民政府成立以来，勇于私斗，怯于公战。前此沈阳之
变，不加抵抗，犹谓准备未完。逮上海战事罢后，边疆无事
者八九月，斯时正可置备军械，简练士卒，以图最后之一战。
乃主持军事者，绝不关心于此，反以"剿匪"名义，自图卸
责，驯致今日，热河衅起，才及旬余，十五万军同时溃退，
汤玉麟委职潜逃，诚宜立斩；而处汤之上者，不备不虞，坐
受敌挫，其罪状亦岂未减于汤？应请一切以军法判处，庶几
乎亿兆之愤心，为后来之惩戒。且今全国养兵近二百万，国
家危急至此，犹不奋力向前，以图恢复，平日整兵治戎，所
为何事？应即督促前进，自谋靖献。如犹逍遥河上，坐视沦
胥，此真自绝于国人，甘心于奴隶者矣。⑲

4月1日，章太炎又与马相伯、沈恩孚发表联合宣言（"三老
宣言"）："全国人民今日急应一致奋起，予政府以有力之督促，务
使东北半壁河山，不至自我沦亡，黑山白水，不止就此变易其颜

色也。"又说："吾人今日在另一方面之工作，又应充分发挥其不忍人之心，以赴汤蹈火之精神，予前线将士以物质之补助与精神之安慰，以鼓励其为民族生存而奋斗之勇气。"㉚他在"国难急矣，举国环顾"之际，忧国忧民，高声疾呼！

4 月 27 日，又与马相伯联名发电，"警国民毋幸小胜"㉛。

5 月 26 日，冯玉祥在张家口就任民众抗日同盟军总司令，曾通电全国："武装保卫察省而收复失地，争取中国之独立自由。"㉜31 日，章太炎与马相伯"同情于冯玉祥宥电之抗日主张"，特为电勉：

> 执事之心，足以代表全国有血气者之心；执事之言，足以代表全国有血气者之言；执事之行，必能彻底领导全国有血气者之行。某等虽在暮年，一息尚存，必随全国民众为执事后盾。㉝

8 月 5 日，冯玉祥发出"歌电"，"政权归诸政府，复土期诸国人"，此后察哈尔一切军政交宋哲元负责。㉞8 月 8 日，章太炎与马相伯联名发出两电，一致冯玉祥："执事以枪口不向内之誓言，俯听调处，明轩继任，付托得人，存大信也。失军得信，执事亦无不利。时局正艰，国亡无日，一身虽退，尚非骑驴种菜之时，所愿老骥壮心，勿灰于伏枥也。"一致宋哲元："执事喜峰口一捷，功冠诸军，今继焕公，萧规曹随，人心自顺。若谓察省已安则未也，戒之戒之，贺者在门，吊者在闾矣。"㉟

未几，章太炎又撰《十九路军死难将士公墓表》，以十九路军抗战，"功虽未就，自中国与海外诸国战斗以来，未有杀敌致果如是役者也"⑱，歌颂抗战将领。又撰《察哈尔抗日实录序》，谓"是时微冯君，寇当鼓行而西，虽蚕食至宁夏，使北方诸省皆边于寇可也"，⑲表扬冯玉祥察哈尔抗日。

如上所述，"九一八事变"以来，章太炎呼吁政府收回失地，号召群众抗日救亡，表彰抗日将领，指斥投降卖国。他还北上见张学良，南下与社会名流联名宣言。即使在讲学、作报告时，也教导重视中国历史，证明东三省、热河为中国古土。他抗日救国的愿望是随着民族危机的日益严重而发展的。

1935年下半年，日本帝国主义进一步控制察哈尔，指使汉奸在冀东成立傀儡政权，国民党政府坚持不抵抗政策，准备成立"冀察政务委员会"，以适应日本提出的"华北政权特殊化"的要求。在严重的民族危机面前，中国共产党于8月1日发表宣言，号召全国人民起来抗日救国。12月9日，北平学生游行示威，高呼"停止内战，一致对外"等口号。国民党政府出动大批军警镇压。次日，北平各校宣布总罢课。16日，学生和市民一万余人举行示威游行。17日，平津卫戍司令宋哲元对游行学生进行压制，发出《告学生书》说"据确实报告，学生团体中，颇有不少共党分子，大多数纯洁学生，皆受共党分子所欺骗煽动"，"凡属明大体、识大义之学生，应立即觉悟，安心求学，勿再为无益之奔走。其少数共党分子，如仍有轨外活动，哲元为维持秩序、安定人心计，决予以适当之制止"。⑳

当时，章太炎在苏州，从报上看到北平学生为了抗日救国，遭到军警压制，当即向宋哲元发出电报，全文如下：

北平宋主任鉴：学生请愿，事出公诚。纵有加入共党者，但问今之主张何如，何论其平素？执事清名未替，人犹有望，对此务宜坦怀。章炳麟。马。⑨

"马"，是 21 日。此电发于 1935 年 12 月 21 日，电文虽短，但有针对性。他针对宋哲元所说"大多数纯洁学生，皆受共党分子所欺骗煽动"云云，强烈指出："学生请愿，事出公诚"，反对日本帝国主义者侵略，保卫民族利益，何罪之有？"纵有加入共党者，但问今之主张何如，何论其平素。""今之主张"，显指抗日救国，一致对外。

电报发出后两天，宋哲元即电复章太炎：

苏州章太炎先生道鉴：马电奉悉。近来学生四出请愿，哲元为维持治安计，仅予以和平之劝导，惟各处报载多有失实之处。兹重以先生之嘱，自当遵办也。⑩

可见章太炎的电文对国民党政府有些压力，对宋哲元也起过影响。

章太炎不但发了《致宋哲元电》，对上海学生北上请愿也给予支持。据当时报载，12 月 24 日，上海学生北上请愿，列车自上海北站开出后，"当晚八九时许抵昆山站"，国民党政府加以阻挠，"列车由学生强制开赴苏州"，当时，"雨雪载道，备尝艰苦"，而国民党潘公展等亲去诱骗、镇压，为此，章太炎特发表谈话，1935年 12 月 26 日，《申报》"本埠新闻"栏登载了这样一则电讯：

新声社二十五日下午七时苏州电云：章太炎发表谈话，

对学生爱国运动深表同情，但认为政府当局，应善为处理，不应贸然加以共产头衔，武力制止。尤其政府当局、教育当局，应对饥寒交迫之学生，负责接济粮食，并沿途妥为照料等语。

上海学生赴京请愿经过苏州时，章太炎"派代表慰劳，并嘱县长馈食"⑥。对学生爱国运动深表同情。

章太炎遗嘱

章太炎过去反对共产党，到了晚年，日本帝国主义侵略日急，他"瞻顾民族之前途，辄中心忉怛，而未能自已"⑦。临终前，他在《答某书》中还说："北平既急，纵令勉力支持，察省必难兼顾。盖非常之时，必以非常之事应之。"章太炎并草遗嘱："设有异族入主中夏，世世子孙毋食其官禄。"⑧尽管章太炎晚年的行动也有使人失望之处，却仍保持了民族气节。

注　释：

① 章太炎：《生日自述》，见《章太炎全集·太炎文录续编》，上海人民

出版社 2014 年版，第 428 页。

②《申报》1927 年 3 月 5 日《国民大学暨附中招生广告》，署名的是校长许世英，教务长则为何炳松。

③《申报》1927 年 2 月 15 日"本埠新闻"《新僧运动之法苑开幕》。

④《申报》1927 年 6 月 3 日。

⑤《制言》第 25 期，见拙编《章太炎年谱长编》，中华书局 1979 年版，第 30 页。

⑥ 章太炎：《与吴缄斋书》，见《制言》第 12 期；又见同上书，第 922 页。

⑦ 章太炎：《与徐哲东论春秋书》，1932 年 10 月 6 日，见《制言》第 17 期；又见同上书，第 924 页。

⑧ 章太炎：《与李源澄论公羊书一》，见《章太炎书札》，抄本，温州市图书馆藏；又见《章太炎全集·书信集》，第 1226 页。

⑨ 章太炎：《与李源澄论公羊书二》，同上书，第 1227—1228 页。

⑩ 章太炎：《国学会会刊宣言》，见《国学商兑》第 1 卷第 1 号，1933 年 6 月 1 日出版；又见拙编《章太炎政论选集》，中华书局 1977 年版，第 832 页。

⑪ 章太炎：《国学会会刊宣言》，同上书，第 833 页。

⑫ 诸祖耿记：《国学之统宗》，见《制言》第 54 期；又见《章太炎年谱长编》，第 930 页。

⑬ 诸祖耿记：《适宜于今日之理学》，见《制言》第 57 期；又见同上书，第 936—937 页。

⑭《制言发刊宣言》，见《制言》创刊号，收入《太炎文录续编》卷三；又见《章太炎政论选集》，第 870—871 页。

⑮ 同上书，第 870 页。

⑯《章氏国学讲习会简章》，见《制言》第 1 期；又见同上书，第 960 页。

⑰《赞助章氏国学会讲习会书札》，见《制言》第 1 期；又见同上书，第 960 页。

⑱ 同上书，第 960 页。

⑲ 同上书，第 960—961 页。

⑳ 沈延国：《记章太炎先生》，永祥印书馆 1946 年版，同上书，第 961页。

㉑ 章太炎：《生日自述》，见《章太炎政论选集》，第 820 页。

㉒《章氏丛书续编》收《广论语骈枝》一卷、《体撰录》一卷、《太史公古文尚书说》一卷、《古文尚书拾遗》二卷、《春秋左氏疑义答问》五卷、《新出三体石经考》一卷、《菿汉昌言》六卷。

㉓《论读经有利而无弊》，系章太炎在 1935 年的演讲辞，见《大公报》1935 年 6 月 15 日、16 日，副题为《章太炎先生讲演》，下署"金东雷寄自苏州"。又见《国风》第 6 卷第 7—8 期、《国光杂志》第 5 期。《章氏星期讲演会》第 3 期刊载此篇，署"弟子王謇等记录"，章氏国学讲习会铅印本。今据《大公报》所载。

㉔ 章太炎：《答铁铮》，见《民报》第 14 号；又见《章太炎全集·太炎文录初编》，第 388 页。

㉕ 章太炎：《台湾通史题辞》，见《章太炎全集·太炎文录续编》，第 139页。

㉖《马相伯章太炎联合宣言》，《申报》1933 年 2 月 10 日。

㉗《马相伯章太炎联合宣言》，《申报》1933 年 2 月 20 日。

㉘ 诸祖耿记：《历史之重要》，见《制言》第 55 期；又见《章太炎年谱长编》，第 930 页。

㉙ 王乘六、诸祖耿记：《论读史之利益》，见《制言》第 52 期；又见同

上书，第 943 页。

㉚ 王乘六、诸祖耿记：《略论读史之法》，见《制言》第 53 期；又见同上书，第 944 页。

㉛ 章大炎：《答张季鸾问政书》，1935 年 6 月 6 日，见拙编《章太炎政论选集》，第 860 页。

㉜ 章太炎：《与邓之诚论史书》，见《制言》第 51 期；又见《章太炎年谱长编》，第 942—943 页。

㉝ 章太炎等：《为上海英租界巡捕惨杀学生之通电》，见《申报》1925 年 6 月 6 日。

㉞ 章太炎：《与孙思昉论时事书一》，1931 年 10 月 5 日，见《章太炎政论选集》，第 824 页。

㉟ 章太炎：《与孙思昉论时事书二》，1931 年 12 月 28 日，同上书，第 828 页。

㊱《申报》1932 年 1 月 15 日"本埠新闻"《国难救济会请政府决大计》。

㊲《申报》1932 年 1 月 22 日"本埠新闻"《章太炎等请国民援救辽西》。

㊳ 章太炎：《书十九路军御日本事》，手迹影行，见天津《大公报》，1932 年 3 月 5 日；又载《国学丛编》第 1 期第 5 册，1933 年 3 月出版；又见《制言》第 32 期。

㊴《申报》1932 年 2 月 24 日《临时专刊》"二十三日青岛专电"。

㊵ 章太炎：《合肥段公七十寿序》，见《章太炎政论选集》，第 856—857页。

㊶ 天津《大公报》1932 年 3 月 8 日《章太炎谈时局》。

㊷ 章太炎：《论中国切要之学》演讲，载《中法大学月刊》第 5 卷第 5 期。

㊸ 章太炎：《清代学术之系统》讲演，柴德赓记，见《师大月刊》第 10 期。

㊹ 天津《大公报》1932 年 4 月 18 日《章太炎函顾维钧请为洪皓、左懋第》。

㊺ 天津《大公报》1932 年 5 月 30 日《章太炎昨抵青岛演讲》。

㊻《申报》1933 年 2 月 10 日“本市新闻”《马相伯章太炎联合宣言》。

㊼ 同上。

㊽《申报》1933 年 2 月 20 日“本市新闻”《马相伯章太炎联合宣言》。

㊾ 章太炎:《呼吁抗日电》，见《苏州明报》，1933 年 3 月 7 日。

㊿《申报》1933 年 4 月 2 日“本埠新闻”，原题《三老宣言》。

(51)《申报》1933 年 4 月 28 日“本市新闻”《九四老人与章太炎电警国人毋幸小胜》。

(52)《申报》1933 年 5 月 29 日“本市新闻”《冯玉祥通电坚主抗日》。

(53)《申报》1933 年 6 月 2 日“本市新闻”《马相伯章太炎电勉冯玉祥》。

(54)《申报》1933 年 8 月 9 日“本市新闻”《冯玉祥通电结束军事》。

(55) 同上。

(56) 章太炎:《十九路军死难将士公墓表》，见《制言》第 32 期；又见《章太炎政论选集》，第 837 页。

(57) 章太炎:《察哈尔抗日实录序》，见《冯氏丛书》第六种卷首；《制言》第 32 期曾予刊录；同上书，第 854 页。

(58)《申报》1935 年 12 月 19 日《宋哲元劝告学生书》。

(59) 章太炎:《致宋哲元电》，见《章太炎政论选集》，第 872 页。

(60)《申报》1935 年 12 月 24 日“本埠新闻”《章太炎电宋哲元坦怀对平学生》。

(61) 浙江图书馆:《追悼章太炎先生特刊》，1936 年版。

(62) 章太炎:《与马相伯、沈恩孚联合宣言》，1933 年 4 月 1 日，见《章太炎政论选集》，第 835 页。

　　㉚ 章太炎：《答某书》，1936 年 6 月 4 日，见《章太炎政论选集》下册，

第 874 页。

　　㉠ 许寿裳：《章太炎》，第 165 页。

第十章

结束语

一 正确评价

关于章太炎的评价问题，一直存有分歧。

20 世纪 60 年代初，有一场"章太炎思想的阶级性"讨论，有人认为他是资产阶级革命家，有人认为他是地主阶级思想家。从辛亥革命的性质来说，一般都认为他是资产阶级民主革命家，作为辛亥革命的领导人之一，主编过革命派机关报《民报》的章太炎，应该是资产阶级革命家了；然而，章太炎出生于地主阶级家庭，他的思想中也有封建糟粕，从而有人认为他是地主阶级思想家。那么章太炎的"阶级属性"，究竟是什么？

我没有参加这场讨论，但从讨论中也引起一些思考：一位主张章太炎是地主阶级思想家的先生，以为他"一味反对今文经学派，今文经学派在维新运动是曾经有进步作用的"，那么，章氏反对"有进步的一面"的今文经学，应该是"落后"或"反动"的了。

事实真的如此吗？恰恰相反。章太炎利用古文经学反对今文经学之时，今文经学已经不能起它"进步"的作用了，康有为也已逐渐"由好变坏"了。非但如此，当今文经学具有活力、维新运动代表进步趋势之时，章太炎却曾赞助过康有为，并在自己的论著中，一度援用今文经学观点，尽管他是古文经学家。

本书第二章已经指出，章太炎在维新运动期间，在《时务报》发表的文章中，曾援用"大一统""通三统"今文经学说，也资助强学会。变法失败后，章太炎在旅台期间，还自述"行谊政术"与康有为等相合，对康有为等表示同情。因此，简单地认为章太炎"一味反对今文经学派，今文经学派在维新运动是曾经有进步的一面"的说法，就值得思考。只有详细占有资料，根据当时的历史条件和他本人的表现认真分析。

也有人在"定"章太炎为某某派的时间，没有考虑章太炎各该论著的撰作或发表时间，只是从自己的主观愿望出发，或为了给自己的立论提供"依据"，甚至把章太炎后来的文章说是先前的"思想"，这样的立论，当然也是不可靠的。

由于近代中国发展迅速，时代巨轮不断前进，一个人的思想也时有变化，或者拉车向前，或者逆流而动。正确评价历史人物，就要看他的实践是否符合社会发展客观规律，按照一定的时间、地点和条件加以科学的剖析。面临着尖锐的阶级矛盾和严重的民族危机的旧中国，章太炎曾经由赞助维新到投身革命，也曾经由"拉车向前的好身手"到"既离民众，渐入颓唐"，从而对他先前发表的作品有所增衍、修饰、改易、删削。1914年，章太炎手定《章氏丛书》，把先前登在期刊上的战斗的文章每多刊落，《訄书》改编为《检论》，也反映了章太炎思想递变的迹象。

早在章太炎同情维新变法时编集的《訄书》，收录有《客帝》《分镇》等篇，他自己说当时写这些文篇是与"尊清者游，饰苟且之心"。到了义和团运动以后，始作"匡谬"；1902 年，对《客帝》《分镇》重为"删革"，编作《訄书》"前录"，成为反清革命运动的重要文献之一。他的始撰、改订以至删削，都留下了章太炎在急遽变化的历史进程中的思想烙印。而这种事例，几乎数见不鲜，本书第三、第四、第七章也都有论列。那么，为着"知人论世"，爬梳佚文，雠校异同，系年辑录，就显得很有必要。

其实，这种情况，不但章太炎如此，其他近代著名思想家也有类似情况。康有为在 1884 年始撰《人类公理》，1901 至 1902 年间写成《大同书》，他的"大同学说"，就跟随其思想变化而大相径庭。谭嗣同的《仁学》，在《清议报》和《亚东时报》分别发表时，编次、内容都有不同，说明他们不是同源。①唐才常受到康有为、梁启超的影响，在他改订的论文中，也增列了"儒教真派，厄于刘歆"等命题。②可见，对于中国近代思想家的著作，应该探源比勘，把问题提到一定的历史范围之内，实事求是地进行全面的历史的评价。

为此，我在 20 世纪 60 年代初，除校阅《章太炎政论选集》外，从事《章太炎年谱长编》的增订、考核、系年、编集工作，翻阅了四十余年的报纸和多种期刊，也注意到各种手稿、抄件以至不同版本的搜集，企图做一些比较踏实的工作，以免立论架空、凭臆估价。

评价章太炎，既不能"阿其所好"，有所回护，也不能抓住一点，不及其余。

举例来说，章太炎对共产党的态度，过去主要根据冯自由《革命逸史》中的《护党救国公函》。有人以为章太炎是受了冯自由等国民党右派的怂恿，领衔撰文，"实际非其本旨"；有人认为章太炎"一贯反共"。究竟应该如何评价？

章太炎有没有受到冯自由等的怂恿？有。国民党第一次代表大会召开前后，冯自由确实来沪活动，和章太炎也有接触，不能说章太炎没有受到他的影响。但，如果没有一点思想基础，也不容易为人"怂恿"。章太炎对国民党本来有成见，这时他又主张"联省自治"，而"联省自治"又为国民党第一次代表大会所批判，他当然存有不满。此后，他组织的辛亥革命同志俱乐部攻击共产党的言论，比《护党救国公函》更为激烈，本书已经指出。难道他的"反共"，就完全是受了冯自由等的"怂恿"？

在国民党第一次代表大会召开前后，章太炎是反对共产党的，他虽也曾受冯自由等的"怂恿"，但他当时确对共产党不满，他组织的辛亥革命同志俱乐部就公开发表反共言论。但是，没有多久，随着日本帝国主义侵略的加深、民族危机的加重，章太炎对共产党的看法有所改变。他在通电中既说："学生请愿，事出公诚，纵有加入共党者，但论今之主张何如，何论其平素"；在《与人书》中，又谓"非常之时，必以非常之事应之"，认为共产党"对于日军，必不肯俯首驯伏明甚"。那么，章太炎过去反对过共产党，后来有所改变。他的反对，尽管也有人怂恿，主要还是他当时的政治主张和共产党背道而驰。他反对过共产党是事实，不必为之回护；他对共产党的态度，后来有所改变，也不应抹杀。应该全面地历史地对人物做出比较客观的评价。

※　　　※　　　※

章太炎是中国近代爱国的思想家。他在甲午中日战争后基本上赞助维新变法。八国联军入侵，民族危机严重，他逐渐由维新转入革命，公开发表《驳康有为论革命书》。出狱东渡，主持《民报》，深刻揭露改良派"污邪诈伪"、志在干禄的丑态，积极阐扬推翻清朝、"建立民国"的旨意，愤怒斥责革命投机分子"自慕虚荣""私心暧昧"的劣迹，针锋相对，文字锐利，"真是所向披靡，令人神往"。

辛亥革命推翻了清朝，但这场革命以妥协而告终，没有也不可能彻底完成反帝反封建的任务。章太炎和同盟会早有裂痕，发出过"革命军起，革命党消"的言论。组织中华民国联合会，旋又改为统一党，对袁世凯存有幻想。不久，袁世凯"攘窃国柄，以遂私图"，章太炎斥责袁世凯"包藏祸心"，致被幽禁。释放后，一度参加反对北洋军阀的斗争。

此后，章太炎"却退居于宁静的学者，用自己所手造的和别人所帮造的墙，和时代隔绝了"③，但当帝国主义蹂躏祖国，中华民族灾难深重的时候，他出来谴责国民党"怯于御乱而勇于内争"，号召团结御侮，一致抗日。尽管他晚年行为也有使人失望之处，却仍保持了爱国主义的晚节。

鲁迅评述章太炎说："考其生平，以大勋章作扇坠，临总统府之门，大诟袁世凯的包藏祸心者，并世无第二人；七被追捕，三入牢狱，而革命之志终不屈挠者，并世亦无第二人。这才是先哲的精神，后生的楷范。"又说："既离民众，渐入颓唐，后来的参与投壶，接受馈赠，遂每为论者所不满，但这也不过白圭之玷，并非晚节不终。"④ 是中肯的评价。

章太炎又是著名的学者，他在经学、史学、文学、文字学、诸子学方面都留有著作，或阐释经义，或训诂名物，留下了宝贵的文化遗产。

章太炎信奉古文经学，古文经学以孔子为史学家，章太炎也重视治史，认为"所贵乎通史者"，应该"一方以发明社会政治进化衰乱之原理为主，则于典志见之；一方以鼓舞民气，启发方来为主，则亦必于记传见之"，早年就想写出百卷本的通史。辛亥革命时期想以史籍所载人物制度、地理风俗之类灌溉民族感情，重视治史。日本帝国主义侵华日急，他又反复演讲史学之重要，除申明东北、热河是中国的领土外，并力言中国文化之可贵，想从古事古迹中激起"爱国爱种之心"。

章太炎一些专门性的学术著作，如《文始》《新方言》《齐物论释》诸作，每多训释精审，发人未发，在学术上有重大贡献。

或者说，章太炎鼓吹民族主义，辛亥革命时期组织亚洲和亲会，后来反对日寇侵华，揭扬中华民族的反帝勇气，是非常可贵的。但他有时也有大汉族主义思想，如对清朝政府的统治。应该说，章太炎在清末，的确文章中有不少"仇满""排满"等词句，有时还言之过甚。如1906年发表在《复报》上的《逐满歌》，但他在武昌起义时，态度已有所改变。在指出他大汉族主义的同时，也得指出他后来的转变。

或者说，章太炎鼓吹"国粹"，而"国粹"是"落后的表现"。这也得具体分析。章太炎在辛亥革命前，主张"用国粹激动种性，增进爱国的热肠",是要人爱惜自己的历史,"晓得中国的长处",使"爱国爱种之心""风发泉涌,不可遏抑",为反清革命斗争服务,和他晚年的讲"国粹",有所区别。至于他晚年,自有不少不如人意之处,但中国传统的优秀文化还是应该继承、发扬的,当然,他所指的"国粹",有的是否属于"优秀文化",也可考虑。

或者说,章太炎晚年主张读经,发表了《论读经有利而无弊》,说是"读经之利有二:一为修己,二为治人","以为救之之道,舍读经末由"。苏州章氏国学讲习会所授课目,亦有《小学略说》《经学略说》《经传释词》,以至《尔雅》、三《礼》等专经讲授。是否他晚年的"尊孔读经"和提出孔教会的康有为"如出一辙"呢?也不尽然。应该说,章太炎晚年接见"中华儒学会"代表,参加苏州祀孔祭典,讲授经籍课目,思想渐入颓唐。但评价时还得联系当时的政治局势和章太炎的政治态度综合考察。这时正值日帝侵华、民族危亡之际,章太炎一直以为孔子是"史家宗主",是中国文化的保存者,经籍中的古事古迹可以诱发民族主义,增进爱国的热肠,于是再度提出。他在《与人论读经书》中,就提到顾炎武目睹明代"空谈心性之弊",而"有读经会之设",于是倡导读经。尽管他说"以读经为先",还要读"四史"《通鉴》等,以免"汉族之夷于马来"⑤。但这是他三十余年前在《民报》上提出过的课题,现在情况变了,他提出的还是过去的旧说,那就有些和时代隔绝。不过就继承中国传统文化来说,也有其独特之见。

他早年的弟子,如黄侃、钱玄同、朱希祖、鲁迅、汪东、吴承仕、许寿裳、马裕藻等早已卓然成家,晚年的弟子,至今还有不少经学、诸子学、史学、文字音韵学名家,活跃在海内外,在继承和发扬传统文化方面作出不小的贡献。因此，不能因章太炎晚年提出"读经有利而无弊"而把他和康有为等等量齐观。

章太炎是爱国的思想家，也是著名的学者，只有详细占有资料，根据当时的时代和他本人的实践予以实事求是的评价。

二 几个问题

（一）关于章太炎挽孙中山联

"举国尽苏联，赤化不如陈独秀；满朝皆义子，碧云应继魏忠贤。"有人认为这是章太炎的《挽孙中山联》，其实它是当时小报伪造，并不可信。章太炎和孙中山都是"辛亥旧人"，怎会"仇孙"如此之深？章太炎又是著名"国学大师"，怎会自比"阉党"？稍加理绎，即可发现其中的问题。

章太炎和孙中山有没有矛盾？有。他还对孙中山公开攻击过。但 1925 年 3 月 12 日孙中山逝世后，章太炎是怎样对待的呢？且录当时报刊数则。

3 月 13 日，章太炎上午 8 时余即到孙宅，"唐少川、章太炎等到孙宅后，即由唐、章及叶楚伧等商议治丧事宜。唐绍仪、章太炎二君，主张在正式政府未成立以前，为纪念孙公之功勋起见，应由家属及人民以礼行葬，待正式政府成立，再追予国葬，以符孙公生前之主张。并议决四事如下：第一，电北京同志，主张以人民的名义，举行国葬，不宜由段令给予；第二，通电全国下半旗志哀；第三，治丧事务所设环龙路四十四号，治丧事务所广告，推唐绍仪、章太炎领署；第四，追悼会俟北京定期，同日举行"⑥。

3月15日，孙中山治丧事务所发出通函，"正式请唐少川、章太炎担任追悼会筹备处干事员，指示一切"⑦。

4月12日，上海追悼孙中山大会在西门公共体育场开会，"壁间悬有唐少川、章太炎之挽联"⑧。章太炎所撰挽联是："孙郎使天下三分，当魏德萌芽，江表岂曾忘袭许？南国本吾家旧物，怨灵修浩荡，武关无故入盟秦。"⑨

这是当时日报报道的原始数据，记载比较直接。根据所述，章太炎在孙中山逝世后，次日清晨即到孙宅，又担任追悼会筹备处干事员，具体筹备追悼事宜，"指示一切""领署"发布治丧事务所广告。那么，即使他和孙中山过去存有芥蒂，也不致在这个时候写出这样对联，不会筹备悼孙，挽联"反孙"，更不会把孙中山比作魏忠贤，自己甘认"阉党"，还把它悬在负责筹备的追悼会"灵壁"。再则，章太炎这时明明推崇孙中山"艰苦卓绝""确为吾党健者"，为何"挽联"如此异趣？况且，章太炎挽孙中山，自另有联，《菿汉大师连语》就经辑录，即"孙公使天下三分"联，语气笔调，显为章氏当时所撰，绝非"满朝皆义子"云云。与此同时，章太炎还写了《祭孙公文》，"天生我公，为世铃铎，调律专一，吐辞为纆"，颇为称誉。怎会祭文推崇，挽联谩骂？

或者说，"孙郎使天下三分"一联，既悬灵壁，又录《连语》，自属可信。"满朝皆义子"一联，则为孙中山奉安时所撰。此语也不可信。孙中山奉安时，章太炎确有挽联，但不是"满朝皆义子"；他还对当时报纸伪造挽联发表申明，说明挽联确有伪造。这在最近发现的章太炎《致报馆书》手迹和《挽孙中山》中可以得到证明。《致报馆书》原文为：

> 径启者：鄙人平日交游虽广，然凡素来相识，与相识而死不赴告者，皆不以挽联致吊。数年中或有假借鄙人名义伪作挽联登之报纸者，如前数年宋子文之母死，谭延闿死，今岁杨铨死，鄙人皆未致挽联，而外间悉有伪造，流传人口，淆惑听闻。又讽议时事之作，鄙人虽时亦有之，然大率多在诗章，辞必雅正，而外间伪作，多猥亵不经之语，尤为荒谬。甚望此后大报纸欲登录鄙人挽联诗句者，必须以墨迹摄印，使真伪可辨。否则诪张为幻，变乱是非，甚非大雅君子所宜出也。此致□□报馆主笔先生鉴。章炳麟白，八月三十日。

查杨铨（杏佛）于 1933 年 6 月 17 日在上海亚尔培路（今陕西南路）遇刺身死，知此函写于 1933 年。章氏谓"数年中或有假借鄙人名义伪作挽联登之报纸"，并列举"宋子文之母死"等为例，可知伪造挽联时有发现。否则他也不会愤而登报了，"满朝皆义子"，也正是伪联之一。

最近发现的《挽孙中山》为：

> 洪以甲子灭，公以乙丑殂，六十年间成败异；
> 生袭中山称，死榜孝陵葬，一匡天下古今同。

此联未署月日，以"死榜孝陵葬"来看，正是孙中山奉安时所撰，正是奉安时的真联。它以孙中山与洪秀全并列，一为太平天国的领导人，一为辛亥革命的领导人，而"六十年间成败异"，认为孙中山较洪秀全尤为伟大。以孙中山榜明太祖而葬，"一匡天下古今同"，视为民国共和的缔造者，是誉是毁，读者自明。

照此说来，孙中山逝世后，章太炎写过两副对联，一为孙中山逝世时，一为奉安后。至于"满朝皆义子"一联，则为当时小报伪造，后又录入《中国现代文学史》，后人不察，以讹传讹。章太炎和孙中山还有过一段政治公案，他又"每为论者所不满"，遂致以赝品为真迹，奉伪联为鸿宝。

我们决不责怪引用伪联的朋友，因为他们也是有所本的。同时，这副伪联流传也久，且为《中国现代文学史》所征引，自易淆惑。而《致报馆书》等手迹，我也只是最近才发现。但这副挽联的真伪，却牵涉对章太炎的评价问题，不容不辨。

（二）章太炎和白话文

章太炎文字古奥，诘屈聱牙，很多人以为他反对白话文，不写白话文。连学生钱玄同、鲁迅也有过章太炎"摈斥"白话文的话。⑩章太炎反对白话文，似成定谳。

然而，坊间却有《章太炎的白话文》一书，书名就叫"白话文"，和曹聚仁所记《国学概论》⑪不同，因为前者明署"章太炎的白话文"，后者则是章氏的演讲记录。这又将如何解释呢？萧一山说："末篇乃钱玄同作；误收。实则此书采自太炎与钱玄同所办之《教育今语杂志》。该杂志几全出玄同手，即署名'太炎'者，亦玄同作也，故应名《钱玄同的白话文》。"⑫

这里又牵涉《章太炎的白话文》的真伪问题。由于它和章太炎是否反对白话文有关，需先厘明。

查《章太炎的白话文》，吴齐仁编，1921 年 6 月 20 日上海泰东图书馆铅字排印本，确实采自《教育今语杂志》。如其一，《留学的目的和方法》，为该刊第四册"社说"，原名《庚戌会演说录》，文末有编者庭坚的"附识"："这一篇社说，本是中国各省留学日本的高等师范学生，请独角先生去演说所录下来的演说稿。""独角"是章太炎的笔名。其二，《中国文化的根源和近代学术的发达》，系该刊第一册"社说"。其三，《常识与教育》，系该刊第二册"社说"。其四，《论经的大意》，载该刊第二册。其五，《教育的根本当从自国自心发出来》，系该刊第三册"社说"。其六，《论诸子的大概》，也载第三册。其七，《中国文字略说》，见该刊第四册《论文字的通借》。《教育今语杂志》，是章太炎重组光复会于东京后的"通讯机关"⑬，1910 年 3 月 10 日（阴历正月二十九日）在日本创刊。封面为章太炎手书，署"共和纪元二千七百五十年正月二十九日发行"。封底刊"编辑兼发行者：教育今语杂志社；印刷者：秀光社"，社址为"日本东京大塚町五十番地"⑭。

章太炎在《教育今语杂志》上发表的文章，有的确系讲演记录，如《庚戌会演说录》，既明署"演说录"，"附识"也注明是"独角先生去演说所录下来的演说稿"。但是否可说不是章太炎的白话文，甚至据以作为章太炎反对白话文的例证呢？不能。因为第一，《教育今语杂志》是光复会重组后的"通讯机关"，当时章是光复会正会长，重组后的光复会"以教育为进取，察学生之有志者联络之"，且拟"将太炎公改为教育会会长"⑮。《教育今语杂志》办在东京，章太炎这时也在东京，登载正会长的文章在其"通讯机关"报上，至少要征得章太炎的同意，发表时又用"太炎""独角"等自己的笔名，也应承认是自己的文章或讲演录。

第二，章太炎的讲演辞，除此以外尚有多篇，如著名的《东京留学生演说会演说辞》，虽未辑入《太炎文录》，但在他生前，一直为人引用，章太炎对此也无异辞。当初此文在《民报》发表时，章太炎还登"告白"："接香港各报馆暨厦门同志贺电，感愧无量，唯有矢信矢忠，竭力效死，以塞诸君之望，特此鸣谢。"并于次期起主编《民报》，他没有否定不是他的"演说辞"。

第三，1920年，《太炎教育谈》在四川出版，署"庚申仲春刊于观鉴庐"，共二卷，分订两册，都是《教育今语杂志》所载讲演。卷一共三篇：其一，《论文字历史哲理的大概》，即《教育今语杂志》第一册"社说"《中国文化的根源和近代学术的发达》；其二，《论文字的通借》，原载《教育今语杂志》第四册；其三，《论常识》，即《教育今语杂志》第二册《常识与教育》。卷二共三篇：其一，《论群经的大意》，即《教育今语杂志》第三期《论经的大意》；其二，《论诸子的大概》，原载《教育今语杂志》第三期；其三，《论教育的根本当从自国自心发出来》，原载《教育今语杂志》第三册。这些从《教育今语杂志》中辑入各文，汇成之书曰《太炎教育谈》，署章氏之名。又1921年四川印行《太炎学说》上、下两卷，署"辛酉春观鉴庐印"。上卷为章太炎演说记录，除中有掇拾过去演说记号外，有的可能是1918年章太炎在四川的讲演记录。这些讲演记录，也用白话文。章氏苏州寓所尚存两书，可知章太炎是看到其书的，他也没有否认此书不是他的"教育谈"和"学说"。

第四，《章太炎的白话文》编者实为张静庐。1963 年，张静庐过访，我问及此书，张曰："《章太炎的白话文》是我在章太炎上海寓所索得付印的，当时酬以二百元，太炎先生很高兴。署'吴齐仁'编者，谓'无其人'也。"那么，章太炎亲自把这些"白话文"交给张静庐，当然可以署以《章太炎的白话文》书名的。在此书的《编辑短言》中还说："章先生一生亲笔做的白话文极少，编者煞费苦心，才收集这几篇。"《教育今语杂志》所刊"白话文"，是否全是"亲笔"，或系讲演记录，尚可考核，但它既由章太炎亲手交给张静庐，至少他是承认这些是他的作品的。⑱

或者说，《章太炎的白话文》，虽辑自章太炎任会长的光复会的"通讯机关"《教育今语杂志》，但以内容来看，似乎大都是讲稿，《庚戌会演说录》已明确注明是"演说所录下来的演说稿"了，其他几篇也可能是别人"录下来的"。它毕竟是演说稿，又是"录下来的"，似难确切说明章太炎写过白话文或赞成白话文。

我认为，章太炎早期，也即倡言革命时期，倒是赞成白话文的，他不但有言论，而且亲自写过白话文。

1905 年起，禺山世次郎（黄世仲，字小配）将所撰《洪秀全演义》连载于《有所谓报》和《少年报》，次年在香港发行完整的六十四回本，上有章氏序文："演事者，则小说家之能事，根据旧史，观其会通，察其情伪，推己意以明古人之用心，而附之以街谈巷议，亦使田家妇子知有秦、汉至今帝王师相之业。不然，则中夏齐民之不知国故，将与印度同列。然则演事者虽多皮傅，而存古之功亦大矣。"又说："近时始有搜集故事，为太平天国战史者，文辞骏骤，庶足以发潜德之幽光，然非里巷细人所识。夫国家种族之事，闻者愈多，则兴起者愈广。"⑰他认为演义可使"田家妇子知有秦、汉至今帝王师相之业"，可使"里巷细人所识"，使家喻户晓，"昭宣令闻"，他对"文亦适俗"⑱是赞成的。

1906 年 6 月，章太炎东渡，担任《民报》主编。10 月，在《复报》第五期上发表《逐满歌》，署名"西狩"。中谓：

> 可怜我等汉家人，却被羊猪进屠门。扬州屠城有十日，嘉定、广州都杀毕。福建又遇康亲王，淫掠良家像宿娼。驻防鞑子更无赖，不用耕田和种菜。菜来伸手饭张口，南粮甲米归他有。……名为永远不加赋，平余火耗仍无数。名为永远免丁徭，各项当差着力敲。开科诳骗念书人，更要开捐骗富民。人人多道做官好，早把仇雠忘记了。地狱沉沉二百年，忽遇天王洪秀全……⑲

姑勿论其思想内容，就其文字形式来看，也是非常"适俗"的歌谣，不能算"文言"。

或者认为这首《逐满歌》是章太炎偶一为之，只能说是通俗歌谣，不能说是"白话文"。而事实上，除此以外，我还看到过章太炎亲笔撰写的白话文，那就是如今藏在日本京都大学人文科学研究所的《佛学手稿》。

1982 年，日本京都大学名誉教授岛田虔次先生曾将其核校珍藏的章太炎《佛学手稿》摄片见赠。1984 年 3 月，我在京都大学作学术报告时，又在狭间直树教授的陪同下，看到了《佛学手稿》原件。此件装一函，共九纸。外有灰色信封一个，纸已陈旧，上书《章炳麟手稿》。原稿写在白单宣纸上，第一页右角有"内藤"

二字，为内藤湖南（内藤武男、内藤虎次郎，1866—1934 年）旧藏。

章太炎《佛学手稿》，共分四题，似为东京讲学时所拟。今录其第一题中一段如下：

> 一，佛法果应认为宗教耶？抑认为哲学耶？
>
> 近代许多宗教，各有不同，依常论说来，佛法也是一种宗教，但问怎么样唤作宗教，不可不有个界说。假如没有所信仰，就称宗教，那么各种学问，除了怀疑论以外，没有一样不是宗教。就是法律学者信仰国家，也不得不给他一个宗教的名号，何况佛法呢？假如说崇拜鬼神，唤作宗教，像道教、基督教……都是崇拜鬼神，用宗教的名号，恰算正当。佛法中原说六亲不敬，鬼神不礼，何曾有崇拜鬼神的事实。明明说出"心佛罪生三无差别"，就便礼佛念佛等事，总是礼自己的心，念自己的心，并不在心外求佛。这一条界说，是不能引用了……

这是手稿，是章太炎亲笔写的，还加断句。在这一段文字中，除标题外，正文内容完全是白话，能说章太炎"反对白话文"吗？他不但没有反对，而且自己还写了"白话"。

那么，钱玄同、鲁迅怎会说章太炎反对白话文呢？我认为，钱玄同在"五四运动"期间，疑古惑经，提倡白话文，章太炎是会有微词的。至于鲁迅所指，可能和章太炎的讲演及与人谈论而起。查江苏省教育会于 1922 年 3 月 29 日，在《申报》刊发《通告》，说是"自欧风东渐，竞尚西学，研究国学者日稀"，"同人深

惧国学之衰微，又念国学之根柢最深者，无如章太炎先生，爰特
敦请先生莅会，主讲国学"。

章太炎于 4 月 1 日开讲，4 月 15 日作第三讲，讲"治国学之
法"。当讲到"辨文学应用"时，谈到白话：

> 文章之妙，不过应用，白话体可用也。发之于言，笔之
为文，更美丽之，则用韵语，如诗赋者，文之美丽者也。约
言之，叙事简单，利用散文，论事繁复，可用骈体。不必强，
亦无庸排击，唯其所适可矣。然今之新诗，连韵亦不用，未
免太简。以既为诗，当然贵美丽，既主朴素，何不竟为散文。
日本和尚有娶妻者，或告之曰：既娶矣，何必犹号曰和尚，
直名凡俗可耳。今之好为无韵新诗，亦可即此语以告之。古
之白话，直书于书者，如《尚书》："奠丽陈教则肆肆不违"，
>
> 清江艮庭谓多一"肆"字，此因其口吃而叠语之，如《汉
书》"臣期期不奉诏""臣期期以为不可"之类，举直书白话
者也。今之曲尽其力，以描摹白话，真不知白话之应用者矣。⑳

《申报》刊录较简，曹聚仁记录较详，并在下面增有一段：

> 但现在的白话文只是使人易解，能曲传真相却也未必。
"语录"皆白话体，原始自佛家，宋代名儒如二程、朱、陆亦
皆有语录，但二程为河南人，朱子福建人，陆象山江西人，
如果各传真相，应所纪各异，何以语录皆同一体例呢？我尝
说，假如李石曾、蔡孑民、吴稚晖三先生会谈，而令人笔录，
则李讲官话，蔡讲绍兴话，吴讲无锡话，便应大不相同，但

记成白话文却又一样。所以说白话文能尽传口语的真相，亦未必是确实的。㉑

章太炎于6月3日第九次讲学，讲"文学之派别"时，又提到白话文，《申报》记录有误，今录曹聚仁记录于下：

> 诗至清末，穷极矣，穷则变，变则通，我们在此若不向上努力，便要向下堕落。所谓向上努力就是直追汉、晋，所谓向下堕落就是近代的白话诗，诸君将何取何从？提倡白话诗人自以为从西洋传来，我以为中国古代也曾有过，他们如要访祖，我可请出来：唐代史思明（夷狄）的儿子史朝义，称怀王，有一天他高兴起来，也咏一首樱桃的诗："樱桃一篮子，一半青，一半黄；一半与怀王，一半与周贽"。那时有人劝他，把末两句上下对掉，作为"一半与周贽，一半与怀王"，使与"一半青，一半黄"押韵。他怫然道："周贽是我的臣，怎能在怀王之上呢？"如在今日，照白话诗的主张，他也何妨说："何必用韵呢？"这也可算白话诗的始祖罢！㉒

曹聚仁把记录整理成书后，增加了五篇《附录》，都谈白话，其一为邵力子的《志疑》，中曰：

> 太炎先生很有不满意于白话文和白话诗的表示。固然，他和别的顽固派不同，他知道无韵的新体诗也有美感（但不必叫彼做诗），他知道《尚书》是当时的白话文，他知道白话文能使人易解，他并非一概抹杀。但我正因为他知道了这些而还要特别提出不慊于白话文和白话诗的话，所以说他不免

有恶新的成见。关于白话诗，曹聚仁君有致太炎先生信，我不再多说。关于白话文，他既知道《尚书》即是当时的白话，何以古时的白话文可奉为经书而现代的白话文便无价值呢？他引了《尚书·顾命篇》和《汉书》载周昌口吃的话，明明应说古书即古时的白话，而亦唯白话文方能传真，却不料他的结论偏不如是。我以为太炎先生讲到《顾命篇》等，正应提倡用新式标点来读古书，因为"奠丽陈教则肄肄不违"等句，如果早有了标点，则不必要等到清代江艮庭才能知道是临死时舌本强大的口吻了。太炎先生又疑白话文记述方言各异的口语，不应尽同，似乎他于近人"文学的国语"的主张未曾看过，但我还请太炎先生下一比较的断语。白话文固然也不能尽传真相，但比文言文又如何呢？近年来，很有人怕白话文盛行，国学即将废绝，其实看了国学讲演会的情形便可释此杞忧。国学讲演会的听众，据我所知，很有许多人是积极地主张白话文的。做白话文与研究国学决不相妨，太炎先生一定能知此理罢！㉓

由上可知。第一，章太炎举《尚书》《汉书》以言"古之白话"，他知道白话文能使人易解，"他并非一概抹杀"。第二，章太炎说过白话文不是诗，并谓向下堕落，便是白话诗。实际是以"有韵为诗"，树"白话诗全无韵"而予批评的。第三，章太炎认为"白话文能尽传口语的真相，亦未必是确实的"。第四，章太炎深究小学，所谓"非深通小学就不知道现在口头语的某音，就是古代的某字"云云，章太炎也会谈过，照此看来，章太炎对白话文是有看法的，也可说是曾经"摈斥"的。但他的"摈斥"，既非完全抹杀，又是有其"摈斥"的缘由。可是由于章太炎文字古奥，晚年又流露对当时白话讥讽之辞，还引古书以为证，"把他所专长的小学，用得太广了"，从而后人每以章太炎为反对白话文的典型。其实章太炎早年为了革命宣传，为了"适俗"，倒是自己写过白话文的；晚年对当时的白话颇有微辞，但他还把过去在《教育今语杂志》上的文字汇为《章太炎的白话文》出版。那么，不能因章太炎晚年对白话不满，而简单地说他"反对白话文"，而忘记了他早年写过白话文；也不能因他"摈斥"白话而不考虑他"摈斥"的缘由。

（三）章太炎和甲骨文

章太炎早在辛亥革命前，即撰有《理惑论》，载《国故论衡》上卷，"曾揭五疑以难吉金"，对于甲骨文字并不信任，谓：

> 近有掊得龟甲者，文如鸟虫，又与彝器小异，其人盖欺世豫贾之徒。国土可鬻，何有文字？而一二贤儒，信以为质，斯亦通人之蔽。按《周官》有衅龟之典，未闻铭勒。其余见于《龟策列传》者，乃有白雉之灌，酒脯之礼，粱卵之被，黄绢之裹，而刻画书契无传焉。假令灼龟以卜，理兆错迎，衅裂自见，则误以为文字，然非所论于二千年之旧藏也。夫骸骨入土，未有千年不坏，积岁少久，故当化为灰尘，龟甲蠹蛈，其质同耳……鼎彝铜器，传者非一，犹疑其伪，况于速朽之质，易薶之器，作伪有须臾之便，得者非贞信之人，

而群相信以为法物，不其僎欤？

章太炎治古文经学，古文经学家重文字训诂，以《说文解字》为入门之书，以之为治经的范书，甲骨文的发现，对《说文解字》的解释自有纠正，也就动摇了《说文解字》的权威地位。在甲骨文发现不久、释文不多的情况下，作为信奉古文的章太炎对之有怀疑，是可以理解的。但从对待甲骨文的态度来说，他就不及和他同忠古文并为他尊敬的孙诒让。甲骨文出世不久，孙诒让就写了《契文举例》，成为考释甲骨文最早的著作。而章太炎却奉《说文解字》为规范，从对待甲骨文的态度来说，他是不如孙诒让先进的。

由于《理惑论》的发表，以及章太炎此后一段时间的讲授《说文解字》、崇扬《说文解字》，致每为学者所讥，认为章太炎是不信甲骨文的"顽固派"。

其实，跟随甲骨文的大量发现和考古发掘的不断进展，章太炎对甲骨文的态度，在晚年也有改变。

1935 年 6 月至 8 月，章太炎有《与金祖同论甲骨文书》四通，在 6 月 28 日第一书中尚谓"文字源流，除《说文》外不可妄求，甲骨文真伪且勿论，但问其文字之不可识者，谁实识之"，"甲骨之为物，真伪尚不可知，其释文则更无论也"。还是尊《说文》为"总龟"，以为"除《说文》外不可妄求"的。然而言甲骨"真伪且勿论""真伪尚不可知"，已不是《理惑论》那样的深诋了。第三书又谓："龟甲且勿论真伪，即是真物，所著占繇不过晴雨弋获诸琐事，何足以补商史。"⑧ 已对"即是真物"立论了。郭沫若为之评述曰：

> 比者金君祖同得其手书四通，其前二通均以甲骨文真伪
> 为主题，所见已较往年大有改进，如谓："钟鼎可信为古器者
> 什有六七，甲骨之为物，真伪尚不可知"，于鼎彝已由怀疑变
> 而为肯定，于甲骨则由否认变而为怀疑，此先生为学之进境
> 也。再隔若干年，余深信"甲骨可信为古物者什有六七"之
> 语，必将出于章先生之笔下矣。窃观先生之蔽，在乎尽信古
> 书。一若于经史字书有征者则无不可信，反之则无一可信……
> 今先生于刘歆所改窜之《周官》信之，于《龟策列传》所著
> 之"略闻"信之，于邯郸淳三体石经信之，乃至荒唐如红崖
> 碑之类亦信之，而独于彝器甲骨则深深致疑而不肯多假思索，
> 此实令人难解。㉕

郭沫若以章太炎对甲骨文"所见已较往年大有改进"，还是较
为公允的。

1935 年秋，孙思昉（至诚）至苏州谒见章太炎，"纵谈殊畅。
论某公好奇，曰学说之奇邪，至今日而极"，"今则以今文疑群经，
以赝器校正史，以甲骨黜许书，以臆说诬诸子，甚至以大禹为非
人类，以尧、舜为无其人，怪诞如此，莫可究诘"㉖。

孙思昉此文在《制言》刊布，并由徐一士《谈章炳麟》录交
《国闻周报》第十三卷第二十五期刊布（1936 年 6 月 29 日出版）。
姜亮夫对"今则以今文疑群经"四语，以为"语气轻重急徐之间"，
与"所闻于先生者，小有同异"。关于"以赝器校正史"，姜亮夫谓：

忆二十二年（1933 年）上海同福里座中，偶谈及先生为某氏跋散氏盘中语。先生曾言许叔重《说文解字》亦采山川鼎彝，故金石非不可治，惟赝器太多，辨别真伪，恐非目前世人学力所能及，故以证文字大体尚可寻其觚理，以证史事终觉不安。

关于"以甲文黜许书"，姜亮夫谓："大抵先生于甲文因其来历不明而疑之，此固治学谨严者应有之态度。"此后，孙、姜二人反复辩论，见徐一士《太炎弟子论述师说》，载《一士类稿》。姜亮夫所言，对章太炎似有"回护"，但所述章太炎谓"《说文解字》亦采山川鼎彝"云云，还是可信的。

照此说来，章太炎治古文经学，信《说文解字》，先前不信甲骨文，此后考古发掘日多，他的思想也有所变化，"由否认变而为怀疑"，不是一成不变的。

注 释：

① 见拙著：《仁学版本探源》，见《学术月刊》1963 年第 5 期，收入《康有为与戊戌变法》，中华书局 1986 年版。

② 唐才常：《论各国变法政教之有无公理》，原载《湘学报》第 5 号至第 11 号，后来收入《觉颠冥斋内言》卷一，改题《各国政教公理总论》，文字内容，有所增损。

③ 鲁迅：《关于太炎先生二三事》。

④ 同上。

⑤ 章太炎：《与人论读经书》，见《制言》第 21 期；又见拙编《章太炎年谱长编》，中华书局 1979 年版，第 971 页。

⑥《申报》1925 年 3 月 14 日"本埠新闻"《孙中山逝世之哀悼》。

⑦《申报》1925 年 3 月 16 日"本埠新闻"《孙中山逝世之追悼三》。

⑧《申报》1925 年 4 月 12 日"本埠新闻"《孙公追悼会今日举行》。

⑨ 收入《菿汉大师连语》，见《制言》第 25 期；又见《章太炎年谱长编》，第 803 页。

⑩ 关于钱玄同、鲁迅对章太炎"摈斥"白话文的说法，可参见钱玄同《致潘承弼书》(《章太炎年谱长编》，第 693 页)，以及鲁迅的《名人和名言》(《鲁迅全集》第 6 卷) 的记载。

⑪《国学概论》是章太炎的讲演录，曹聚仁编，泰东图书馆 1923 年出版。

⑫ 萧一山：《清代学者著述表》，商务印书馆 1944 年版。

⑬ 魏兰：《陶焕卿先生行述》，油印本，见拙编《陶成章集》，中华书局 1986 年版，第 434 页。

⑭ 该刊首载《刊行教育今语杂志之缘起》："环球诸邦，兴灭无常，其能屹立数千载而永存者，必有特异之学术，足以发扬其种性，拥护其民德者在焉。"中国近年"外祸日急，八比告替，兼欧学东渐，济济多士，悉舍国故而新是趋，一时风尚所及，至欲斥弃国文，芟夷国史，恨轩辕、历山为黄人，令己不得变于夷"。"同人有忧之，爰设一报，颜曰《教育今语杂志》。"其章程第一章"宗旨"称："本杂志以保存国故，振兴学艺，提倡平民普及教育为宗旨。"第二章"定名"称："本杂志依上列宗旨，演以浅显之语言，故名《教育今语杂志》。"第三章"门类"，共分"社说""中国文字学""群经学""诸子学""中国历史学""中国地理学""中国教育学""附录"八类，

月出一册，上述《缘起》《章程》，似为章氏门人钱玄同所拟。

⑮ 陶成章：《致石哥书》，手迹，1910 年，湖南社会科学院藏；又见《陶成章集》，第 190 页。

⑯ 我曾在苏州章氏寓所见到《章太炎的白话文》，说明书籍出版后是送请章氏寓目的。

⑰ 章太炎：《洪秀全演义序》，见拙编《章太炎政论选集》，中华书局 1977 年版，第 307—308 页。

⑱ 同上。

⑲ 章太炎：《逐满歌》，见《章太炎年谱长编》，第 222 页。

⑳《申报》1922 年 4 月 16 日《章太炎讲学第三日记》。

㉑ 曹聚仁整理：《国学概论》，上海古籍出版社 1997 年版，第 17 页。

㉒ 同上书，第 66 页。

㉓ 同上书，第 73—74 页。

㉔ 金祖同：《甲骨文辨证》，见《章太炎年谱长编》，第 954—955 页。

㉕ 金祖同：《甲骨文辨证》上集序，同上书，第 956 页。

㉖ 孙思昉：《谒余杭章先生纪晤》，见《制言》第 25 期；《制言》第 21 期孙思昉《太炎先生伤辞》也提到"以今文疑群经"云云；又见《章太炎年谱长编》，第 956—957 页。

后　记
Afterword

《章太炎传》于 1996 年 10 月由台湾商务印书馆初版，至今将近 27 年了。当年出版印数有限，还局限于台湾，所以不能满足各方面的需求。2018年初，天津南开大学出版社与我商议，将《章太炎传》再版，我同意了。

自 20 世纪 60 年代起，我就着手搜集、编撰章太炎资料集。早期搜集的资料不少是非刊物，或图书馆及个人的藏件、稿本等，另有经章太炎手订、手校的早期出版物，并翻阅了四十余年各类报纸和多种期刊。在搜集、校勘、系年、增订的基础上，编著《章太炎政论选集》和《章太炎年谱长编》。《章太炎传》再版之前，我又将该书的引文重新校对，将原先不易寻找的稿本、抄件、藏件等，尽量参照《章太炎政论选集》和《章太炎年谱长编》等书刊，或近年出版的《章太炎全集》和《梁启超全集》，一一注明出处，以便读者查阅。

章太炎是著名的革命家、政治家，也是大学问家、大思想家。我致力于中国经学史、中国近代史研究已有数十年了，由经入史，由今文经学而研究康有为、梁启超及研究戊戌变法；由古文经学而研究章太炎及研究辛亥革命。在撰著《章太炎传》之前，先从搜集、校勘、整理资料开始，然后分析研究、撰写论文。早年编纂《章太炎政论选集》（上、下册），由中华书局于 1977 年 11 月出版。又编著《章太炎年谱长编》（上、下册），由中华书局于 1979 年 10 月出版。接着与章太炎弟子王仲荦先生前往苏州拜访章夫人汤国梨女士及其长子章导先生，商议章氏遗著的搜集、整理和出版事宜。并且利用赴美国、日本、新加坡和中国台、港、澳地区讲学访问的机会搜集资料，还得到章氏弟子潘景郑、王仲荦、李希泌、徐复、沈延国等先生赠送的书稿、信函等，收获颇多，再将《章太炎年谱长编》进行增补，2013 年 3 月，《章太炎年谱长编》（增订本，上、下册）由中华书局出版。1982 年 2 月，编纂《章太炎全集》（第一册）由上海人民出版社出版。1990 年 6 月，著《改良与革命的中国情怀——康有为与章太炎》，由香港商务印书馆出版。

我的老师吕思勉先生曾说："在近代学术史上，占重要的地位的，可得三人，那便是康长素、梁任公和章太炎，将这三人的事实，加以剖析和评论，颇觉饶有趣味。"[①]还说："然我和这三位先生，虽无雅故，而读其书，想见其为人，受其牖启之处实不少。"要全面、客观地认知、解读、评价章太炎及其思想，展示重要人物的重要经历、地位及其影响，确实不是件容易之事。在编著《章太炎政论选集》《章太炎年谱长编》时，必须网罗遗文，广事搜辑，鉴定版本，反复推敲；著作《章太炎传》时，更需要对史料进行分析研究，探究这位"有学问的思想家"在急剧变革的历史潮流中，思想演变的脉络和非凡的人生轨迹。

再版在望，赘此后记。对南开大学出版社给予《章太炎传》的关注和支持，谨表由衷的感谢！

汤志钧

2018 年 12 月

注 释：

① 吕思勉：《从章太炎说到康长素、梁任公》，见《吕思勉学术文集》，上海人民出版社 2011 年版，第 88 页。

② 同上书，第 100 页。